ALEGRATE, MARIA

4 novenas para celebrar a María

AF174563

BENIGNO COLINAS FERNANDEZ
ELIAS PASCUAL EZQUERRA
JOSE MIGUEL DE HARO
MIGUEL RUBIO CARRASCO

ALEGRATE, MARIA

4 novenas para celebrar a María

 **EDITORIAL. Covarrubias, 19. 28010 MADRID**

Derechos reservados: Editorial P. S.
Covarrubias, 19. 28010 Madrid

Tercera edición
ISBN: 84-284-0366-X
Depósito legal: M. 21.805-1997

Imprenta Fareso, S. A. Paseo de la Dirección, 5. 28039 Madrid

MARIA, LA MUJER NUEVA

BENIGNO COLINAS FERNANDEZ

1. *Imitar a María en sus actitudes.*
2. *Serenidad.*
3. *Respetuoso silencio.*
4. *Disponibilidad.*
5. *Sencillez.*
6. *Pobreza.*
7. *Fortaleza.*
8. *Amabilidad.*
9. *Maternidad.*

INTRODUCCION

La pretensión que tenemos al escribir estas páginas es ofrecer material válido para honrar a Nuestra Señora durante una novena. Este material se puede usar de distintas formas:

— Tal como lo presentamos cuando el tiempo está supeditado a la solemnidad de la celebración.

— También se puede usar dentro de la celebración eucarística. Está elaborado para poderlo adaptar al ritmo que marcan las normas litúrgicas.

— Cuando la premura del tiempo no permite alargarse, se puede conseguir una celebración ágil y bonita utilizando los siguientes elementos:

● El saludo a María.
● El oremos.
● La lectura del Evangelio.
● La conclusión de la homilía.
● Las preces.
● El Padrenuestro.
● El acto final o la oración final.

El símbolo que presentamos sirve para sintetizar la idea de cada día. El momento para colocarlo delante de los participantes puede ser: al comienzo o como ofrenda. Con unas palabras sencillas y breves se indica su significado. No debemos manipular la sugerencia del símbolo con nuestra palabrería.

1
IMITAR A MARIA

1. Canto de entrada: Estrella y camino: C.L.N. 316.

2. Monición de entrada:

Muchas veces hemos comparado la vida con un camino; camino que no es como la gira turística en que todo está programado: el restaurante para comer, el hotel para dormir, el museo para visitar...

En nuestras vidas surge el imprevisto, propio de la peregrinación: sorpresas, temores, cansancio, desalientos, sustos, desgracias, alegrías...; sobre todo existen muchos interrogantes.

La Santísima Virgen también hizo esta peregrinación. De su mano, experiencia y modos pretendemos aprender durante estos nueve días las lecciones del buen andar con Dios.

3. Símbolo:

Salen dos personas delante del sacerdote llevando unas sandalias y un bastón que colocan sobre una mesita.

Monitor: Estas sandalias y este bastón pretenden recoger el sentido de la novena. Vamos a iniciar nuestra peregrinación de nueve días. En este caminar nos acompaña la Virgen que nos conduce a Dios, cuya perfección es la meta donde debemos llegar.

4. Saludo a María:

Presidente: Te saludamos, María,
Virgen más bella que el sol,
porque nos has dado a Cristo,
porque nos has dado a Dios.

Todos: Ven con nosotros al caminar, Santa María, ven.

Presidente: María está allí:
la encontramos en todos los recodos,
pero, sobre todo, en los más difíciles de nuestro camino.
Nos sale al encuentro para animarnos a seguir;
para decirnos que Ella nos comprende,
que sabe muy bien lo mucho que nos cuesta.

Todos: Ven con nosotros...

Presidente: María está en el camino,
y nos ofrece su mano de Madre,
para enseñarnos a andar
por este camino de la Verdad.
Porque ante la eternidad todos somos niños,
todos necesitamos de una Madre.
Por eso María está en el camino.

Todos: Ven con nosotros...

Presidente: El camino sea de paz;
los caminantes de amor;
Santa María nos guíe
en el nombre del Señor.
Que el camino que hoy hacemos
nos enseñe otro mejor.

Todos: Ven con nosotros...

Presidente: Oremos: Señor Dios, Tú que nos has dado por Madre a Santa María, haz que nuestra devoción hacia Ella no consista en afecto estéril, ni en vana credulidad; sino que, al conocer mejor sus excelencias y al amarla como Madre nuestra y al imitar sus virtudes nos acerquemos a Ti y a tu Hijo, Jesucristo, que vive y reina contigo en la unidad del Espíritu Santo...

Todos: Amén.

5. Lecturas:

1.ª lectura: Gal 4,1-7.
Canto: Tu palabra me da vida: C.L.N. 325.
2.ª lectura: Mt 12,46-50.

6. Homilía:

Durante estos días intentamos *acercarnos* a la Virgen María. Este acercamiento está impulsado por dos motivos: un afán de búsqueda y un afán de conocimiento.

a) *Buscamos a la Virgen* no porque la hayamos perdido; precisamente vosotros sois los que estáis a su lado y la amáis. Buscar a alguien quiere decir:

— Que lo queremos *conocer* más profundamente para *amarlo* más.

— Que deseamos su *compañía,* estar con él, porque nos sentimos a gusto a su lado.

— Que queremos agradarle, escucharle, *compartir* con él nuestra vida.

Decir que buscamos a la Virgen significa:

— Que queremos *conocerla* mejor y amarla más.

— Que deseamos su *compañía* para agradarle, escucharle y *compartir* con Ella nuestra existencia.

b) Queremos *conocerla* mejor:

— Para *contemplarla* y admirarla, como quien se extasía en un cuadro artístico, la belleza de un paisaje o la filigrana de una flor. Nos recreamos en la elegancia de su vida.

— Para *amarla más:* A las personas auténticamente humanas y dignas cuanto más se las conoce más se las ama. En la medida en que se profundiza en ese conocimiento, aumenta también la atracción y el impulso de amor y acercamiento hacia ellas.

— Para *imitarla:* Esta debe ser la meta de nuestro caminar hacia María: Una vez realizado el encuentro seguir sus pasos. Las huellas de sus pisadas han quedado marcadas en las actitudes que se traducen de los pocos pasajes que nos conservan los Evangelios. Estos hechos serán los puntos de reflexión de cada día de la novena.

A. *Disposiciones para acercarnos a María.*

Las disposiciones para acercarnos a María podemos recogerlas en dos momentos de la Sagrada Escritura.

— *Moisés* pastoreaba su rebaño en el monte Horeb. Contempló una *zarza* que ardía sin consumirse. Se acercó a ella. En ese momento oyó la voz de Dios que le decía: "No te acerques acá; descalza las sandalias de tus pies, porque el lugar donde estás es *tierra santa".*

Aquel lugar estaba habitado de modo especial por Dios. También *María está habitada por Dios.* Se lo dijo el ángel: "El Señor está contigo". Durante nueve meses fue la casa de Dios. María llevó a Dios en su seno y lo llevó en su corazón.

Hay que acercarse a Ella con *respeto* y *dignidad,* sin rebajarla de su grandeza y sin desvirtuar su misión.

— Al respeto hay que añadir el *amor de hijos.* Fue el mismo Espíritu Santo quien dijo a *José cuando dudaba* en tomar a María por esposa: "José, hijo de David, no temas recibir a María, tu mujer, pues lo concebido por Ella es del Espíritu Santo".

A nosotros nos la recomendó como madre el mismo Jesús: "Ahí tienes a tu Madre", y ante Ella cabe perfectamente la *confianza* y hasta *el atrevimiento del hijo.*

a) La *exageración* en el *amor* o en el *respeto* han sido las causas de que la *devoción a la Virgen haya perdido* efectividad y entusiasmo entre muchos cristianos, o el que no haya progresado.

Muchos llevados de un amor *infantil, exageran el papel maternal de María.* La presentan de un modo unilateral, propio para personas necesitadas de seguridad afectiva. Esta imagen de María choca con la imagen actual del cristianismo: Ser cristiano es sinónimo de ser un hombre en plenitud, autónomo, libre y responsable.

Para que la sociedad secularizada de hoy acepte a María como Madre tiene que ver en Ella a la mujer fuerte que se mantiene intacta ante los halagos del confort y del consumo.

Otros han ensalzado tanto a María que la han convertido en un *ideal utópico,* destinado a ser admirado y estudiado, más que a ser amado e imitado. Nos presentan una Virgen *lejana,* llena de privilegios, tocando los confines de la divinidad. Espacios etéreos y nubes blancas la separan de nosotros y de nuestros problemas. Tanto rasgo mítico nos impide ver la realidad de una mujer viviendo en este valle de lágrimas.

Hay quienes recortan la misión de la Virgen al realzar exclusivamente su papel de *mediadora.* Es como un peldaño entre Dios y nosotros. No nos atrevemos a llegar directamente al Señor y lo hacemos por medio de un intermedario, éste es la Virgen.

Esta concepción de María responde al concepto jerárquico de la sociedad; difícil de comprender en una sociedad democrática en que todos se pueden acercar directamente al presidente, al gobernador, al alcalde sin necesidad de intermediarios. También corre el riesgo de extraviar el papel del único Mediador que es Jesucristo.

b) A María intentamos *presentarla a partir de un enfoque humano.* Esto no quiere decir que sea el único, ni el más adecuado; pero sí, es el modo de hacerla *cercana e imitable.*

La gracia se apoya en la naturaleza. No la destruye, sino que la perfecciona y eleva. Es como la encarnación de lo sobrenatural en lo natural para darnos como resultado la persona humana individualizada; ese yo que somos cada uno de nosotros y ese yo que fue la Santísima Virgen.

Durante estos nueve días intento ofreceros una imagen humana de María, vista desde un ángulo especial y tomada de la vida real, los evangelios, único testimonio fidedigno que poseemos.

Por regla general *solemos dramatizar* conscientemente al hablar de Nuestra Señora, sus cuadros y estatuas nos alientan a tratarla más como a un símbolo que como a una persona humana.

Olvidamos, por ejemplo, que *Ella era judía,* con una belleza de tipo judío y ¿por qué no? ¿Por qué Rafael y Murillo se valieron de modelos gentiles para sus imágenes? Nunca la pintamos con un *cántaro* apoyado en la cadera, cuadro corriente en la Palestina del primer siglo. Sus *estatuas* nos hacen pensar más en la majestuosidad de Lourdes o Fátima que en la pobreza de la casita de Nazaret.

María tenía *acento galileo* como san Pedro. Pensamos en Ella vestida de Reina y hablando como una Reina. La idea de que una mujer elegante, como Herodías o su hija, le hubiesen dicho en el mejor de los casos: "oiga, buena mujer", y que a ellas les hubiesen parecido su lenguaje y sus modales propios de una mujer de pueblo, como los de cualquier muchacha de Nazaret, nos parece un desatino; sin embargo, ésta era probablemente la verdad.

Al enfocar a María desde esta perspectiva intentamos sacar una conclusión práctica para nuestra vida. Verla como *modelo de nuestro diario caminar,* de ese deambular monótono y escondido que nadie historifica, pero que es la vida de todos los días y de todas las horas.

B. *Imitación de María.*

Estas consideraciones sobre María pretenden ponerla a nuestro alcance *como modelo real y asequible.* La auténtica devoción a María consiste en la imitación, o sea, la adquisición de sus actitudes y formas de ser y actuar.

A un arquitecto le pidieron construir un templo cuyo titular fuese la Virgen. El día de la inauguración los fieles quedaron sorprendidos y en cierto modo decepcionados. La estatua de María no ocupaba el retablo, estaba colocada en el primer banco. La explicación del arquitecto fue: "La Virgen no está para que la contemplemos y admiremos, sino para que la imitemos. Es la primera, el modelo, y nosotros vamos detrás, la seguimos. Su postura ante Dios y los hombres debemos hacerla nuestra. Caminando tras sus huellas llegaremos a Jesucristo".

Conclusión

Para algunos, la devoción a la Virgen es como el paracaídas para el piloto. El piloto lleva el paracaídas en la cabina del avión. Sabe ponérselo y lanzarse al espacio con él; lo ha usado en los ensayos.

Antes de iniciar el vuelo revisa los mandos y también el paracaídas. Se asegura de que está allí; pero no desea tener que utilizarlo. Lo lleva por si acaece lo imprevisible y no tiene más remedio que recurrir a él.

En una travesía le fallaron los motores. Llegó el momento fatídico. Debía usar el paracaídas. Lo cogió e intentó ponérselo. Había pasado tanto tiempo sin revisarlo que no logró abrirlo.

Muchos sólo se acuerdan de la Virgen en los momentos de emergencia. Como desean que estos momentos no lleguen nunca, cuando llegan no saben comportarse como hijos, ni recurrir a su Madre.

7. Preces.

Presidente: En este primer día de la novena presentemos nuestras oraciones ante el Señor. Le pedimos por intercesión de María que encauce nuestro andar por los caminos del bien.

— Para que nuestro amor no se entregue, ni se pierda fuera de las manos de Dios, roguemos...

— Para que no dejemos de mirar el rostro de María para amar rostros prohibidos, roguemos...

— Para que cada mañana seamos transparentes con cada persona que se ponga en nuestro camino, roguemos...

— Para que aprendamos a renovarlo todo, a rehacerlo todo, según el descubrimiento que vayamos haciendo, roguemos...

— Para que también vivamos con Dios cuando salgamos del templo y no nos sintamos apoyados por los demás, roguemos...

Presidente: Señor, dígnate aceptar estas oraciones que contienen nuestros propósitos en este primer día de la novena y haz que con tu ayuda los llevemos a la práctica. Te lo pedimos...

8. Padrenuestro.

Puede rezarse o cantarse todos los días o alternarse.

9. Acto final:
"MARIA:
has creado en tu corazón
un espacio de libertad para Dios.
Como gaviota libre
Dios ha cruzado los mares de tu ser.

No hay fronteras, ni vallas en tus campos
y tus ríos, son mares.
Y tus cielos, todo azul, sólo azul.
Junto a ti, como una espiga,
se ha apiñado el pueblo nuevo.
Junto a ti, como un racimo,
ha nacido la Iglesia,
ha florecido en tus manos
al impulso del Espíritu,
y se ha estremecido gozosa
como el polluelo al levantarse del nido.
Has dado alas al pueblo
para que sea, en su marcha, testigo
de Jesús, Señor Resucitado.
Liberador del hombre oprimido.
María, eres Madre de la Iglesia
peregrina, como el pueblo antiguo;
peregrina, en la nueva Pascua
sellada con la sangre de tu Hijo.
Camina junto a tu pueblo,
que busca la vuelta a casa".

(Palabra e imágenes: Antonio Botana.)

Oración:

Santa María,
hemos venido hoy a preguntarte
¿Dónde podremos encontrar a Jesús?
¿Cuál es el camino que conduce a El?
Este es nuestro primer deseo:
porque sabemos que nuestro encuentro contigo
es encuentro con tu Hijo, Jesús.
Madre, hemos venido todos
con el alma abierta
y con el espíritu disponible
para aceptar cuanto nos pidas
Tú, descúbrenos el camino,
allánanos la senda;
nuestro andar será ligero
e iremos detrás de tus pasos.
Santa María, ayúdanos
y ruega por nosotros a Dios
que vive y reina por los siglos de los siglos. Amén.

Canto final: Santa María del Amén: C.L.N. 312.

2

SERENIDAD DE MARIA

1. **Canto de entrada:** Estrella hermosa: C.L.N. 310.

2. **Monición de entrada:**
   Iniciamos hoy nuestra andadura tras las huellas de María. Un obstáculo que nos impide avanzar es el exceso de preocupaciones y sobre todo la falta de serenidad. Cualquier acontecimiento nos perturba de tal forma, que perdemos el control de nuestras palabras y de nuestros actos. El afán por el mañana nos domina, nos llena de tristeza y entorpece nuestras relaciones con Dios y con el prójimo.
   Hoy vamos a contemplar a María, que mantiene su mesura y serenidad ante los sobresaltos que proporciona la vida.

3. **Símbolo:**
   Delante del sacerdote salen dos personas con un mural en el que esté pintado un gran reloj, marca las doce menos cuarto.
   Monitor: Jesús dice: "Bástale a cada día su afán". Vivamos con intensidad el presente, no lloremos el pasado, ni temamos el futuro; el tiempo está en manos de Dios.

4. **Saludo a María:**
   Presidente: Dios te salve, María:
   quiero saludarte con la emoción
   con que Gabriel te anunció
   por primera vez el misterio de la Encarnación.
   Todos: Dios te salve, María, C.L.N. 323.
   Presidente: Llena de gracia:
   déjame repetir con calor y emoción
   el piropo más audaz inventado jamás
   para halagar a una mujer:
   Llena de gracia.
   Todos: Dios te salve, María, comprensiva por ser mujer y Madre.
   Presidente: El Señor es contigo:

Permanece en tu alma por esa gracia
que te invade desde el primer instante
de tu concepción,
y reposa en tu cuerpo por esa maternidad divina,
regalo único de Dios para ti.

Todos: Dios te salve, María, comprensiva por ser mujer y Madre.

Presidente: Bendita eres entre todas las mujeres:
Recuérdame tu superioridad sobre el sexo bello
que intenta a veces desvirtuar su grandeza
por halagadores espejismos.

Todos: Dios te salve, María, comprensiva por ser mujer y Madre.

Presidente: Bendito el fruto de tu vientre:
Bendito el que viene en el nombre del Señor,
Bendito sea Jesucristo, Hijo de Dios,
Hermano Mayor de todos los hombres.

Todos: Dios te salve, María, comprensiva por ser nuestra Madre.

Presidente: Oremos: Señor Dios nuestro, admiramos a Santa María porque fue coherente con lo que pensaba y amaba. Nosotros nos conformamos con pensar y decir sin pasar al hacer. Son muchos los temores que nos detienen. Ayúdanos para que superando el miedo podamos colmar la medida que Tú nos pides; esa medida es Jesucristo, tu Hijo, que vive y reina por los siglos de los siglos.

Todos: Amén.

5. Lecturas:
1.ª **lectura:** Génesis 12,1-3.
Canto: El Señor es mi pastor: C.L.N. 504.
2.ª **lectura:** Lucas 1,26-36.

6. Homilía:
En la primera lectura Dios *anuncia a Abraham* que debe salir de su tierra, *dejar su patria* y buscar otros lugares más fértiles. ¿Cómo se lo anunció el Señor? ¿Por medio de una sequía persistente que le obligó a abandonar los campos agostados? ¿Por medio de una intervención más explícita de lo Alto? No lo sabemos... La lección que sacamos de este pasaje es que *Dios habló a Abraham,* más tarde hablará con los profetas, con María y hoy sigue dirigiendo *su palabra a todos nosotros.*

A. *La Anunciación.*

La segunda lectura nos relata otro anuncio acaecido unos dos mil años más tarde.

Una jovencita, adolescente en nuestros días, recibe la visita de un ángel: Un ser del otro mundo, completamente distinto de los seres humanos. "Lucas nombra como mensajero de Dios a Gabriel, el ángel que, en el libro de Daniel, anuncia el fin de los tiempos. Su aparición significaría, por tanto, que ha llegado por fin el momento de la misericordia de Dios. Incluso el mensaje está lleno de alusiones a las anteriores promesas de Dios" (Nuevo Catecismo para adultos. Catecismo Holandés).

La manifestación definitiva de Dios pasa por María. Históricamente ella *es parte necesaria* para la realización del *plan salvífico de Dios.* La trascendencia de su respuesta detiene el tiempo porque toda la *creación está pendiente* de su aceptación.

El relato de Lucas orientado hacia la piedad de los fieles *recurre a la imaginación* para indicarnos la sublimidad, la sencillez y la teología que se encierran en este encuentro de Dios y María.

a) Un acontecimiento decisivo que cambia el rumbo de su existencia:

Es muy lógico el relato al expresarnos con ingenuidad que *María* ante un programa *que le exige un cambio total, que le pide su vida entera* y *que la sorprende* en su humildad, nos diga: *"María se turbó* al oír estas palabras".

Cuando Dios interviene tan directa e inmediatamente en la vida de un personaje bíblico, éste queda desconcertado:

— Los planes de Dios *no son programados desde las previsiones humanas.*

— *Dios se sirve de medios desconcertantes,* aparentemente torcidos: "Dios escribe derecho con líneas torcidas".

A pesar de la sorpresa María *se turba;* pero no *se perturba;* esperó serenamente y tuvo la calma suficiente para escuchar todo el mensaje del ángel y cuando hubo terminado, Ella puso una *objeción obvia:* ¿Cómo sucederá eso, si no vivo con un hombre?

Si *comparamos* estas pocas palabras con el modo de hablar de las mujeres judías resulta un comentario tranquilo. Pensemos por ejemplo en Rut, en Judit, o Abigail con sus himnos o cantos exaltados; a la indicación de san Gabriel habrían respondido con un *torrente de palabras retóricas* al borde de la exaltación histérica con muchos: "Dios me ha exaltado sobre mis enemigos, Dios me ha bendecido, Dios haga esto en mí para humillación de los descreídos".

Nuestra Señora responde simplemente: *"Sí, pero cómo?"* Ella quiere saber; naturalmente, la dignidad es muy grande: Un Hijo del Altísimo, hijo de David, de la casa de Jacob, todo esto está muy bien, ¿pero cómo?

Podíamos tomar esta respuesta como *falta de imaginación,* premisa de palabra y poca decisión; pero su serenidad aparece más clara cuando san Gabriel habla de nuevo y Ella contesta: "He aquí la esclava del Señor, hágase en mí según tu palabra"...

Ante estas dos proposiciones tan desconcertantes, cuales son:
Ser Madre del Mesías.
Serlo sin intervención de varón.
¿Por qué no quedó *trastornada?*
¿Cómo no fue presa del espanto y *echó a correr?*

Dos soluciones:
— Le sostenía la *inmensa confianza* que tenía en Dios desde su Concepción.
— *No llegó a advertir en plenitud la transformación* tan profunda que exigía la propuesta del ángel.

b) Lucas a continuación nos refiere un hecho que parece apoyar las dos suposiciones:

— El ángel la dejó y ¿entonces qué? Se había efectuado la Encarnación, el Hijo de Dios estaba en su seno. Esperábamos oír ahora: "María conservaba todo esto en su corazón y se retiró a meditar y orar a su Dios". Pero no era el tiempo de quedarse sentada y pensar.

Como todas las personas serenas, tiene el tino de hacer lo primero las cosas más necesarias; y antes que nada, debía *visitar* a alguien. Entre las palabras del ángel, las más significativas, importantes y trascendentales que haya escuchado jamás ningún ser humano, una frase le llamó particularmente la atención: "Ahí tienes a tu pariente Isabel: a pesar de su vejez, ha concebido un hijo. Esto significa que debía actuar; ir a verla y estar con ella. La soledad que Ella podía sentir bajo el enorme peso de la carga que Dios le había impuesto le impulsaba al retiro y desierto. Esto debía superarlo. Se levantó de prisa; pero sin *precipitación,* porque la gente sosegada no necesita precipitarse, ya que hace siempre lo preciso en el momento preciso.

Isabel, una mujer santa y buena, no poseía ninguna calma, *gritaba con voz fuerte:* "Bendita tú entre las mujeres y bendito el fruto de tu vientre. ¿Quién soy yo para que me visite la madre de mi Señor?"

A toda esta exaltación responde María con el canto sublime del *Magníficat.* En él nos descubre la *fuente de su serenidad:* Es Dios que *destruye los falsos apoyos humanos: La ideología, el po-*

der y *el dinero,* y sostiene a los ignorantes, débiles y hambrientos.

Ha venido la Redención según Dios lo había prometido a Abraham; *las dos anunciaciones* se han juntado para dar al mundo la realidad del Mesías.

B. *Nosotros.*

A nosotros, lo mismo que a la Virgen en la Anunciación, *nos llegarán propuestas decisivas;* cuya trascendencia e impacto dependerá de nuestra postura, de nuestra inquietud, de la sorpresa que encierran y el cambio existencial que implican.

Junto con el *honor y la distinción* contienen *una fuerte carga de responsabilidad y servicio.* Quizá haya gente, que como Isabel, nos felicite con sinceridad y efusión; otros con doblez y engaño.

Estos momentos suelen ser *cumbres* en la vida y como las cumbres se alcanzan pocas veces. Lo más ordinario son los valles y los cerros, los caminos tortuosos de la vida cotidiana: pequeños acontecimientos familiares, visitas, amigos, viajes, fiestas, desgracias.

Tanto para escalar esas cumbres como para andar por las mesetas necesitamos mirarnos en el espejo de María: Su *serenidad.*

Esta serenidad tiene su *fuente en Dios:* Allí debemos acercarnos para buscar la luz que *nos ilumine* a la hora de optar por lo más digno y justo; para conseguir *las fuerzas* necesarias para cumplir esa misión.

A Dios debemos acudir para surtirnos del alimento que necesitamos para recorrer los caminos ordinarios.

La serenidad sólo la alcanzaremos cuando hagamos vida la frase de Jesús: "Total, que *no os agobiéis por el mañana;* porque el mañana traerá su propio agobio. A cada día le bastan sus disgustos".

Conclusión

El día 6 de agosto se incendiaba, al sur de Africa, el petrolero español "Castillo de Bellver". Un marinero, José Bea, dormía en ese momento. Al despertar se dirigió a cubierta. Llegó tarde; acababan de lanzar al mar el último bote salvavidas. Junto con otro compañero se tiró al agua. Resistió una hora luchando con el oleaje, no podía soportar el frío. Decidió regresar al barco y en él "esperar la muerte". Fue al camarote y se puso la ropa de fiesta. Subió de nuevo a cubierta. Allí le descubrió un helicóptero de las fuerzas armadas de Sudáfrica. Logró rescatarlo. Cuando lo recogieron se extrañaron de verlo con aquella ropa. El les dijo: "Me vestí de gala para reunirme con Dios".

Según el piloto tenía un fuerte shock nervioso. Es lógico; pero tuvo la serenidad suficiente para controlar sus actos en aquella hora decisiva.

Las personas que confían en Dios saben que está a su lado, que no los abandona y que les sale al encuentro. Como María en la Anunciación mantienen la calma, dominan los nervios y dialogan con serenidad.

7. Preces.

Presidente: Roguemos a Dios, Padre, que nos invita a poner nuestra confianza en su providencia, que cuida de las flores, de los animales y de los hombres, para que, como a María, nos guíe a través de las dificultades:

— Para que veamos la mano amorosa de Dios en todos los acontecimientos de nuestro existir. Roguemos...

— Para que no nos dejemos vencer por las dificultades, ni dominar por la tristeza. Roguemos...

— Para que el afán de satisfacciones y la búsqueda de la felicidad no nos impida ver la realidad de la vida. Roguemos...

— Para que en nuestra lucha por el confort y la comodidad no nos olvidemos de los indigentes. Roguemos...

— Para que no defraudemos a aquellos que nos esperan y pueden ser alegrados con nuestra intervención. Roguemos...

Presidente: Señor, sigue siendo luz de nuestras vidas y limpia nuestros ojos de los afanes materiales para que podamos ser fieles a lo que te hemos pedido con fe. Por J. N. S.

8. Padrenuestro.

9. Acto final:
María,
Todo esta pendiente de tu boca.
Igual que si los hombres, de golpe, se sintieran
con la vida en las manos detenida,
como un reloj callado y a la escucha,
como si Dios tuviera que pedir un permiso...
Tu Palabra sería la segunda palabra;
y ella recrearía el mundo estropeado
como un juguete muerto que volviera a latir súbitamente.

Tú pondrías en marcha, otra vez, la ternura.
Orilla virginal de la palabra, niña del sí, preñada del Verbo
sin la más leve sombra de no, toda en el Día:
Dios encontraba en ti, desde el primer albor de tus latidos
la respuesta cabal a su pregunta
sobre la nada en flor...
Tú le hacías dichoso desde el tiempo.
Tu corazón se abría como una playa humilde,
sin diques prefabricados.
Y en la arena sumisa de tu carne
el mar de Dios entraba enteramente..." (Casaldáliga).

Oración: Santa María,
vivimos llenos de inquietudes,
los pensamientos, las sospechas y las dudas
no nos dejan tranquilos.
Nos aterran las críticas y la oposición
de los demás.
Vivimos pendientes de la opinión ajena.
Así perdemos nuestra personalidad,
nos desviamos del camino,
sufrimos y sufrimos.
Llega el momento en que ya no aguantamos.
Perdemos la tranquilidad,
nos enfadamos y tiramos la toalla:
"Renunciar" es la solución de nuestro problema.
Dejamos que las cosas sigan mal,
no nos convencen;
pero preferimos nuestra comodidad y seguridad.
Hoy pedimos serenidad para ver,
serenidad para juzgar
y serenidad para actuar,
serenidad para imitar a tu Hijo,
que vive y reina por los siglos de los siglos. Amén.

Canto final: Canto de María, C.L.N. 314.

3

RESPETUOSO SILENCIO
DE MARIA

1. **Canto de entrada:** Morada de la luz: C.L.N. 325.

2. **Monición de entrada:**

María es modelo para los creyentes e incluso para todos los seres humanos. Su vida está llena, como todas las vidas, de misterios de dolor, misterios de gozo y misterios de gloria. Estos misterios surgen del cotidiano devenir de los acontecimientos. Nuestra reacción frente a ellos adolece de apatía y fatalismo. María nos enseña el modo de soportar los golpes de dolor y los golpes de suerte.

La escena de hoy es una escena familiar, más bien rara; cuya meditación nos ofrece formas dignas de comportamiento en las relaciones mutuas, sobre todo entre personas cercanas. Es el pasaje que denominamos con el nombre de "dudas de su esposo, José". La conducta de María y de José, el respeto, el silencio, la confianza del uno con el otro son cualidades que queremos hacer nuestras.

3. **Símbolo:**

Entra el sacerdote precedido de dos personas que llevan gasas, vendas, alcohol, algodón, un botiquín..., unas muletas. Lo colocan sobre una mesita.

Monitor: El hombre ante el dolor, la enfermedad y la desgracia, grita a Dios y le pregunta: ¿Por qué? ¿Por qué el sufrimiento? ¿Por qué el hambre? ¿Por qué la muerte? La única respuesta que escucha es la de Job: ¿Quién eres tú para exigir cuentas a Dios?

4. **Saludo a María:**

Presidente: Santa María, Reina de todos los santos, porque fuiste fiel a Dios y a los hombres, tus hermanos, en todos los acontecimientos de la vida.

Todos: (C.L.N., 312) Madre de todos los hombres, enséñanos a decir Amén.

Presidente: Madre de Dios: Bendito sea el Señor, Dios de

Israel, que visita y redime a su pueblo. Bendita seas tú, María, que has prestado tus brazos para hacer posible la salvación.

Todos: Madre de todos los hombres...

Presidente: Ruega por nosotros pecadores: Somos pecadores, pero Tú nos puedes lavar; somos sombra, pero Tú nos puedes iluminar.

Todos: Madre de todos los hombres...

Presidente: Ahora y en la hora de nuestra muerte: Guarda el reloj de nuestra vida. Y cuando se pare, llévanos al cielo contigo. Amén, María.

Todos: Madre de todos los hombres...

Presidente: Oremos: Señor Padre nuestro: Tú te muestras a nosotros por medio de tus santos, en especial por medio de tu Hijo. Hoy te contemplamos en su Madre, María, y nos detenemos ante su silencio elocuente que nos habla de Ti y nos enseña a ser fuertes en la contrariedad. Danos valor para saber callar y encontrarte en el fondo de nuestro corazón en la soledad de la angustia. Te lo pedimos por C. N. S.

Todos: Amén.

5. Lecturas:

1.ª lectura: Génesis 21,1-7.
Canto: Tu reino es vida: C.L.N. 511.
2.ª lectura: Mateo 1,18-24.

6. Homilía:

En la primera lectura el escritor sagrado recoge la tradición sobre la concepción y el *nacimiento* de uno de sus antepasados, *Isaac.* La importancia de este patriarca es de tal trascendencia que contrapone su *concepción prodigiosa* con la concepción rutinaria y *normal* del padre de sus enemigos, *Ismael.*

Para indicarnos los *designios de Dios* sobre la descendencia de Abraham, hace intervenir a la Divina Providencia de un modo directo e inmediato. Nos relata varias veces la promesa de Dios, recalca en distintos pasajes la *edad del padre y de la madre.* La imposibilidad física de tener hijos contribuye a situar a este nacimiento entre las acciones milagrosas.

Todos estos datos contienen la finalidad didáctica de enseñarnos que el *pueblo judío viene de Dios;* que aquel niño, llamado Isaac, es obra de Dios, más que de los hombres. Son varias las tradiciones sagradas que recurren al mismo método para indicarnos el nacimiento prodigioso del personaje elegido: Sansón, Samuel, Juan Bautista...

Llegada la plenitud de los tiempos *Jesús, el Hijo de Dios,* debería aparecer entre los hombres. Si para aquellos varones insignes se necesitó una intervención de Dios, porque las madres eran estériles y ancianas, mayor intervención de Dios y más directa se necesita en el caso de Jesús, ya que *su madre es una Virgen.* Es Dios y hombre. Desciende de Dios por la línea del padre y del hombre por la línea de la madre; ésta es la enseñanza teológica del Evangelio.

Nosotros nos vamos a fijar en el *comportamiento de María,* tal como nos lo relata san Mateo. Este comportamiento contiene unas enseñanzas válidas para todos, aunque las resaltemos dentro del contexto familiar.

A. *Silencio de María.*

Impresiona el comportamiento de María después de la Anunciación. De improviso, sin preparación previa, es Madre y *Madre de un personaje importante.* ¿Fue consciente desde el primer momento de quién era su Hijo? Es *madre de un modo prodigioso e inusitado.* Son dos sacudidas muy fuertes. Ante ella es lógico desahogarse, hablar con una persona de confianza. María *guardó silencio,* no se lo contó a José, ni se lo contó a Isabel.

¿Cómo se enteró su prima?, no lo sabemos.

¿Cuál fue el *motivo de este silencio?*

a) A la edad de los trece años María era considerada como madura tanto física como sicológicamente y, por tanto, ya podía contraer matrimonio. El padre *la entregó "en esponsales"* a un hombre llamado José.

Con la ceremonia de los esponsales *quedó prometida y comprometida.* Aunque los desposados no cohabitaban juntos, sin embargo, el novio venía a ser el *dueño de la prometida.* Durante este tiempo la muchacha permanecía en la casa y bajo la autoridad paterna. Si cometía algún acto sexual con un varón distinto del novio era *considerada como adúltera* y podía ser lapidada en la plaza pública.

b) Durante el tiempo de desposada, María recibe la visita de un ángel y el niño se encarna en su seno. Antes de cohabitar con José se *encontró en estado de gravidez.*

Pasan los meses y exteriormente se notan las señales de una Concepción. José no sabe nada; pero los signos son evidentes.

¿Cómo se enteró José? ¿Le felicitaron los amigos por el alegre acontecimiento de ser padre?

José duda, no puede conciliar el sueño, apenas come, está nervioso. *¿Duda de María?* No, él sabe que es una santa. ¿La han violentado? ¿La han engañado?

— Por un lado *José confía en María.*

— Por otro lado su *deber religioso es denunciarla.*

De tal forma se fía de su esposa que, a pesar de las señales evidentes, se siente incapaz de pensar mal de Ella. Para medir el comportamiento de José basta que pensemos en la humillación que supone para un marido ser engañado por su esposa. La vida social le incita a reaccionar de un movo violento.

c)   María se da cuenta de que José apenas habla, que la mira con prevención. Era el momento de dialogar y explicarle lo sucedido en su seno. José la comprendería.

María sabe que está expuesta a morir apedreada, que José puede abandonarla. ¿Por qué María no comunicó a José el secreto que les separaba?

María respetó a Dios y al respetar el silencio de Dios y sus designios, respetó a José. Fue el mismo Dios quien vino en auxilio de la Madre de su Hijo; vuelve a intervenir de un modo extraordinario. Manifiesta a José que no dude en aceptar como esposa a María, el hijo que lleva dentro es obra del Espíritu Santo.

El respeto de José y de María fue tan grande que nunca llegó a saberse *cuándo fue concebido* Jesús. Si los contemporáneos lo hubieran sabido se lo hubiesen echado en cara; sobre todo cuando pretendieron despeñarlo por el precipicio. Lo apedrearon; dijeron contra él todo lo que juzgaban negativo; dijeron que era hijo del carpintero y que su madre era una pobre mujer; pero nunca dudaron de su procedencia. Incluso los fariseos que le llamaron comilón, bebedor, amigo de pecadores, etc., no encontraron ninguna deficiencia, ni siquiera aparente, en su origen.

José respetó el silencio y la honra de su esposa, y María respetó el silencio de Dios y el honor de su esposo.

B.   *Nosotros.*

María, a la que hoy se une José, nos enseña el respeto a Dios y el respeto a los demás.

a)   *Respeto al silencio de Dios.*

Seguramente que todos nos hemos sentido desconcertados alguna vez entre el silencio de Dios.

Dios en la Sagrada Escritura habla, es cierto; pero también

guarda silencio: Al ser *juzgado por Pilato,* nos dice el Evangelista: "Mientras lo acusaban los sumos sacerdotes y los ancianos, él no contestaba nada". Y de sus palabras dependía su condenación o su libertad. Respeta la decisión de los hombres.

Es llevado *ante Herodes.* Le trata de loco, le pide un milagro. Jesús guarda silencio. Es el mejor modo de reprender sin molestar.

Ante los *insultos en la cruz* guarda silencio, sólo rompe ese silencio para indicarnos el respeto que le merecen sus mismos verdugos.

A veces hemos sido poco respetuosos con el silencio de Dios, nos hemos encarado con El y *hemos pretendido exigirle cuentas.* Su actuación en el mundo, y más en concreto su silencio no nos satisfacen.

¿Por qué deja existir el mal?

¿Por qué no castiga a los pecadores?

¿Por qué permite la injusticia, la muerte del inocente?

¿Por qué dejó morirse a mi hermano?

¿Por qué quedó paralítico aquel joven tan ágil y decente?

¿Por qué? ¿Por qué? Dios guarda silencio, respétalo.

Dos respuestas te da en la Sagrada Escritura:

1.ª A *las preguntas de Job,* a estos mismos porqués que tú haces, le responde: ¿Quién eres tú para exigirme cuentas a mí, a mí que marco el orden del universo?

2.ª A los interrogantes sobre el hambre, el dolor, la injusticia, te dice que *El es quien los sufre:* "Porque tuve hambre, estuve enfermo, porque estuve en la cárcel".

b) Respeto a los demás: A veces jugamos con los demás, sobre todo cuando nos sentimos ofendidos o humillados, disponemos de ellos, de su fama, de su dignidad, de sus bienes, de sus secretos. Al portarnos como dueños y señores vamos buscando la venganza o el desahogo de la envidia. Incluso nos servimos de algo tan sagrado como el silencio para mostrar nuestro desprecio o disgusto.

El silencio y el respeto unidos deben ayudarnos a evitar muchos juicios y agresividades. "Espera, calla, cuando se te pase el enojo, hablarás. Quizás entre tanto Dios te envíe una luz".

Conclusión

Era el mes de julio. Las nubes se precipitaron sobre los campos resecos. El agua cayó a torrentes acompañada del estrépito de los truenos y del fulgor de los rayos. Tiró las hojas de los árboles y machacó los trigales. En su alocada y estrepitosa carrera arrancó los arbustos y arrasó los sembrados.

Era el mes de diciembre. Las nubes descendieron silenciosamente sobre los montes y los valles. Caían en forma de nieve. Se fueron posando sobre la tierra hasta cubrirla con un manto blanco. Las nubes se convirtieron en nieve y la nieve dejó de ser ella misma para convertirse en agua y penetrar en el interior de la tierra. Despacio y suavemente se introdujo por las grietas hasta llegar a los veneros. Corrieron los arroyos, brotaron las hierbas y las flores y bebieron los hombres y los animales.

El respeto y el silencio son el agua que empapa las relaciones humanas para que en ellas brote el amor.

El respeto fue el dique que mantuvo a José en silencio y reflexión y contuvo sus dudas para no estallar con agresividad y esperar la intervención divina.

El respeto a Dios selló los labios de María para no dar explicaciones que superaban sus alcances y conocimientos humanos.

El respeto y el silencio consiguieron conservar la paz y la armonía dentro de una familia que pudo haberse roto por las dudas y las suspicacias.

7. Preces.

Presidente: Aceptemos los designos de Dios sobre nosotros y sobre los nuestros y acerquémonos con confianza a El para pedirle ayuda y energía a fin de ser siempre fieles a nuestra vocación:

— Para que el ejemplo de José y María influya en nuestras relaciones familiares y sociales y no nos dejemos llevar del enfado. Roguemos...

— Para que en las pruebas y desgracias sepamos esperar confiadamente en la ayuda de los hombres y de Dios. Roguemos...

— Para que en las dudas y angustias nos abramos al consejo de los demás y a la acción del Espíritu Santo. Roguemos...

— Para que sepamos ceder y reconocer nuestros yerros cuando descubrimos que nos hemos equivocado. Roguemos...

— Para que confiemos en la Providencia de Dios y no nos dejemos dominar por la duda y el fatalismo. Roguemos...

Presidente: Señor, que diriges nuestros pasos por el camino del bien, ayúdanos a seguir adelante, a pesar de las limitaciones que encontramos en nosotros

mismos y en el ambiente a veces hostil que nos
rodea. Te lo pedimos por J. N. S.

8. Padrenuestro.

9. Acto final:
Señora del silencio,
Madre del silencio y de la humanidad,
tú vives perdida y encontrada
en el mar sin fondo del Misterio de Dios.
Sin embargo, tu silencio no es ausencia
sino presencia.
Estás abismada en el Señor
y, al mismo tiempo,
atenta a los hermanos, como en Caná.
Nunca la comunicación es tan profunda
como cuando no se dice nada,
y nunca el silencio es tan elocuente
como cuando nada se comunica.
Haznos comprender
que el silencio no es desinterés por los hermanos
sino fuente de energía e irradiación;
no es repliegue sino despliegue;
y que, para derramar riquezas,
es necesario acumularlas.
El mundo se ahoga en el mar de la dispersión
y no es posible amar a los hermanos
con un corazón disperso.
Haznos comprender que el apostolado,
sin silencio,
es alienación;
y que el silencio,
sin apostolado,
es comodidad.
Envuélvenos en el manto de tu silencio
y comunícanos la fortaleza de tu fe,
la altura de tu esperanza
y la profundidad de tu amor.
Quédate con los que quedan,
y vente con los que vamos.
¡Oh, María admirable del Silencio! (Larrañaga).

Oración: Santa María,
tu imagen nos acompaña siempre;

te contemplamos en las postales,
en los bonitos cuadros que cuelgan de la pared,
en los altares del templo
y en las encrucijadas de nuestros caminos.
Preside nuestra vida,
y danos fuerza para sobrellevar las decepciones,
que nos incitan a encerrarnos en nosotros mismos
y buscar consuelo en los compañeros,
a veces a costa de la fama de los demás.
Danos discreción y prudencia
para tratar con nuestros hermanos
y estar a su lado en el momento oportuno.
Danos luz, mucha luz,
para que las tinieblas de la duda y la desesperación
no se adueñen de nosotros.
Así imitaremos a tu Hijo, Jesús,
que vive y reina por los siglos de los siglos. Amén.

Canto final: Mujer fuerte: C.L.Ǹ. 322.

4
DISPONIBILIDAD DE MARIA

1. Canto de entrada: Madre de los pobres: C.L.N. 318.

2. Monición de entrada:

María dijo: "Hágase en mí según tu Palabra". Esta disponibilidad, que marcaría toda su existencia, era el fruto maduro de su entrega diaria al servicio de Dios y de los hombres.

Hoy contemplamos esta disponibilidad en tres acontecimientos distintos. En un primer tiempo la veremos camino de Belén, obediente a la autoridad civil. La segunda escena recoge su huida precipitada camino del destierro. El tercer acto se desarrolla en su casa de Nazaret: Dos personajes, Ella y su Hijo, Jesús. Este se despide de la madre para anunciar la Buena Noticia a los hombres. Ella acepta y calla.

María entregó su vida para servir y por eso sirvió para vivir.

3. Símbolo:

Dos personas traen un bolso o maletín de viaje, lo colocan sobre una mesita.

Monitor: Debemos estar dispuestos a ir donde nos envíen y hacer lo que nos manden.

4. Saludo a María:

Presidente: María, haz que nuestra fe sea *Plena,* sin reservas, que penetre en nuestro pensamiento y en nuestro modo de juzgar las cosas divinas y las cosas humanas.

Todos: Madre de todos los hombres: C.L.N. 316.

Presidente: María, haz que nuestra fe sea *Libre,* que tenga la adhesión de nuestro concurso personal y acepte las renuncias y los deberes que ella comporta.

Todos: Madre de todos los hombres, enséñanos a decir Amén.

Presidente: María, haz que nuestra fe sea *Cierta,* cierta por el testimonio interior del Espíritu Santo, cierta por la luz que asegure y por el compromiso al que nos impulse.

Todos: Madre de todos los hombres, enséñanos a decir Amén.

Presidente: María, haz que nuestra fe sea *Fuerte,* que no tema la contradicción de los hombres, ni las impugnaciones de los acomodados y que asuma los riesgos de la inseguridad.

Todos: Madre de todos los hombres, enséñanos a decir Amén.

Presidente: Oremos: Señor, gracias por enseñarnos las sendas del vivir a través de las cosas que encontramos cada día. Ayúdanos a tener el alma tensa y clara y nuestros sentidos en contacto contigo. Queremos imitar a tu hija predilecta, María; aúpa nuestro corazón para poder mirar su rostro y decirle tan sólo, pero sin miedo: Madre.

5. Lecturas:
1.ª **lectura:** Deuteronomio 6,20-25.
Canto: Caminaré: C.L.N. 520.
2.ª **lectura:** Lucas 2,1-5.

6. Homilía:

El pueblo *judío fue un pueblo errante.* Debido a las condiciones climatológicas de sequía tuvo que dejar sus tierras y buscar otras más fértiles. Cuando la vida se hizo humillante y tuvo que trabajar como un esclavo añoró la libertad de sus antepasados y buscó el modo de sacudir el yugo. *Dejó Egipto* y se puso en camino recogiendo en su marcha a todas las tribus esparcidas por el sur de la península del Sinaí. *Moisés* fue el encargado de guiar al pueblo hasta la Tierra de Promisión.

Jesús es el nuevo Moisés. Como él, huirá de la muerte al nacer, y como él será llamado a salvar al pueblo. Jesús es el *judío perfecto,* por tanto deberá recorrer las mismas etapas que sus antepasados: *Ir al destierro de Egipto y regresar* a la tierra prometida. Sus desplazamientos no son motivados por la inquietud errante del pueblo judío, sino por la obligación de someterse a la voluntad, al capricho e incluso al odio ajeno. Nosotros consideramos este acatamiento como fruto de la disponibilidad a los designios salvíficos de Dios, manifestados a través de las órdenes de los hombres.

Como todos los días, nos centramos en María, inmersa desde su "Hágase" en la historia de salvación, que llega a la plenitud por medio de su Hijo.

A. *Tres escenas.*

a) *Viaje a Belén:* En Roma ha salido un edicto para todas las provincias del Imperio. Manda empadronarse a cada súbdito en su ciudad de origen. María y José, de la casa y linaje de David, *tienen que ir a Belén.*

Hoy, a nosotros, con los evangelios delante de los ojos, con el recuerdo de mil devotas semanas y meditaciones, nos parece sencillo descubrir en el decreto del Emperador un claro recurso de *la Providencia* para que las profecías se cumplieran puntualmente.

No demostramos esa claridad de entendimiento cuando se publican leyes gravosas que nos afectan directamente.

El edicto de Roma era, además de humillante para los pueblos sometidos, *sumamente penoso:* Traslados a lugares distantes con unos medios de locomoción rudimentarios; barcos de vela, animales y todo por capricho de Augusto: Saber cuántos súbditos tenía.

Los judíos protestan del edicto de Roma. Eran rebeldes e indómitos... Si para alguna persona era penoso el edicto era para María y, sin embargo, acata la orden y se pone en camino. La primitiva comunidad del Evangelio de Mateo vio en este viaje de María a Belén el cumplimiento de la *profecía de Miqueas:* "Y tú, Belén, tierra de Judá; porque de ti saldrá un caudillo que será pastor de mi pueblo, Israel".

La disponibilidad de María es un eslabón más en la cadena de la historia de la salvación.

¿Fue un modo de que se enteraran de la fecha del nacimiento de Jesús?

b) *Huida a Egipto:* Una visita de un ángel viene a alterar los planes de María. Ahora el mensaje lo recibe el cabeza de familia: "Levántate, coge al niño y a su madre y *huye a Egipto;* quédate allí hasta un nuevo aviso, porque Herodes va a buscar al niño para matarlo".

Todas las angustias que sufre *un emigrante* que se ve obligado a dejar su tierra para poder vivir, se agolparon en el alma de María. Además su huida no tenía alternativa, ni sufría retraso. Su obligada marcha es como la del fugitivo político: Miedo, sobresalto y precipitación.

Es muy lacónico el relato evangélico en este momento. Se limita a constatar la huida nocturna de la familia y el regreso. Todas las demás afirmaciones que podemos hacer en cuanto a los contratiempos que debieron padecer, las privaciones a las que se vieron sometidos, son *deducciones de nuestra imaginación,* que está muy limitada por el tiempo y la distancia; por tanto, son sólo aproximaciones a la realidad histórica.

Nada nos relata el Evangelio sobre la actitud y la aceptación por parte de José y María de esta disposición.

c) *Jesús se marcha:* Esta vez no es María la que se desplaza, *es su hijo, Jesús, que se despide.* Pero cuando el Hijo se aleja es la madre quien se aleja y cuando el hijo es llamado la madre se va con él.

No tenemos *ningún relato* de esta despedida. Sobre los años que María, José y Jesús pasaron juntos en Nazaret no sabemos nada. ¿Vivía José? Parece que ya había muerto. Jesús se encargaría del trabajo del padre. Ganaba el sustento de su madre y de él.

Un día sintió la llamada de Dios. Le urgía; era el fuego que le ardía en el interior y le impulsaba a *anunciar a los hombres* la Buena Nueva de la salvación. ¿Cómo se lo comunicó a María? ¿Ella lo presentía, lo adivinaba? Todas son suposiciones. Pero un día se fue y Ella quedó sola.

Necesitó resignación y sobre todo disponibilidad para ir a Belén, para huir a Egipto y ahora necesitaría una sobredosis para despedir a su Hijo.

B. *Nosotros.*

Podemos aprender la *lección de la disponibilidad.* Esta disponibilidad como actitud y disposición permanente; ya que las mismas ocasiones de demostrarla que tuvo María, no se van a repetir en nuestra vida. Sí, las podemos encontrar con distintos matices.

a) *Disposiciones que nos afectan:* Estas disposiciones son continuas, unas veces fruto de la autoridad, otras de la democracia y otras del desarrollarse de la vida. *Es difícil aceptarlas* cuando se oponen a nuestras bien fundadas ideas y cuando cambian nuestros proyectos y afectan a nuestro nivel de vida.

Caso de *enfermedad:* Recordad a Santa Ludivina, treinta y ocho años en cama. Desde los dieciséis en el lecho. Es como para enfrentarse con Dios y decirle: Yo sería más compasivo, la curaría, eres un mal samaritano.

Y cuando la enfermedad nos *afecta a nosotros,* ¿estamos disponibles?

¿Cuando reclaman nuestro tiempo lo empleamos para los demás?

La Virgen no suele hacer milagros y menos en favor de sus devotos; pero nos enseña a servir a Dios y a los demás en el dolor y en el gozo, en la enfermedad y en la salud. Hacerlo con servicialidad, esto sí que es milagro.

b) Hoy estamos *acostumbrados a desplazamientos.* No es como en tiempos de María. Incluso son agradables y apetecidos cuando son motivados por la afición turística.

Pero cuando el desplazamiento es obligado por:
— traslados,
— necesidades vitales,
— motivos de salud,
— motivos profesionales,
— exigencias de caridad

no siempre los aceptamos con disponibilidad y afán de superación. A veces el enojo y los nervios nos dominan de tal forma que perdemos el control. Perdemos la serenidad y *nos sentimos víctimas de la injusticia* y de la mala voluntad de los demás.

c) *La vocación* es el núcleo de existencia que absorbe la mayor parte de nuestra vida y para cuya realización es imprescindible la disponibilidad.

Todos tenemos una llamada previa, sin consulta, ni decisión personal, a la existencia. A partir de este momento se nos exige:

— *Realizarnos como seres humanos:* Forma tu ser de persona: Los actos serán los frutos. Es un trabajo continuo y lento. El día en que dejes de hacerte a ti mismo ese día comienza tu vejez.

— *Realizar a los demás:* Descartes decía: "No necesito tomar prestado nada de nadie". No es cierto. *Todos nos necesitamos.*

Tú debes servir a los demás y los demás te servirán a ti. Para ello necesitas disponibilidad y receptibilidad. No niegues nada, ni rechaces nada.

— *Conseguir un mundo:* Está incompleto; Dios nos lo ha entregado para que lo perfeccionemos.

La disponibilidad nace de la pobreza. Sólo el que no tiene cosas es el que ofrece su persona y acepta a los demás. El rico, en su generosidad, entrega sus cosas, pero se reserva su persona; de lo contrario dejaría de ser rico.

Conclusión

Un muchacho se sentía desgraciado.

Analizó su vida. Tenía de todo: salud, dinero, comodidades, amigos y amigas...

Era bueno; cumplía sus obligaciones más elementales...; pero no era feliz.

Leyó el Evangelio: "Yo no he venido a ser servido; sino a servir".

Comenzó a realizarlo: A entregarse, a dar de su dinero, de su tiempo, de su persona; y en la misma medida en que daba, en la misma medida entraba dentro de él la felicidad.

María por servir a Dios y ser consecuente con su "hágase" se sometió a un edicto, fruto del capricho de un invasor, huyó a Egipto, víctima de una persecución criminal y consintió en quedarse sin su hijo. Por medio de esta disponibilidad la historia de la salvación siguió su curso y los pobres y marginados oyeron las bienaventuranzas.

7. **Preces.**

Presidente: Dios Padre, confiados en que todas las cosas las has hecho bien y en que pueden contribuir a nuestro bienestar y salvación, te presentamos nuestras peticiones por intercesión de la Santísima Virgen.

— Para que los dirigentes de la Iglesia y de las naciones busquen el bien común y no su bien particular. Roguemos...

— Para que nuestra vida esté disponible ante las exigencias de la naturaleza y de los demás. Roguemos...

— Para que sepamos aceptar las contrariedades y oposiciones de tal forma que contribuyan a mejorar las relaciones humanas. Roguemos...

— Para que colaboremos con todos los hombres de buena voluntad, aunque sus ideas no coincidan con las nuestras. Roguemos...

— Para que vivamos con alegría y optimismo y seamos testigos de un mundo mejor y de una vida más humana. Roguemos...

Presidente: Te pedimos, Señor, que estas oraciones sean aceptadas por ti y contribuyan a cambiar este valle de lágrimas por el paraíso perdido. Te lo pedimos por C. N. S.

8. **Padrenuestro.**

9. **Acto final:**

"El pedazo de tierra que teníais
detrás de aquel otero por donde entraba el sol,
lo trabajaban juntas tus manos y sus manos.
Salía el sembrador una mañana
y abría al mundo el corazón estéril.
De pronto sorprendían sus ojos creadores

un filo de cizaña advenediza.
El grano de mostaza se hacía ya posada
para todas las aves viajeras,
y crecía en el trigo la forma prometida de su Casa.
Volvían los pastores, con la noche a la espalda,
—¿con la muerte a la espalda volverían?—
y balaba el aprisco recobrado y concorde.
El volvía también y te llamaba
como quien grita alerta, cada tarde,
a la hora precisa de las hostias.
Pero un día se fue ya para siempre...
Junto al taller, cerrado por ausencia,
el mástil de un madero naufragaba en la sangre
del ocaso
y el campo y tú quedabais a la espera.
Se van los hijos mozos...
La tierra ya no da para la vida.
No da para los ojos y el deseo.
Sobre la tierra, núbil, a pesar de los hombres,
tarde o temprano llueve.
Dios sigue amaneciendo cada día.
Aún tiene el horizonte camino para el alba
y el regreso.
Y en el soto erizado de chopos de Esperanza
permanece de guardia la alondra de tu ermita" (Casaldáliga).

Oración: Santa María,
Tú siempre aceptabas porque eras esclava.
Aceptaste a Dios en su miseria conocida día a día,
contigo compartió una cueva,
contigo huyó prófugo hasta Egipto.
Tú aceptaste su sudor y su trabajo,
aceptaste la soledad,
la fría noche y la pobreza.
Enséñame a aceptarme como soy,
para transformarme en como tú eres;
ayúdame a consentir a Dios a mi lado,
en el dolor, en la decepción y en la desgana,
a verlo y servirle en cada uno de mis hermanos,
seguros de encontrarnos con el rostro de tu Hijo,
que vive y reina en la unidad del Espíritu Santo.
Amén.

Canto final: Salve, Regina: C.L.N. 302.

5

SENCILLEZ DE MARIA

1. Canto de entrada: Humilde Nazarena: C.L.N. 306.

2. Monición de entrada:
   Seguramente que todos tenemos confianza para acercarnos a María y solicitar de Ella algún favor. No nos asusta, ni nos impone un respeto que separa. Este atrevimiento proviene de la imagen que de Ella nos hemos formado: Es maternal, es afable y sobre todo sencilla. Entendemos por sencillo lo que no es complicado, lo que es puro, sin mezcla; de la sencillez dimana la verdad y la claridad. María fue una mujer sin doblez, transparente; se dejó penetrar por la mirada de Dios y por la mirada de los hombres. No tuvo nada que ocultar, ni nadie de quien esconderse.
   La lección de la sencillez, que hoy nos da, nos será muy conveniente para relacionarnos con Dios y con los hombres.

3. Símbolo
   Dos personas traen un puchero y una azada y las colocan en una mesita; detrás sale el sacerdote.
   Monitor: Santa Teresa decía que "entre los pucheros anda Dios", para indicarnos que a Dios lo encontramos en la sencillez de la vida ordinaria y de nuestro trabajo.

4. Saludo a María:
   Todos: Bendita tú entre las mujeres y bendito el fruto de tu vientre: C.L.N. 326.
   Presidente: Madre de Jesucristo, venimos tan sólo para mirarte, llorar de dicha y cerciorarnos de que somos tus hijos y de que estás ahí.
   Todos: Bendita tú entre...
   Presidente: Venimos para estar contigo, María, aquí mismo donde estás. No decir nada, mirar tu rostro, dejar cantar al corazón en su propio lenguaje...
   Todos: Bendita tú entre...
   Presidente: Porque eres hermosa, porque eres Inmaculada.

La mujer por fin restituida en la gracia, la criatura en su primer honor y en su último desarrollo, tal como salió de Dios, en la mañana de su esplendor original.

Todos: Bendita tú entre...

Presidente: Porque eres la Madre de Jesucristo; el cual es la verdad entre tus brazos y la única esperanza y el único fruto, porque tú eres la mujer, el Edén de la antigua ternura olvidada.

Todos: Bendita tú entre...

Presidente: Oremos: Señor, tu hija y madre nuestra, Santa María, ofreció su cuerpo humilde, sencillo y virginal para recibir tu inmensidad y grandeza. Lo hizo con gracia, con elegancia y con sencillez; supo unir lo humano y lo divino sin discursos elocuentes, ni propagandas bien montadas. Ayúdanos a descubrir en nuestra vida el valor divino de lo humano y a encontrarte entre los pucheros con los que trabajamos. Te lo pedimos por C. N. S.

Todos: Amén.

5. Lecturas:

1.ª lectura: Jueces 7,1-8.

Canto: Te damos gracias, Señor: C.L.N. 531.

2.ª lectura: Lucas 2,6-14.

6. Homilía:

El primer relato nos indica el *modo de proceder de Dios.* No quiere que los hombres confíen en la fuerza, ni en el número, ni en la destreza. Con sólo trescientos hombres Gedeón deberá arrojar a los invasores del país. Todo sucede con ingenuidad franciscana: La prueba puesta por Gedeón para conocer los designios de Dios, la elección de los guerreros y el modo de ganar la batalla.

La *primera creación del hombre* aconteció en un jardín, el paraíso terrenal; símbolo de todas *las delicias* y *comodidades.* Esta creación *terminó en fracaso,* parece como si Dios se hubiese equivocado. Ahora la realización de la obra más perfecta sigue otros derroteros: *La pobreza y la sencillez,* contrastadas por el nacimiento de *Juan Bautista,* nacido de una familia ilustre, rodeado de alegría y de vecinos. La noticia de su nacimiento se extiende por toda la montaña. *Pertenece a la primera creación.*

Jesús nace de una mujer pobre, sencilla, en un viaje, sin techo para cobijarse, y de su nacimiento sólo se enteran unos pobres pastores. Será el profeta de los pobres, el Dios y hermano de los humildes y sencillos.

A. *Hechos.*

a) Nacimiento de Jesús: La escena del nacimiento está construida por Lucas al estilo de *las visiones de Dios,* narradas por los profetas: Dios presente y los ángeles entonando la alabanza a su Señor. Es el misterio de *Dios que irrumpe en la tierra.*
Estudiamos el *comportamiento de María:*
Estamos en Belén. Nuestra Señora no habla en esta parte de la historia, pero la descripción de Lucas y Mateo ofrece una visión impresionante de la *sencillez* de María: "Y dio a luz a su hijo primogénito, y lo envolvió en pañales y lo recostó en un pesebre". Esta descripción del nacimiento de Dios contada por medio de hechos ordinarios y triviales nos da la impresión de una *naturalidad* extraordinaria. María tuvo un niño. Pero *¿qué niño?:* El Hijo de Dios, el Altísimo, el Mesías prometido y esperado. Y ¿qué hace María ante la magnitud de tal acontecimiento; pues lo que se debe hacer, procedió a envolverlo en pañales. Y después lo recostó en un pesebre.
Naturalmente hubiese sido *mejor tener un lugar más digno* y adecuado; pero ¿qué se le va a hacer? María es una de esas personas que sacan partido de lo que tienen. No se paralizan con lamentaciones inútiles. El mesón estaba lleno. El kan, el lugar público donde paraban los pobres no era el sitio adecuado para la soledad que exigía el alumbramiento y en fin, pensaría María: "Después de todo demos gracias a Dios porque nos ha deparado una cueva amplia, solitaria y un pesebre que puede hacer de cuna". ¡Cuántas pobres mujeres se verán en peor trance!: Han dado a luz en caminos, selvas, aglomeraciones de gente, en cárceles, campos de concentración, etc.
Seguramente que al relatarlo María diría: "En realidad resultó muy a propósito, con toda la paja que contenía y muy tranquilo además. Fue una idea muy buena la de la gente del mesón".
Podía haberse quejado, como hacemos tantos hombres y mujeres, hermanos suyos. Nos arremolinamos en círculos y tertulias para mostrar enfado por las costumbres, las modas, los escándalos, la indecencia, los precios, la incultura y los mil detalles e infortunios.
También María podría haber criticado su desventura y todo por no tener dinero; pues a los ricos se les hace un rincón en cualquier lugar de la casa, en el pasillo, se les cede una habitación. Podría apoyar sus protestas en razones muy válidas: "No se

quejaba por Ella, total a Ella qué más le daba, lo hacía por su Hijo, porque era el Hijo de Dios".

b) *Las visitas:* Y vienen las visitas. En primer lugar llegan *los pastores.* Se han enterado que ha nacido el Hijo de Dios y vienen a adorarlo. *¡Qué apuros para María!* Aquellos pañales no son dignos de Dios y la cuna... y la casa... ¡Qué bochorno! María no se apura. ¿Para qué disimular su pobreza y la realidad de unos hechos?

Además todo es contradictorio. Los pastores eran tenidos por *pecadores* y por tanto indignos de alternar con la sociedad piadosa y buena. Por estar con sus rebaños no podían asistir a los cultos religiosos. Ahora son los primeros en presentarse delante del recién nacido.

La señal que les han dado para conocerlo es un signo de sencillez: Lo encontraréis envuelto en pañales y recostado en un pesebre".

Dios aprueba y se complace en la pobreza y humildad de María, todo está bien.

Los magos: Y vienen los Magos. Personajes ilustres en ciencia, en poder y envueltos en el misterio.

No sabemos dónde los recibió María; pero lo cierto es que no tendría dónde cobijarlos, ni qué ofrecerles, ni dónde recoger sus dones. Se presenta delante de ellos tal como es y les ofrece lo que tiene. Esta es *la libertad propia de los sencillos.* Puede mostrarles al Niño que buscan sin necesidad de cambiarle de ropa y de prepararlo para la recepción.

Toda su vida se distingue por esta sencillez de *la mujer de pueblo* que lleva una vida normal. Así recorre todos los estados de la vida: doncella, novia, prometida, esposa y madre, y por fin mujer viuda. Hacia sus cuarenta y cinco años le arrebatan a su hijo y queda bajo los cuidados de un discípulo e íntimo de Jesús.

Poco conocemos de su vida: *No realizó ningún milagro,* tampoco se benefició de ninguno, sino que lo sobrellevó todo con paciencia, con trabajo y fortaleza: hace visitas, asiste a las bodas, acompaña a sus parientes; nunca aparece en el centro. Por eso los primeros cristianos guardaron silencio sobre Ella: no quiso que se refiriesen a Ella y eso que podía facilitar muchos detalles sobre la vida de su Hijo.

B. *Nosotros.*

a) *A Dios le gusta la sencillez:*
Lo hemos escuchado en el relato de Gedeón y en el desarrollo del Nacimiento de Jesús.

Muchas *personas había en Jerusalén* en la noche en que nació Jesús: Personas adineradas, poderosos, valientes militares, sabios, maestros de la ley, el Sumo Sacerdote y los demás sacerdotes del templo y los observantes fariseos y nadie se enteró del nacimiento del Mesías. Sólo los sencillos.

Los *pastores* que son unos ignorantes y pecadores y se fían de la aparición de un ángel. Podía haber sido una alucinación, una imaginación nocturna propia de la vigilia. Creen al ángel y aceptan como signos de la presencia de Dios, unos signos opuestos a la opinión que de Dios tenemos los humanos.

Los magos: no sabemos quiénes eran. ¿Unos sabios? Debían ser sabios, pues aceptaron la señal de una estrella, apoyados en el rumor y las creencias populares: "Vendría una estrella que anunciaría a un Salvador".

b) Nosotros somos deficientes en sencillez. Muchas veces nuestro actuar está *motivado por las apariencias:* Lo externo. No nos importa ser sepulcros, lo único que nos interesa es estar blanqueados. Incluso este modo de proceder lo inculcamos a los pequeños: "¿Qué van a decir de ti?" "Debes quedar bien". "No nos dejes en mal lugar".

Es una moral falsa, *basada en los respetos humanos,* más que en la objetividad. Lo que importa es ser, más que el tener y el decir.

La pretensión de salvar las apariencias nos acarrea grandes sacrificios y a veces humillaciones. Esta pretensión nos conduce:

— A mostrar ante los demás *unos conocimientos* que no poseemos.

— *Unas riquezas* que muchas veces no tenemos.

— *Unas virtudes* de las que carecemos.

— Exitos, *amistades* y relaciones que deseamos.

Y cuando nos conviene presumimos de todo lo contrario. Total una vida vacía, complicada y llena de contradicciones.

Jesús nos dijo: "Sed sencillos como palomas y prudentes como serpientes". San Francisco de Sales comenta esta frase: En realidad todos *preferimos las palomas* a las serpientes, pues lo mismo debemos hacer en sentido figurado. Sin embargo, empleamos más la astucia y doblez que la candidez de la paloma.

También nos recomendó *ser como niños:* Con esa espontaneidad con que reflejan la verdad; aunque los mayores procuramos domesticarlos a tiempo para que no nos descubran, ni molesten.

Un ejemplo de sencillez infantil: Sucedió en un pueblo de Pontevedra, Hío. La carretera pasa al lado de un pequeño parque. Allí jugaban algunos niños. Al mediodía sonaron las campanas. Una niña se arrodilló y se puso a rezar. Lo hizo con sencillez, sin miedo, ni respetos humanos. Ha crecido, hoy ya no lo hace ¿Por qué? ¿Porque ha perdido la fe? ¿Por miedo al ridículo? De los sencillos es el Reino de los cielos.

Conclusión

Los vecinos de un barrio encomendaron la construcción de unas viviendas a un hombre que se tenía por listo.

Tomó el cometido con empeño.

Al buscar el emplazamiento se acordó de una frase del Evangelio: "Un hombre al edificar su casa puso los cimientos sobre roca..., al sobrevenir las inundaciones, el torrente no pudo destruirla... Otro hombre edificó su casa sobre tierra, al venir el torrente se desplomó..."

En aquella región no existían las rocas. Durante algún tiempo cavó en distintos lugares, sólo encontraba tierra y arena. Como era listo no podía fracasar en su intento. Encontró la solución: "Pintar de color de piedra una gran extensión de la colina".

Allí edificó las viviendas, al venir las lluvias los torrentes las derrumbaron.

El Evangelio es claro; pero la astucia humana sabe adaptarlo a las circunstancias. No se puede cambiar, sería pecado y llamaría la atención; pero se puede pintar, falsificar y así vivir tranquilos. María aceptó los hechos tal como se le presentaron: Dio a luz en un pesebre, en la pobreza y miseria y no se avergonzó de ser visitada por unos pastores. Su sencillez le evitó muchas preocupaciones y le acercó más a Dios y a los humildes de esta tierra.

7. Preces.

Presidente: Roguemos al Señor que se complace en los humildes y sencillos de corazón, para que siga realizando sus obras en favor de todos los hombres.

— Para que el orgullo y la soberbia no sean las motivaciones que impulsen a los que ostentan la autoridad y el poder a la hora de tomar decisiones. Roguemos...

— Para que la Iglesia elija sus medios de Evangelización con sencillez y no olvide que sus destinatarios son los pobres. Roguemos...

— Para que no nos dejemos llevar de nuestro afán de aparentar y no cambiemos la imagen sencilla de María por la otra imagen de poder y señorío. Roguemos...

— Para que aprendamos a realizarnos como personas y como cristianos en medio de las faenas ordinarias. Roguemos...

— Para que todos caminemos por la senda de la sencillez y nos acerquemos a los pobres y humildes como a nuestros hermanos. Roguemos...

Presidente: Señor, atiende estas oraciones para que tu bondad y tu gloria resplandezcan de un modo más eficaz entre nosotros. Te lo pedimos por C. N. S.

8. **Padrenuestro**

9. **Acto final:**
En su morada piadosa la panadera,
llegando abril, recibió el grano de Dios,
lo colocó a la sombra en su humilde granero.
Durante nueve meses enteros lo guardó.
  Haznos el pan, María,
  oh, María, haznos el pan
  porque tenemos hambre.
La panadera anduvo un largo camino
para llegar por él a la casa del Pan.
Ella, para amasarle, la noche soportó.
Cerca de la media noche al mundo lo envió.
  Cuécenos el pan, María,
  oh, María, cuécenos el pan
  porque tenemos hambre.
Treinta años en el fuego de su casa,
en la exquisita dulzura de su buen corazón,
en el calor de su buen tiempo coció
el tierno pan, el pan rubio, el pan rojizo...
  Tráenos el pan, María,
  oh, María, tráenos el pan
  porque tenemos hambre.
Después de treinta años sacándolo del horno,
a la ciudad su hijo único llevó,
a todas las gentes hambrientas alrededor,
el pan nuevo, el pan todo caliente de Amor.
  Sírvenos el pan, María,
  oh, María, sírvenos el pan,
  porque tenemos hambre.
Por treinta sueldos al comerciante lo han vendido.
Por treinta sueldos mil dientes lo han mordido.
En el convite que hizo un Viernes
para el hombre al mediodía lo han servido.
  Entréganos el pan, María,

oh, María, entréganos el pan
porque tenemos hambre.
Pero cuando lo vio magullado, roto, reducido,
el pan vivo que Ella de noche había amasado,
como un cordero por los lobos devorado,
la panadera con gran duelo lloró.
Llora sobre el pan, María,
oh, María, llora sobre el pan
porque tenemos hambre. (María Noel.)

Oración: Santa María,
reconozco que mi vida es muy complicada,
soy yo quien la complica.
Vivo lleno de suspicacias,
quiero prevenirlo todo, que nadie me engañe.
De esta forma me atormento
no soy útil para los demás,
y no encuentro la verdadera alegría.
Jesús nos dijo: "Bástale a cada día su afán";
ayúdame a conformarme con lo que soy y con lo
que me ofrecen,
que sepa descubrir la importancia
de cada momento,
que sepa encontrarme en él
y encontrar a Dios y a mis hermanos.
Viviendo con sencillez es como podré
seguir tus pasos e imitar a tu Hijo, Jesús,
que vive y reina por los siglos de los siglos. Amén.

Canto final: Magnificat: C.L.N. 326.

6

POBREZA DE MARIA

1. **Canto de entrada:** Hija del pueblo: C.L.N. 327.

2. **Monición de entrada:**
   Estamos habituados a contemplar cuadros e imágenes de la Virgen llenos de fastuosidad y riqueza. Más que una sencilla aldeana de Nazaret, parece una matrona romana. Para indicarnos la abundancia de sus virtudes, la riqueza de sus gracias y la gloria de que goza en el cielo, los artistas se han valido de la majestuosidad externa. María fue una mujer carente de riquezas materiales, e incluso carente de las cosas necesarias para vivir. ¿Tuvo que pedir limosna? No lo sabemos; pero sí estuvo, en los últimos años de su vida, dependiendo de la caridad de los discípulos de su Hijo.
   La pobreza es virtud cuando se acepta con alegría y serenidad. Entonces engendra sensibilidad, ternura y apertura; es un medio de comprensión y de solidaridad con los necesitados.
   Hoy nos vamos a fijar en el talante pobre de Nuestra Señora.

3. **Símbolo:**
   Sale uno con un trozo grande de pan y otro con una jarra de vino.
   Monitor: Pobre es el que tiene poco y se conforma e incluso está dispuesto a compartirlo.

4. **Saludo a María:**
   Todos: Madre de los pobres, los humildes y sencillos, de los tristes y los niños que confían siempre en Dios: C.L.N. 318.
   Presidente: Tú, la más pobre porque nada ambicionaste,
   tú, perseguida vas huyendo de Belén,
   tú, que un pesebre ofreciste al Rey del cielo
   toda tu riqueza fue tenerle sólo a El.
   Todos: Madre de los pobres...
   Presidente: Tú, que en sus manos sin temor, te abandonaste,

tú, que aceptaste ser la esclava del Señor
vas entonando un poema de alegría:
Canta, alma mía, porque Dios me engrandeció.
Todos: Madre de los pobres...
Presidente: Tú, que has vivido el dolor y la pobreza,
tú, que has sufrido en la noche sin hogar,
tú, que eres madre de los pobres y olvidados,
eres el consuelo del que reza en su llorar.
Todos: Madre de los pobres...
Presidente: Oremos: Señor, Dios nuestro, Tú te dignaste derramar gracias y hermosura sobre la persona de
la Virgen María; Ella pudo ser llenada porque no
estuvo ocupada por cosas y apetencias; se abrió a
tus planes porque no tenía más planes que los
tuyos; se entregó a la obra de la salvación porque
no tenía una obra propia. Ayúdanos a despojar-
nos de nosotros mismos para que podamos en-
tregarte nuestras fuerzas, trabajar en la Evangelización y ponernos a tu disposición. Te lo pedimos
por J. N. S.
Todos: Amén.

5. Lecturas:
1.ª lectura: 1 Reyes 17,1-16.
Canto: Gustad y ved: C.L.N. 518.
2.ª lectura: Lucas 2,22-24.

6. Homilía:
El relato del Antiguo Testamento es de una ingenuidad y sencillez encantadoras. *Elías se encuentra hambriento* y exhausto de
fuerzas. *El Señor le promete alimento.*

Dios para darle el alimento no se sirve de una persona rica; se
sirve de una mujer viuda, con un hijo pequeño y que está muriendo de hambre. ¿Por qué?

— El *rico no hubiese prestado a Dios ese servicio.* De hecho si
los que tienen pan tuviesen generosidad, Dios daría pan a todos
los que tienen hambre; como esa generosidad no existe, sigue
existiendo el hambre.

— *La viuda estaba acostumbrada* a *esperar en la Providencia* y
no en sus recursos materiales, ni en sus dotes, ni en sus opiniones,
por eso accede a la petición del profeta, que *le pide el único pan* y
el único aceite que le quedan. Incluso estaba acostumbrada a vi-

45

vir en el límite de la indigencia y, por tanto, el *afán de seguridad no la dominaba.*

El pobre nos enseña mucho, nos da lecciones; pero para aprenderlas hay que acercarse a ellos, vivir con ellos y hacerse uno de ellos.

Si lo dejamos todo por caridad y nos encontramos sin nada, aún no somos pobres. Para ser pobre se necesita vivir en el ámbito del servicio y de la generosidad, con un olvido total del propio valer.

Hoy nos vamos a acercar a una mujer pobre que aceptó consciente y voluntariamente la situación de la pobreza. Queremos aprender la lección que nos da Nuestra Señora.

A. *María.*

Entre los judíos por orden de Dios, en recuerdo de la salida de Egipto, todo hijo primogénito varón estaba consagrado a Dios, lo mismo hombre que animal. Cuando nacía había que *rescatarlo,* pagar a Dios un tanto por ese hijo. Con este rescate quedaba libre de la obligación de servir en el templo.

El precio que se debía entregar a los sacerdotes del templo eran cinco siclos, algo más de veinte libras oro, igual al jornal de más de veinte días de José. Este era el precio fijo y establecido tanto para los pobres como para los ricos.

Había otra ley referente a *la Purificación de la Madre:* "La mujer que ha concebido y dado a luz un hijo varón debe permanecer en *casa durante cuarenta días,* purificándose. No puede tocar ningún objeto santo, ni penetrar en el santuario, hasta que se cumplan los días de su purificación. Y cuando se hayan cumplido, debe presentarse a las puertas del tabernáculo delante del concurso y entregárselo al sacerdote, *un cordero de un año* para el holocausto y *un pichón* o tórtola para el sacrificio propiciatorio. El sacerdote debe ofrecerlo delante de Dios y rogar por ella, y de ese modo *quedará purificada.* Si esto es superior a sus recursos y no puede ofrecer un cordero, lleve *dos tórtolas* o *dos pichones,* uno para el holocausto y otro para el sacrificio propiciatorio, y el sacerdote ore por ella, y así quedará purificada" (Lev 12,1 ss.).

Había dos cuotas: La de los pobres, dos tórtolas o pichones, y la *de los ricos* consistente en un pichón y un cordero.

Prestemos atención *a María,* que siendo Madre de Dios, Esposa del Verbo, Torre de Marfil, Casa de Oro, Reina de todo lo creado, adquiere en la puerta del templo la *oferta de los pobres.*

Esto nos parece muy natural, debía economizar y ahorrar el dinero. Pero la dificultad radicaba en otra parte: *Las madres po-*

bres tenían que ir *por otra puerta* y formar cola junto a la puerta Oriental del templo. De esta forma quedaba oficialmente *matriculada como pobre* de distinta categoría y despreciable para los ricos. Los fariseos tenían a los pobres por malditos, ya que Dios les había castigado con la pobreza.

Si ahora consideramos la pobreza como un mal social; en aquel tiempo también se la consideraba como un *mal religioso*.

Para medir mejor el acto de humillación de Nuestra Señora vamos a *poner una comparación:*

Figuraos que en la Iglesia hubiera *dos sitios para comulgar:* Uno en el altar mayor para la gente distinguida y otro en el altar lateral para los humildes. El día de la Primera Comunión, los niños que visten elegantemente podrán comulgar en el comulgatorio del altar mayor y los niños que vistan de un modo sencillo en el comulgatorio del altar lateral. ¡Qué sacrificios se impondrían los padres y los abuelos para conseguir que sus niños vistiesen de un modo lujoso! Ya veis que esta distinción no existe y, sin embargo, ¿quiénes quieren pasar por pobres o simplemente ser tenidos en menos?

B. *Nosotros.*

Los evangelistas sitúan a *María,* desde el comienzo de su presentación en el Evangelio *en un contexto de pobreza.*

Cuando la pobreza se convierte en necesidad es rechazable, ya que nace de la explotación de los ricos. *Dios reprueba esta situación y a los que la originan* y toma partido por los que sufren y declara bienaventurados a los pobres, porque serán los primeros en el establecimiento del Reino de Dios.

a) La *pobreza no es una virtud agradable.* Más bien procuramos luchar contra ella y recurrimos a todos los medios para evitarla, incluso con golpes de suerte: lotería, quinielas, etc. Sin embargo, Jesús proclama *bienaventurados a los pobres, ¿quiénes son estos pobres?:*

— Los que *no esperan nada de este mundo* terreno y emplean sus energías y sus esfuerzos en conseguir valores, no económicos, sino humanos y religiosos. O sea, son aquellos que han aceptado como *norma de vida la jerarquía de valores* que dimana del Evangelio.

— Los que están *dispuestos a dar lo que tienen:* sus cosas, su tiempo, su persona, es porque no están poseídos por sus posesiones, ni dominados por su dinero. Juzgan que *antes es la persona humana,* también la del otro, que la propia comodidad y provecho.

— Los que están *dispuestos a recibir,* porque se tienen por inferiores a los demás y, por tanto, necesitados de sus ideas, de sus sugerencias, de su compañía, de su diálogo. Están abiertos a todos y nadie es rechazado por ellos.

— Los que *luchan contra la propia codicia,* que es la primera causa de la situación de pobreza existente en los demás y por eso procuran liberarse de la sociedad de consumo como origen de necesidades ficticias que desvirtúan las verdaderas miserias existentes en el mundo.

— Los que *no se dejan manipular* por la ambición oculta bajo el afán de superación, ni por la soberbia disimulada bajo las apariencias de la competencia.

b) Jesús exige la pobreza, como condición para pertenecer a la comunidad cristiana.

El mismo se presenta como iniciador de esta misión sin tener siquiera un lugar para *reclinar la cabeza.*

Invita a *los primeros* discípulos con tal urgencia que *lo dejan todo y le siguen.* Unos abandonaron las redes, la barca; otros el negocio y todos se quedan sin nada.

Cuando los *envía a misionar* les dice: "No os procuréis oro, ni plata, ni calderilla para llevarla en la faja, ni tampoco alforja para el camino, ni dos túnicas, ni sandalias, ni bastón (Mt 10,9-10).

En el caso del *joven rico del Evangelio* esta condición es notoria. Expresamente le manda vender lo que tiene y dárselo a los pobres y esto no para heredar la vida eterna, sino para ser cristiano. Cuando el joven rechaza la propuesta de Jesús es cuando expone la imposibilidad de que los ricos puedan pertenecer al Reino de Dios: "más fácil es que un camello pase por el ojo de una aguja, que no que entre un rico en el Reino de los cielos".

El ideal de la pobreza propuesto por Jesús responde a la *disponibilidad para el compartir, imprescindible en toda comunidad.* Esta no se logra si todos sus miembros no están dispuestos a poner en común todo lo que son y todo lo que tienen. No puede existir una comunidad ni humana, ni cristiana, mientras sus miembros no estén dispuestos a repartir con los demás. *Cuanto más se comparte, más comunidad existe.*

Conclusión

El único interés y preocupación de Juan era encontrar trabajo.

Lo consiguió en una mina de carbón.

Era feliz: Ganaba para sustentarse él y la familia.

Los compañeros poseían una finquita,
donde plantaban hortalizas;
también Juan quiso tener la suya;
decía: "Sólo es para entretener el ocio".
"Hizo horas" durante dos años y compró una huerta.
Al regresar de la mina cultivaba lechugas, pepinos, repollos...
Pensó que también podía sembrar patatas y habas,
supondría un desahogo para la economía familiar.
Trabajó duro y consiguió otras dos huertas.
La agricultura le ocupaba de tal forma
que no disponía de tiempo para dialogar con sus hijos,
ni con su esposa.
Su preocupación era agrandar las tierras.
Una vez que lo hubo conseguido compró una furgoneta
para transportar los frutos al mercado.
Confió este trabajo a la mujer y a los hijos,
a los cuales trató como a empleados.
Un día la mujer y los hijos se escaparon:
"en aquella casa faltaba el cariño".
Juan intentó seguirlos; pero no pudo,
su tesoro eran las tierras y en ellas estaba su corazón.

María nació pobre, se educó como pobre y como pobre educó a su Hijo, Jesús. Así lo presentó en el templo. En Ella descubrió Jesús la bondad y la alegría que se encierran en el corazón del pobre y así pudo exclamar: "Bienaventurados los pobres... porque de ellos es el Reino de los cielos".

7. **Preces.**

Presidente: Elevemos nuestras oraciones al Señor, solicitando de su bondad que, por intercesión de María, nos ayude a desprendernos de aquellos bienes que nos impiden acercarnos a los demás.

— Para que busquemos realizarnos en el amor al prójimo y no en el amor desmesurado a nosotros mismos. Roguemos...

— Para que prefiramos la compañía de los pobres, antes que la compañía de las cosas. Roguemos...

— Para que estemos siempre abiertos y sin barreras, de tal forma que todos puedan llegar hasta nosotros sin obstáculos que se lo impidan. Roguemos...

— Para que secundemos la acción salvadora de Dios y trabajemos seriamente para que desaparezcan la miseria y la marginación. Roguemos...

— Para que los pobres reciban la bienaventuranza que les corresponde y que Jesucristo proclamó en el Evangelio. Roguemos...

Presidente: Dios Padre, al cual llamamos todopoderoso, haz que la abundancia de tus riquezas sea distribuida como tú deseas y que todos experimentemos los dones de tu generosidad y de tu amor. Por Jesucristo Nuestro Señor.

8. Padrenuestro.

9. Acto final:
Los pobres se confían poco, pero no es imposible ganarles el corazón.
Basta ocuparse un poco de ellos, basta tratarles con un poco de consideración.
Toma, por tanto. mi mirada, oh, pobre, toma mi mano, pero no te fíes del todo.
Muy pronto estaré yo con los de mi clase, y no pensaré más en ti.
No hay amigo seguro para un pobre, a no ser que tropiece con otro más pobre que él.
Por eso, tú, mujer atormentada, ven y mira a María.
Pobre mujer, con un marido bebedor y unos hijos endebles cuando no alcanza el sueldo y sólo se desea la muerte;
¡Ah, cuando todo falta y te sientes demasiado desgraciada, ven a la Iglesia!,
cállate y mira a la Madre de Dios.
Sea cual fuere la injusticia, sea cual fuere la miseria.
Cuando los hijos sufren es más triste ser su madre;
mira a aquella que por no tener no tiene queja, ni tiene esperanza.
Miraos las dos en silencio,
como un pobre mira a otro pobre, más pobre que él.

(Paul Claudel)

Oración: Santa María,
Tú eres madre de los hombres,
en tu inmenso regazo juntas a todos:
a los ricos y a los necesitados,
a los sabios y a los ignorantes,
a los poderosos y a los débiles;
somos pródigos que volvemos a la casa paterna.

Necesitamos que nos despojes
de nuestro vestido viejo,
que nos laves de tantas manchas,
que nos quites las muchas cosas
que hemos recogido en lejanas tierras.
Cuando quedemos sólo con lo puesto por Ti,
entonces comenzaremos a amarnos como
hermanos,
desaparecerá la envidia del bueno
y el alejamiento del pródigo.
En la mansión familiar de tu Hijo,
hogar que Tú calientas con amor,
compartiremos nuestras vidas
y nos serviremos los unos a los otros.
Formaremos la comunidad que proyectó tu Hijo,
que vive y reina por los siglos
de los siglos. Amén.

Canto final: Canto de María: C.L.N. 314.

7

FORTALEZA DE MARIA

1. **Canto de entrada:** ¡Oh, María! C.L.N. 308.

2. **Monición de entrada:**
El cristianismo es una religión comprometida. Aceptamos los compromisos el día de nuestro bautismo y los renovamos en momentos que resalta la liturgia y cuando nuestra vida culmina o inicia una etapa. No siempre somos coherentes con ellos y en la práctica mostramos una dicotomía entre lo que hacemos y lo que creemos. Nos falta el entusiasmo para decidirnos en favor de lo auténtico, y al faltarnos el entusiasmo se apodera de nosotros el desaliento y la amargura que paraliza nuestra actividad hacia el bien.

Para hacer frente a este decaimiento presentamos hoy a la mujer fuerte, a Santa María, que avanza como un ejército en orden de batalla, destruyendo a los enemigos que nos impiden realizarnos como personas y como cristianos.

3. **Símbolo:**
Salen dos, cada uno con una piedra grande que colocan en la mesita; detrás sale el sacerdote.

Monitor: El hombre fuerte es semejante al que edifica su casa sobre roca. Vienen los vientos y la lluvia y no la derriban... El salmo dice: "El Señor es mi roca y salvación".

4. **Saludo a María:**
Presidente: Proclama mi alma la grandeza del Señor,
se alegra mi espíritu en Dios, mi Salvador,
porque ha mirado la humillación de su esclava.
Todos: Unidos a todos los hombres. C.L.N. 321.
Presidente: Desde ahora me felicitarán todas las generaciones
porque el poderoso ha hecho obras grandes
por mí:
su nombre es santo,

y su misericordia llega a sus fieles
de generación en generación.
Todos: Unidos a todos los hombres...
Presidente: El hace proezas con su brazo:
dispersa a los soberbios de corazón,
derriba del trono a los poderosos
y enaltece a los humildes,
a los hambrientos los colma de bienes
y a los ricos los despide vacíos.
Todos: Unidos a todos los hombres...
Presidente: Auxilia a Israel, su siervo, acordándose
de la misericordia,
como lo había prometido a nuestros padres
en favor de Abraham y su descendencia
para siempre.
Todos: Unidos a todos los hombres...
Presidente: Gloria al Padre, y al Hijo, y al Espíritu Santo.
Como era en el principio, ahora y siempre,
por los siglos de los siglos. Amén.
Todos: Unidos a todos los hombres...
Presidente: Oremos: Señor, Dios nuestro, Tú conoces nuestras debilidades y flaquezas: Somos cobardes ante la lucha, somos comodones ante el bien y sobre todo insensibles ante los males que sufren los demás; te pedimos que suscites en nosotros la valentía, la sinceridad de vida, el afán de lucha y la vivencia de tu Hijo sobre nuestros hermanos. Queremos imitar la fortaleza de María, que supo enfrentarse y superar con decisión las adversidades de la vida. Te lo pedimos por C. N. S.
Todos: Amén.

5. **Lecturas:**
1.ª lectura: Judit 13,18-20.
Canto: ¡Oh, Dios!: C.L.N. 509.
2.ª lectura: Lucas 2,41-52.

6. **Homilía:**
La historia de Judit es conocida de todos. El pueblo judío, y en concreto la ciudad de Betulia, *sufre el asedio* de los asirios. El general Holofernes ocupa todos los accesos de la ciudad. *Corta el agua* y los judíos comienzan a desfallecer de sed. Cuando todos los recursos y fuerzas humanas están agotados, aparece Judit.

Esta mujer logra seducir a Holofernes y le corta la cabeza.

Entre las alabanzas que le prodiga Ozías, uno de los jefes de la ciudad, es la fortaleza: "Jamás la confianza que tú has demostrado *faltará en el corazón* de los hombres que recuerden la *fortaleza de Dios* eternamente".

Dios se manifiesta de un modo especial en la fortaleza del débil, que a pesar de sus pocas cualidades y fuerzas, es capaz de enfrentarse como Judit, con el mal. Esta fortaleza consiste en *dejar obrar a Dios a través* de la propia persona, entonces aparecen resortes ocultos que nos ayudan a realizar las grandes empresas y a cumplir las pequeñas obras de cada hora.

Esta fortaleza nos es imprescindible dado que *el desaliento* está tumbado a *la puerta de casa* esperando que se le abra un poco para apoderarse de toda la vivienda. Con el desaliento viene la crisis, la duda y en seguida la apatía que justifica la tristeza, la pereza y la comodidad.

Ese desentendernos del otro, esa *frialdad ante el mal ajeno* tanto comunitario, como individual, que unas veces achacamos a la prudencia y otras al miedo, han conseguido cerrarnos dentro de nosotros mismos en un egoísmo refinado. La virtud de la fortaleza nos puede ayudar a salir de ese círculo donde nos ha metido el amor propio.

María fue fuerte y hasta alegre y optimista en las adversidades y contrariedades de la vida. Desde luego que resulta difícil concebirla riendo a carcajadas; pero muy bien podemos imaginárnosla con una sonrisa serena en los labios. Todos podemos copiar esa sonrisa y apropiárnosla, porque *la alegría tranquila no es patrimonio de ninguna clase* social, ni política como puede ser el chalet en la sierra o el yate. Es un propio y un derecho de todo hombre y un efecto de la fortaleza de espíritu, y de la verdadera religión. Geshart Harptanann decía: "Toda religión que hace al hombre sombrío es falsa; es sospechosa la que sólo le enseña a reír, y es útil la que le enseña las dos cosas".

A. *María.*

a) *Pérdida del Niño Jesús:* A los doce años Jesús se perdió en una peregrinación. Quizá la serenidad de María le perjudicó en esta ocasión.

Regresaban de la fiesta de Jerusalén. Las mujeres iban en un grupo y los hombres en otro. Los niños, como siempre, podían ir con el padre o con la madre.

María creyó que el niño iba con José, y José que iba con María. Llegó la noche, la caravana se detuvo y al juntarse José y

María se dieron cuenta de que su hijo, Jesús, faltaba. Ya no era tiempo de inútiles lamentaciones y de perder el tiempo echándose mutuamente la culpa. Ninguno de los dos deseaba aquel contratiempo.

En seguida se ponen en acción, preguntan a los familiares, conocidos, nadie lo ha visto. No hay más remedio que desandar el camino. Es de noche; pero ellos tienen que buscar a su Niño y María vuelve con José, los dos solitos, en busca de Jesús.

Tres días con sus respectivas noches estuvieron, incansables, sin desfallecer, recorriendo las calles y las plazas de Jerusalén. Su única obsesión era el hijo. Por fin le encontraron en el templo, en medio de los doctores. Ahora es cuando María nos da pruebas de una fortaleza que sabe dominar los impulsos exagerados del corazón y del sentimiento. Nos dice Lucas: "Cuando le vieron se maravillaron; sabían que debía tener buenas razones, sin duda alguna; él no solía causarles preocupaciones. Y no hay nada agitado, nada histérico en la pregunta de Nuestra Señora, no es más que la *constatación mínima de la situación:* "Hijo mío ¿por qué nos has hecho esto? Mira que tu padre y yo, apenados, te andábamos buscando".

Sin duda que ninguna madre se hubiese contentado con una pregunta y un reproche tan tierno y suave. Jesús le da una respuesta que no comprende; pero esto no impide a María mantener el dominio de espíritu y conservar la respuesta para desentrañarla en la soledad, cuando esté tranquila.

b) La profecía de Simeón: La serenidad de ánimo que demostró María en este misterio angustioso del extravío del hijo nos recuerda otro acontecimiento, en el que manifiesta esa entereza que le acompañará durante la vida de Jesús.

María lleva a su hijo al templo. Fue a los cuarenta días del alumbramiento del niño; durante estos días se sometió a la ley de la purificación y al cabo de ellos presentó al Señor su Primogénito y ofreció el sacrificio ordenado por la ley (Lv 12,2-4).

Era una día de alegría y gozo; propio para recibir felicitaciones y enhorabuenas; en cambio Ella recibe tristes presagios.

Un anciano que a nosotros nos puede parecer inoportuno se cruza en el camino. Le presenta *un programa triste* y más que triste trágico. Su Hijo está puesto como *señal de contradicción.* Está destinado a ser caída y resurgimiento de muchos en Israel y por causa de él una espada de dolor atravesará el alma de la Madre.

Estas palabras son suficientes para quitar la paz y el optimismo a cualquier madre; y más venidas de un hombre anciano, al cual se le consideraba santo y profeta, o sea, que sus palabras venían de parte de Dios.

Esta escena nos recuerda esos *cuentos infantiles* y tragedias griegas en que los adivinos predecían los males que iba a causar el recién nacido. La reacción del padre es matarlo, y si es muy bondadoso llevarlo a la selva o encarcelarlo.

María actúa de otra manera. *Se abraza a él* y lo cuida con la misma solicitud y cariño que si fuese el presagio de todos los bienes. La contradicción entre las palabras del ángel y las del anciano no la aplanan ni la inutilizan bajo la duda y la crisis de Fe.

B. *Nosotros.*

a) ¿De dónde le *proviene a María la fortaleza* que la mantuvo un día:

— *silenciosa ante José,* que dudaba ante su concepción virginal,

— *serena ante el edicto* del Emperador, que la desplaza a Belén,

— *sencilla al tener* que dar a luz en un establo,

— *pobre y humilde* en todas las circunstancias de su vida?

Le provienen sin duda de su *madurez sicológica y afectiva.* Era una mujer segura de sí misma y de su misión; la había aceptado e identificado con ella.

b) Para conseguir esta madurez el *mejor medio es la reflexión.* Necesitamos centrarnos sobre nosotros mismos y meditar; contemplar las obras de Dios: la creación, los hombres, los acontecimientos. La contemplación nos conducirá a la sabiduría, que es la objetividad y la realidad. Una vez colocados en la realidad no nos dejaremos llevar ni por el triunfalismo, ni por el derrotismo. Seremos *dueños de nosotros mismos.* La posesión más difícil es la posesión de uno mismo.

c) *Vivimos demasiado dispersos;* tenemos muchos centros de interés y buscamos nuestra felicidad y realización en las cosas que nos rodean y en los acontecimientos. *Vemos las cosas,* no como contenedores de verdad, sino como medios pasajeros de diversión, y a *los acontecimientos* no como mensajeros de sabiduría, sino como experiencias superficiales de vida.

d) La alienación a que nos conduce la dispersión *no nos permite el compromiso serio* y la toma de postura en favor de la justicia y del bien. No tenemos fuerza para vencer el miedo a perder la propia seguridad y la inercia de la comodidad.

Son muchas *las atracciones* que nos ofrecen y necesitamos una dosis elevada de objetividad para dejarlas. Son muchos los problemas y las adversidades que nos persiguen: estrecheces económicas, angustias, enfermedades, cruces.

e) Según el modo de afrontar las distintas situaciones podemos dividir a las personas en dos categorías:

— Unas personas son *ascendentes:* Optimistas, alegres, cuyo trato anima. Tienen un empuje arrollador, son como las locomotoras, arrastran a los demás. Son fuertes y dispuestos a llevar su cruz y a hacer de Cirineos con los próximos.

— Otras son *descendentes:* pesimistas, amargados, débiles, cuyo trato desanima. Son pesos muertos de los que hay que tirar. Están llenos de amargura y tristeza. Más que problemas tienen seudoproblemas que exageran. No son capaces de llevar su cruz, ni dejan a los demás que sigan adelante.

Todos llevamos facetas de los dos grupos. Es necesario cultivar los aspectos de los ascendentes y eliminar los descendentes. La alegría y el empuje son la mitad de la energía necesaria para cumplir nuestros compromisos.

Conclusión

Julia era una encantadora muchacha de catorce años,
que vivía muy feliz con sus padres y su única hermana.
En el verano fueron juntos, desde Galicia,
a pasar las vacaciones a Jerez, su ciudad natal.
Al regresar, ella quedó unos días con los tíos.
El coche en el que viajaban sus padres y hermana,
empujado por otro vehículo,
cayó por un barranco.
Perecieron los tres. Julia quedó sola.
A pesar de su inmenso dolor continuó sus estudios.
A cuantos se acercaban a ella los recibía con una sonrisa.
Se entregó a ayudar a sus compañeras
y a dar catequesis en la Parroquia.
En las reuniones dialogaba, colaboraba
y aportaba iniciativas.
Al año del accidente escribía:
"El día cuatro me voy de vacaciones a mi ciudad de Jerez,
y aunque sé que no lo voy a pasar bien,
quiero afrontar la realidad".

María perdió a su Hijo: pero no perdió la calma, ni la serenidad. Ayudada por Dios hizo lo que debía: buscarlo. La riqueza de los débiles es la fuerza que Dios les da para enfrentarse con las contrariedades de la vida.

7. Preces.

Presidente: Presentemos nuestras peticiones ante el Señor que dio la fortaleza a los profetas para defender la justicia, valor a los mártires para defender la verdad, y entereza a María para enfrentarse con el sufrimiento, para que siga siendo apoyo de todos los hombres.

— Para que los tropiezos y dificultades que surgen dentro y fuera de la Iglesia no nos impidan realizar la obra del Evangelio. Roguemos...

— Para que el desaliento desaparezca de entre nosotros y no nos desanimemos, ni volvamos la vista atrás en nuestros compromisos bautismales. Roguemos...

— Para que entre nosotros reine la alegría y el optimismo y nos impulsemos mutuamente en la consecución del amor, la justicia y la paz. Roguemos...

— Para que resistamos firmes en la tentación y salgamos fortalecidos de nuestras crisis y dudas en el bien obrar. Roguemos...

— Por todos los que se encuentran tristes, desanimados y sin ganas de seguir luchando, para que encuentren en la comunidad cristiana la ayuda necesaria. Roguemos...

Presidente: Señor, dígnate aceptar estas oraciones que te hemos dirigido, animados por el deseo de servirte mejor y de continuar tu obra creadora en el mundo. Te lo pedimos por C. N. S.

8. Padrenuestro.

9. Acto final:
Contra tanta mentira de tristeza
yo he de rezarte a gritos, Alegría:
¡Dios te salve, María, llena eres de gozo!
¡El Señor es contigo, como un río de leche
que se sale de madre!
Una mujer de hoy, desamparada, les ha dicho a los hombres:
"Buenos días, tristeza".
Y ellos se lo han creído.
Hace ya mucho tiempo que se han puesto tristes.
La fiebre de la angustia les ha cercado el alma

con sus tropas.
La palabra y la luz y la armonía se han quemado
en la angustia,
como un bosque en la guerra.
La angustia ha carcomido la carne y la mirada
de los muchachos rotos.
¡Los hombres están tristes, se empeñan en ser tristes!
Se empeñan en perderse, por las minas, a gatas,
acosados por el miedo.
Se empeñan en morirse corroídos de hambre y de nostalgia.
¡Y cuando estáis al alcance de la mano
tú como un paraíso de manzanas primeras
y Dios como un jilguero consentido...!
¿"Buenos días tristeza", después que tú
alumbraste la Alegría?
Llena eres de gozo
y el Señor es contigo como un río de leche
que sale de Madre
para todos los hijos.
La alegría —María es tu nombre— ¡María!:
tú la llevas, María,
crecida sobre el pecho,
como una flor silvestre que ignora la botánica.

(Casaldáliga)

Oración: Santa María,
vuelve tus ojos hacia este valle de lágrimas,
somos muchos los que lloramos,
somos muchos los que temblamos,
somos muchos los que bebemos el cáliz
de la amargura, y somos muchos
los que sucumbimos en el dolor, la dificultad
y el sacrificio.
Tú, que conoces el dolor, y sabes de angustias
danos fuerza, valentía y generosidad
para salir del círculo de nuestro egoísmo,
para dejar, aunque sólo sea por unas horas,
la comodidad y entregarnos a repartir sonrisas
y llevar alegrías.
Nuestra entrega a los demás será la mejor medicina
para curar nuestra debilidad y nuestro miedo,
y para llegar a Jesús, tu Hijo,
que vive y reina por los siglos de los siglos. Amén.

Canto final: Salve, Madre: C.L.N. 309.

8

AMABILIDAD DE MARIA

1. Canto de entrada: Eres más pura: C.L.N. 307.

2. Monición de entrada:
Vivimos en una sociedad que llamamos de consumo. Emplea muchos de sus esfuerzos y energías en manipular a la gente para que gaste, use y disfrute de los artículos que se le ofrecen. Para convencer a los humanos manipula todos los medios incluso aquellos que consideramos más dignos; los distorsiona para encaminarlos hacia la propaganda y la venta. Uno de los principios más humanos e intocables es el amor al prójimo; pues también ha sido seccionado por el consumismo y ofertado en dosis con el fin de negociar, de consumir y de conseguir dinero. Sus métodos: "Sonría amablemente", "escuchar a los demás", "interesarse por ellos", etc., están vaciados del aspecto altruista y cargados de interés económico. En la medida en que buscan el provecho particular, en esa misma medida pierden humanidad. Vamos a contemplar esta virtud en la vida de la Virgen y, sobre todo, la inmensa generosidad con que la practicó.

3. Símbolo:
Entre dos traen una planta con flores y la ponen en la mesita.
Monitor: *Las flores son signo de amabilidad y cariño.* Mañana cada uno traerá flores para ofrecerlas a la Virgen.

4. Saludo a María:
Presidente: Santa María, tú prolongaste a Cristo entre nosotros, cuando lo aceptaste como Hijo, y tú lo sigues prolongando en nuestra sociedad por medio de tu amor y tu ejemplo.
Todos: (C.L.N. 325). Celebremos unidos a la Virgen María...
Presidente: Santa María, tú entregaste lo que más amabas en la cumbre del monte Calvario, hoy queremos que nos enseñes la subida para aprender a tu lado la lección del perdón de los enemigos.

Todos: Celebremos unidos a la Virgen María...

Presidente: Santa María, fuiste presurosa a casa de Isabel a llevarle tus servicios y el fruto de tu vientre, acompáñanos para acudir a socorrer a los necesitados con el obsequio de la caridad que nos enseñó Jesús.

Todos: Celebremos unidos a la Virgen María...

Presidente: Santa María, te compadeciste de los novios de Caná de Galilea y adelantaste la hora de tu Hijo; ven con nosotros para que en nuestro reloj siempre sea la hora de ayudar a los demás.

Todos: Celebremos unidos a la Virgen María...

Presidente: Padre Nuestro del cielo, te llamamos los hombres, los que nos sentimos hermanos, porque somos tus hijos y porque nos has dado como Madre a María. Hoy te pedimos que nos des el pan nuestro de cada día, y que nos des el amor para compartir lo que tenemos; danos la amabilidad de María y la caridad de tu Hijo, que nos mantenga unidos, sobre todo, a los que nos decimos cristianos. Te lo pedimos por C. N. S.

Todos: Amén.

5. Lecturas:

1.ª **lectura:** 1 Corintios 13,1-7.
Canto: Tu Reino es vida: C.L.N. 511.
2.ª **lectura:** Juan 2,1-11.

6. Homilía:

En la primera lectura *san Pablo* nos presenta unas cuantas *características de la caridad.* Muchas veces las hemos meditado, incluso hemos tratado de practicarlas con más o menos éxito. También *Jesús nos presentó un pequeño elenco de servicios* que debemos prestar al prójimo: Dar de comer al hambriento, dar vestido al desnudo, hospedaje al peregrino, visitar al enfermo y al encarcelado. La enumeración podía ser más amplia; a nosotros nos toca *adaptarla a las necesidades* de cada época. Estas obras de misericordia obligan a toda persona por el hecho de ser hombre: Son obligaciones imprescindibles para la relación y convivencia. Por eso Jesús las pone como *condición indispensable para salvarse.*

Toda forma de religión obliga a sus seguidores a practicar la caridad. Los cristianos no podemos contentarnos con el mínimo necesario para salvarnos. La imitación a Cristo implica un seguimiento comprometido que llega hasta dar la vida por el amigo. Así lo hizo Jesús, así debemos hacerlo los seguidores. Su seguidor más cualificado fue su misma Madre. Vamos a contemplarla en dos secuencias de amabilidad.

A. María.

a) Bodas de Caná de Galilea:

Estamos en Caná y en concreto en una boda. A ella asisten como invitados María y Jesús con sus discípulos.

Los servidores se afanan y cada vez se les nota con las caras más largas y dejando las copas más vacías. ¿Lo notó Nuestra Señora, o vinieron los criados a decírselo?

Me parece que Ella sería de esas personas a quienes los demás *suelen ir a confiarse* cuando las cosas van mal; serena, dispuesta a ayudar siempre. Sea como fuera, *no gastó muchas palabras:* "No tienen vino". Recordaréis que las hermanas de Lázaro eran así, "enviaron a decir al Señor: 'El que amas está enfermo'", dejando a san Agustín que complete la explicación: "Basta con que tú lo sepas, tú no abandonarás a los que amas". María lo pone en las mejores manos que pueden intervenir y solucionar el problema. Y Jesús convierte el agua en vino. Como nos dice un escritor: "El agua como es tan pudorosa al sentir la imagen de su Creador sobre ella se ruborizó, le salieron los colores, convirtiéndose en vino".

¿El relato es símbolo, es real? Lo cierto es que coloca a *María como intermediaria* frente a su Hijo. Su mediación es de amabilidad para unos recién casados. Les evita con suma delicadeza la vergüenza y el apuro de verse sin vino en el banquete de bodas.

Sin duda la imagen de María en la primera comunidad de Juan era de bondad, de amor y delicadeza.

b) Visita a su prima:

María, después de la Anunciación, preparó el viaje con cierta urgencia para ir a *visitar a su prima Isabel.* No pudo ir inmediatamente después, porque debía *obtener el consentimiento* de su padre y de José, que era su prometido desde el día de los esponsales. No sabemos qué motivos adujo para conseguir el permiso. Para el viaje seguramente *se unió a alguna caravana,* ya que no podía ir sola y debía atravesar Galilea, Samaria y parte de Judea. Una vez que llegó a casa de Isabel, nos dice Lucas que se quedó allí cerca de tres meses. Seguramente que permaneció hasta después del parto de su prima.

Vemos a María como una joven alegre y servicial a disposición de Isabel. Esta, ya mayor, embarazada, apenas podía realizar las faenas domésticas. *María se encargaría de todo:* Limpiar, lavar, hacer la comida, tejer la ropa y preparar la venida del niño, Juan. Incluso sería el consuelo de Zacarías, ya anciano y mudo.

B. *Nosotros.*

Todos tenemos *una convicción profunda* de que debemos amarnos y de que la *caridad es la característica* del cristiano. Pero como es una virtud que encierra tantas facetas, y que abarca tantos aspectos está expuesta a mil dificultades. Es muy frágil y se rompe muchas veces y con suma facilidad. *El vivir con los demás* nos obliga a buscar nuestro acomodo dentro de la comunidad; y en vez de buscar el bien ajeno buscamos el propio. El roce a veces se hace áspero y duro y *actuamos como los erizos:* lo suficientemente distantes como para no pincharnos y lo suficientemente cercanos para darnos calor. Cuando esta situación se estabiliza aparece el egoísmo y el aprovecharse del otro. Donde mejor se cataliza la calidad de nuestro amor al prójimo es *dentro del propio hogar* y del propio pueblo. Aquí viven los más cercanos y por tanto los que nos ofrecen más ocasiones de servirnos de ellos, de usarlos o de servirles nosotros y dejar que nos usen. Nuestro *amor comienza* por los de la familia.

a) La familia: La amabilidad abre los corazones y crea un clima de cariño y de amor. Es el medio para que *la alegría pueda florecer* y sea el ambiente donde todos se muevan. Dios es amor, Dios es alegría y el modo de hacerlo presente es la paz que llena el hogar, esa paz del cielo que adelantamos a la tierra. Una vez conseguido este clima todos se abrirán para comunicar penas y alegrías, y la felicidad será quien llene sus relaciones mutuas.

El hogar debe ser *el sitio más agradable* y el hogar eres tú y los tuyos. Cuando has tenido mala suerte, o un choque violento con algún compañero, o un disgusto, o estás nervioso no vengas a *descargar sobre los tuyos.* Obrarías como el labrador que pudiera *manejar las tormentas* de verano y las llevase a descargar sobre sus sembrados. Descarga fuera y cuando vuelvas a casa desahógate sencillamente como los campos una vez que ha pasado la tempestad. Emplea esfuerzos por lograr un hogar cómodo, al cual desees regresar, porque en él encuentras el mejor ambiente para tus deseos de paz.

La tragedia de tantas personas amargadas radica en la carencia de amabilidad. Son capullos que nunca han podido abrirse porque el sol del cariño nunca ha enviado sus rayos hacia ellos.

Muchos padres se quejan de que *sus hijos no tienen confianza.* Quizá no pudieron abrirse o se cerraron porque no encontraron comprensión y cariño. *Venían del colegio* con un mundo de cosas: la lección que estudiaron, el castigo que les impusieron, los juegos, los amigos y mil cosas del mundo infantil. Querían contarlo a su padre, a su madre y porque estaban cansados, nerviosos o porque había algo importante en la televisión se mandaba callar, dejarlo para un después que nunca llegaba. Así se fue levantando un muro entre hijos y padres.

El hogar siempre *debe estar abierto.* Es una exigencia propia de la misma familia, si no quiere empobrecerse, y una exigencia de la sociedad, de la cual es el primer núcleo.

b) Ese clima de amor, alegría y felicidad pasa a los demás por los cauces ordinarios del trato de cada día. No se nos exigen actos heroicos, a no ser en alguna circunstancia especial.

El oficio de cada uno es un lugar muy adecuado para mostrar el amor, pero sin necesidad de publicarlo. Sería muy sospechoso el panadero o el comerciante que anunciase su mercancía diciendo: "Venid, hermanos, el mejor pan; os serviré con amor". El amor consiste en convertir la conversación en diálogo, el ver en mirarse y el negocio en un intercambio entre iguales.

El amor debe impregnar todas nuestras relaciones con los demás incluso las más materializadas, como es el mundo de los negocios. *El amor es como el sol,* sin él no podemos vivir; aunque se nuble y se oculte, sin embargo, sigue brillando. *Mirad un rosal,* reñidlo, golpeadlo para que abra sus capullos. Es inútil, en cambio el sol lo consigue suave y lentamente con sus rayos de calor.

Para facilitar el ejercicio de la caridad podemos servirnos de algunos medios.

c) Medios: Ver las cualidades buenas en los demás. Todos tenemos cosas buenas, incluso los peores dotados. ¿Por qué no fijarnos en esas características positivas? Naturalmente somos inclinados a ver los defectos, a comentarlos, y lo hacemos ocultando las virtudes. También somos inclinados a sospechar mala intención y voluntad en los demás. Es preferible pensar bien y equivocarse que acertar pensando mal.

Disimular los defectos: En primer lugar no creer con facilidad a los que nos comentan pecados ajenos; al menos emplear las mismas cautelas que cuando se trata de admitir las buenas acciones. No propagar los defectos, ni comentarlos y procurar ocultarlos.

La Sagrada Escritura nos relata el siguiente hecho en el libro del Génesis 10,20-27: *"Noé* se dedicó a la labranza y *plantó una viña.* Bebió del vino, se embriagó, y quedó desnudo en medio de su tienda. Vio Cam, padre de Canaán, la desnudez de su padre y avisó a sus hermanos afuera. Entonces Sem y Jafet tomaron el manto, se lo echaron al hombro los dos y andando hacia atrás, vueltas las caras, cubrieron la desnudez de su padre sin verlo. Cuando despertó Noé de su embriaguez y supo lo que había hecho con él su hijo menor, dijo: ¡Maldito sea Canaán! y ¡Benditos sean Sem y Jafet!"

Así debemos actuar con las deficiencias de los demás, ocultarlas, taparlas, sin pretender verlas, ni analizarlas.

Evitar la envidia: Santo Tomás afirma que todos tenemos envidia; es una consecuencia del amor propio y como éste existe en todos, también existe la envidia. Y *la envidia es el origen* de las críticas, diatribas, murmuraciones y enfados. Nos duelen el bien ajeno y los triunfos de los demás, nos alegramos consciente o inconscientemente de sus fracasos.

Conclusión

Nos cuenta la fábula que un día el sol y el viento apostaron a ver quién lograba quitarle en menos tiempo la capa a un ancianito.

Cuando el ancianito pasó por la plaza, bien abrigado con su capa, el viento sopló fuerte, cada vez más fuerte y el ancianito cada vez apretaba más su capa; se arrebujó tan fuertemente a ella que fue imposible quitársela.

El sol comenzó a calentar dulcemente, suavemente, cada vez con más intensidad. El ancianito aflojó su capa y por fin optó por quitársela y dejarla sobre un banco; no la necesitaba.

La sensibilidad de María para conectar con el prójimo, su finura para descubrir el detalle y su elegancia para el amor se nos manifiestan en las Bodas de Caná y en la visita que hace a su prima a fin de ayudarla. Su amabilidad nos abrió las puertas de la historia para dejar pasar a la salvación y desde entonces vemos a Dios como misericordia fiel.

7. **Preces.**
   Presidente: Señor, "a la tarde de esta vida nos vas a juzgar en el amor", ahora te presentamos nuestras oraciones para que nos ayudes y podamos ser aprobados.
   — Para que todos los cristianos al tratar con los demás y relacionarnos con ellos seamos reconocidos como tales por el amor que les demostremos. Roguemos...
   — Para que Cristo se prolongue entre nosotros por medio

de la unión, el compartimiento y el servicio de unos para con otros. Roguemos....

— Para que Dios se haga presente en nuestros hogares, le experimentemos en el amor y en la alegría. Roguemos...

— Para que cuando veamos a Dios enfermo, hambriento, sin ropas, ni casa, marginado o abandonado, no pasemos de largo, sino que nos detengamos a compartir nuestro pan, casa y tiempo. Roguemos...

— Para que nuestras palabras, pensamientos y obras, se encaminen a conseguir más justicia, amor y paz entre todos. Roguemos...

Presidente: Señor, porque te interesa el hombre lo hiciste a tu imagen, concédenos estas peticiones para que así sea respetada esa imagen. Te lo pedimos por C. N. S.

8. Padrenuestro.

9. Acto final:
Vuelve a subir de Nazaret, Señora.
¡Te reclamamos todos, sin saberlo siquiera muchas veces!
¡Creemos en la piedra tallada en la cantera de tu seno!
¡Oh, Torre de David! amurallada de escudos y palomas,
ciudad de Dios alzada sobre el monte Sión,
donde termina la lenta caravana convocada
a la Pascua verdadera...
Perdidos o exiliados, rebeldes al hogar o en su nostalgia
todavía avanzamos, en la noche,
con el sello de Dios en nuestras frentes,
camino de la tierra prometida...
Y en esta misma patria de márgenes flotantes
queremos levantar con nuestras manos,
¡con el cemento vivo de nuestra propia sangre!,
una nueva ciudad, a cielo abierto,
con muchas zonas verdes de gozo redimido
donde quepamos todos, sin reservas de tribu en la mirada...!
¡...mientras vamos, cantando,
hacia la gloria de la ciudad futura,
que ilumina la antorcha del cordero!

(Casaldáliga)

Oración: Santa María,
tú nos enseñaste el amor en las bodas de Caná,

en el servicio que prestaste a tu prima Isabel,
y sobre todo en la entrega generosa
de lo que más querías, tu Hijo, Jesús.
Sabemos que en este mundo nuestro
hay millones de seres
que son tus hijos,
que son nuestros hermanos,
que mueren de frío,
y no han merecido morir de frío;
que mueren de soledad y tristeza,
y no han merecido esas torturas.
Danos conciencia de la miseria universal
y sobre todo danos generosidad para aliviarla
y prolongar en nuestras vidas
tu entrega generosa y la de tu Hijo
que vive y reina por los siglos de los siglos. Amén.

Canto final: Madre de nuestra Alegría: C.L.N. 317.

9
MATERNIDAD DE MARIA

1. **Canto de entrada:** Estrella y camino: C.L.N. 316.

2. **Monición de entrada:**
Nuestro amor por María puede revestir distintos grados, desde el simple recuerdo en los momentos difíciles para solicitar su socorro hasta la imitación de su vida. Esta devoción arranca de su maternidad: primero madre de Jesús y en El y con El Madre de todos los hombres y más en concreto de la Iglesia.

El Cardenal Suenens nos dice: "Es Ella quien nos invita a participar de su misión maternal y a prolongar su obra. Quiere que penetremos en sus intenciones a fin de amar mejor a su Hijo en el prójimo. Nos pide que le sirvamos con un respeto infinito bajo las apariencias del prójimo, y que veamos siempre, como ella, a Jesús en cada nombre, aproximándonos a El no como un superior o un igual, sino como un inferior que se acerca al Maestro. Quiere que amemos al prójimo con su misma delicadeza y tacto, con aquella perseverancia propia de una madre que no abandona jamás a su hijo, aunque se haya descarriado.

3. **Símbolo:**
Salen dos, cada uno con un ramo de espigas, las colocan en dos floreros. Detrás sale el sacerdote.
Monitor: El grano de trigo muere en la tierra y de él brotan las espigas que contienen muchos granos.
En unas mesas o mejor en una malla de alambre cada fiel se acerca a colocar o dejar sus flores.

4. **Saludo a María:**
Presidente: Madre te llaman los pobres,
pobres sin pan, ni calor,
pobres sin libro en las manos,
pobres sin una ilusión.
Todos: María, Tú que velas junto a mí y ves (C.L.N. 317).
Presidente: Madre te llama el que sufre

penas de llanto y dolor,
penas de verse oprimido
penas que evocan el amor.
Todos: María, Tú que velas junto a mí...
Presidente: Madre te llama el pueblo,
pueblo nacido en la cruz;
pueblo que marcha hacia el cielo,
Madre del pueblo eres tú.

(Mateu)

Todos: María, Tú que velas junto a mí....
Presidente: Oremos: Señor, Dios nuestro, te damos gracias
porque nos has dado como Madre a tu hija, Ma-
ría. Ella ejerció digna y cumplidamente su maternidad en favor de Jesús; su solicitud adquirió ho-
rizontes infinitos cuando le encomendaste el cuidado de todos los hombres en especial de la
Iglesia; te pedimos que nos ayudes a ser hijos y a
portarnos como tales en los distintos momentos
de nuestra vida. Te lo pedimos por N. S. C.
Todos: Amén.

5. **Lecturas:**
   1.ª **lectura:** Hechos 1,12-14.
   Canto interleccional: Juntos como hermanos: C.L.N. 403.
   2.ª **lectura:** Juan 19,25-27.

6. **Homilía:**
María fue Madre de Jesús. Esto significaba que Jesús, en
cuanto hombre, *fue criado por María y José.* Necesitó de los cuidados de su madre.

Las cualidades humanas y el carácter de Jesús se formaron y
fueron influenciados por las virtudes de su Madre. Por eso cuando se nos habla del bien que hizo Jesús y nos damos cuenta de
que *esa bondad humana era el amor de Dios, traducido a experiencias humanas,* hemos de reconocer que María tuvo también su participación maternal en la interpretación cristiana de ese amor de
Dios.

Es frecuente que los *rasgos de la madre se reconozcan* en el
hijo. Así ocurrió en el caso de María y de Jesús. Ejerció sobre El
una tarea continua, que llevaba consigo la formación humana del
muchacho, según iba pasando de la niñez a la adolescencia, y de
la adolescencia a la adultez. Lo que ignoramos es la pedagogía
concreta que empleó María.

Como María influyó con su cualidad de madre todo lo que ocurrió en la Sagrada Familia, también *fue responsable de lo referente a la Redención*. Esta Redención ofrecida a la Iglesia está llena de esa cualidad maternal. María, como madre, convertía en expresiones maternales todo lo que Cristo pensaba, deseaba, sentía y hacía, con respecto a nuestra salvación. María fue la traducción de la misericordia, gracia y amor de Dios que se nos manifestó en la persona de Cristo, Redentor nuestro. Esta es la razón por la cual María es madre nuestra y nosotros la invocamos con ese título.

A. *María.*

a) Al pie de la cruz: María, que en los momentos cumbres de la vida de Jesús ha permanecido *oculta,* cuando llega el *momento de la humillación* se coloca en primer plano. Juan nos dice: "Junto a la cruz de Jesús, estaba de pie, su Madre".

Los romanos encargados de ejecutar la sentencia de crucifixión mantenían a *los grupos a cierta distancia* de los crucificados. En algunas ocasiones, sobre todo cuando se trataba de parientes cercanos, permitían aproximarse a los ejecutados. María, según Juan, estaba al lado de la Cruz y también estaba con Ella, Juan. Jesús mirando a su madre dice: "Mujer, ahí tienes a tu hijo"; después dirigiéndose a Juan le dice: "Hijo, ahí tienes a tu madre".

En la persona de Juan, el discípulo más sencillo, además de él, como individuo concreto, *estaban los hombres,* la humanidad entera. Todos los redimidos quedaban *encomendados a los cuidados maternales de María.* María se encargaría de extender su solicitud maternal a todos y todos podrían acercarse a Ella con una actitud filial.

María había modelado las expresiones humanas de su Hijo que *manifestaban el plan salvífico* de Dios; este plan salvífico alcanza a todos los hombres y, por tanto, todos estábamos recibiendo en la Redención la influencia de María.

Las *relaciones entre Juan y María marcan las relaciones de hombre con María.* Esas relaciones son de amor y cariño, como son las relaciones entre madre e hijo. Los hombres podrán acudir a María como a una madre seguros de encontrar en Ella solicitud y afecto. María aceptó la maternidad del Redentor como todas sus consecuencias y una de ellas éramos nosotros como hijos. Apenas aparece María en el escenario de la historia de salvación se inicia nuestra filiación que llega a su culmen en el momento de expirar Jesús: fue su última voluntad.

b) *Madre de la Iglesia:* La Sagrada Escritura nos dice que todos los discípulos de Jesús, una vez que subió al cielo, perseveraban en la *oración en compañía de María,* la Madre de Jesús.

El descenso del *Espíritu Santo* sobre los seguidores de Jesús a la vez que proclama la existencia de la Iglesia, indica que su Madre ha de ser María. El *Espíritu Santo fue origen* del *Redentor en el seno* de la Virgen y es ahora *origen de la Iglesia* en el regazo de la misma Virgen.

El *Espíritu es fuerza* que impulsa a los discípulos a dar testimonio de Cristo Redentor; y es también fuerza y sobre todo presencia y *acción para actuar sobre la obra de Jesús;* esta presencia y acción actúan en María a la que convierten en Madre de la obra de Jesús, su Hijo.

Los discípulos alcanzaron con la venida del Espíritu *el conocimiento más pleno* de cuanto les había dicho y hecho Jesús. Comprendieron la trascendencia de sus actos y sobre todo de su muerte y Resurrección. Quedaron fortalecidos como testigos capaces de testimoniar al Señor. *También María,* Madre de Jesús *alcanzó esta plenitud* tanto en el *conocimiento como en su misión* de Madre respecto a los redimidos y sobre todo a la comunidad cristiana.

El Espíritu del Señor *actúa sobre Ella:*

— *Recuerda y llena de sentido* todos aquellos acontecimientos que conservaba en su corazón. Usará de ellos para transmitirlos a la posteridad.

— *Se comprende mejor a sí misma* y el papel que ha desempeñado al ser Madre de Jesús. Si se hubiese dado perfecta cuenta antes de que el niño y el muchacho que estaba junto a Ella era el Hijo de Dios no hubiese podido cumplir su misión de madre.

María por ser Madre de Jesús es Madre de la Iglesia. Su amor materno a Cristo asumió a aquellos entre los que Cristo era "primogénito entre muchos hermanos" y la madre de Cristo se convirtió así en madre de los cristianos. Desde el nacimiento de la Iglesia María la acoge como una prolongación de Cristo.

B. *Nosotros.*

Esa maternidad de María *no se agota* en el hecho del *Nacimiento de la Iglesia,* se prolonga a lo largo de toda su historia.

Los rasgos de María influyeron en Jesús y éste manifestaba en sus actitudes de bondad y de amor el porte adquirido de su madre. *Los primeros cristianos,* aquellos que le conocieron, *estaban influenciados por el mismo porte maternal* de María y este modo de ser lo plasmaron en la primera comunidad. Hoy, nosotros, continuadores de ellos y formadores de la Iglesia, *debemos mos-*

trar esos rasgos marianos y así afirmamos con nuestra conducta que María sigue actuando y siendo Madre, a través de nosotros.

Estos rasgos maternales de María podemos mostrarlos desde dos niveles: Interno y externo.

a) Interno: Este nivel interno parte de una *convicción profunda:* María es nuestra madre y nuestras relaciones con Ella han de ser *filiales;* pero sin caer en el infantilismo, ni en proyecciones afectivas desprovistas de valentía y generosidad.

De esta convicción *nace un amor grande,* tierno, a María. Amor que inunda la vida y la llena de sentido.

Son muchas las personas que *han buscado una plenitud* de sentido a su vida *en la devoción a María.* No es que hayan buscado en Ella la complementariedad que falta al seguimiento de Cristo, éste lo llena todo. Han insertado su amor a María dentro del amor a Cristo y de la historia de salvación.

Recordad a san Alfonso:

Deja su espada a los pies de la Virgen.

Escribe el libro de las Glorias de María. Se pone en sus manos al levantarse y al acostarse; reza el Rosario, hace las novenas, etc.

Afirma: "El que es devoto de María se salva". Parece como si María lo fuese todo, incluso con relación a la salvación.

Pero como condición para ser devoto exige el seguir a Cristo. Basta leer su libro: "La práctica del amor a Jesucristo". Este amor tan entrañable a María está inserto en el amor a Dios y a los hombres.

b) Externo: Las interioridades pueden prestarse a desviacionismo sobre todo por la *línea del sujetivismo* y de las vanas ilusiones. El mejor catalizador *del amor son las obras,* los actos. Para conocer los quilates del amor constatamos los servicios prestados a los demás. Es imposible que exista amor a la madre donde hay desprecio a los hijos. El mejor modo de mostrar el amor a María es *la imitación de su vida.* María estuvo pendiente de los demás, vivió para ellos, en la persona de su Hijo y en sus intervenciones especiales. Fue capaz de proclamar la exaltación de los pobres y el destronamiento de los poderosos.

Las actitudes de María son valores que asumimos como exigencia de nuestro amor y que expresamos en forma de bondad, de entrega, servicio y compromiso en favor de nuestros semejantes.

Un ejemplo, el *Padre Maximiliano Kolbe,* gran devoto de la Virgen. Asumió de tal forma la entrega de María a los demás, que fue capaz de ponerse en lugar de un condenado a muerte.

Murió para que otro pudiese seguir viviendo. Era más necesario que él.

Conclusión

Una madre piadosa sacó a su niña de paseo.
Tenía seis años.
Por la acera de enfrente se acercaba,
de la mano de su mamá,
otra niña que tenía paralizada una pierna.
Al llegar a la misma altura
la madre piadosa se volvió a su hija
y le indicó: "Mira a aquella niña.
Tú debes darle gracias a la Virgen, Nuestra Madre
porque no te ha hecho paralítica como a ella".
La niña se volvió a su madre
y le preguntó: "Mamá y la niña paralítica
¿qué le dice a la Virgen, nuestra Madre?
La madre no supo responderle.
María es madre y como madre nos ama a todos por igual
y si alguna preferencia tiene es por el hijo más necesitado.
Seguramente que sus ojos miraban más veces
a la niña paralítica que a la sana.
Este modo de proceder se lo enseñó a su Hijo, Jesús,
que nos dijo que él mismo se hacía presente en los enfermos
y sufría con ellos.

7. **Preces.**

Presidente: Dios es nuestro Padre, que se manifestó en forma de amor en la persona de su Hijo, y también por amor nos entregó a María, como Madre. Solicitemos su ayuda, seguros de que en su bondad nos ha de atender favorablemente.

— Para que la Iglesia se porte como digna hija de María y continúe su obra de amor y de Redención en favor de todos los hombres. Roguemos...

— Para que todos los cristianos nos sintamos más unidos y más hermanos en la medida en que nos sintamos más devotos de María. Roguemos...

— Para que el amor a María vaya en aumento y ese amor sirva para mejorar la convivencia y relaciones mutuas. Roguemos...

— Para que todos los necesitados sientan la protección maternal de María con nuestra atención y delicadeza para con ellos. Roguemos...

— Para que todos nosotros nos sintamos entusiasmados, optimistas y animados a imitar la conducta de nuestra Madre. Roguemos...

Presidente: Señor, tú que siempre escuchas a quienes acuden a ti con la sencillez de los hijos para con los padres, dígnate aceptar estas peticiones que te hemos dirigido. Por C. N. S.

8. Padrenuestro.

9. Acto final:
Madre de Dios: El Espíritu y lo Femenino (Texto Abisinio).
La mujer concibe. Como madre, es distinta
de la mujer que aún no es madre.
Durante nueve meses lleva en su cuerpo
las consecuencias de una noche. Y algo crece.
Algo crece en su cuerpo, y de su cuerpo ya no
va a desaparecer. Porque ella es madre,
y sigue siendo madre, aunque el niño muera
o mueran todos los niños, porque ella ha llevado
al niño bajo su corazón. Y después, cuando
el niño nace, ella sigue llevándolo en su corazón.
Y de su corazón jamás desaparecerá,
aún cuando haya muerto el niño.
Todo esto no lo conoce el hombre.
No tiene ni idea de ello.
No conoce la diferencia entre el antes y
el después del amor. Sólo la mujer lo sabe,
puede hablar de ello y dar testimonio.

Oración: Santa María,
veo claro tu ejemplo luminoso:
en la meditación y en el silencio descubriste,
poco a poco, el sentido de tu vida,
guardando todas las cosas en tu corazón.
Y mira, yo ¡qué desastre!
Me conformo con ir tirando;
sobrevivo un día tras otro,
con desgana y monotonía, sin razones para vivir,
sin ideales, ni esperanza;
sin nada que azote el alma
y me lance a la aventura de buscar ilusión.
Ayúdame, María, a buscar cada día,

el sentido de mi vida.
Ayúdame a vivir enteramente desprendido
de mí mismo.
Ayúdame a caminar por la senda del aprendizaje
costoso y del esfuerzo.
Ayúdame a encontrar, cada día,
un poco más en la entrega y superación
constantes, la alegría de vivir.
Así llegaremos a la medida de tu Hijo,
que vive y reina por los siglos de los siglos. Amén.

Canto final: Cántico de María: C.L.N. 321.

MARIA, SI AL EVANGELIO

ELIAS PASCUAL EZQUERRA

1. *María, un SI para la tierra nueva.*
2. *Rendida al don de Dios y a la causa de Cristo.*
3. *Buscando la verdad de Dios.*
4. *Una fe para nuestros días.*
5. *Fidelidad a golpe de Calvario. ¿A quién?*
6. *María y nuestra reconciliación.*
7. *La familia: un lugar para el encuentro.*
8. *María, anuncio del Evangelio.*
9. *Síntesis para una fiesta.*

PRESENTACION

Las Novenas a María entroncan fácilmente con la religiosidad popular; hacen vibrar a todo un pueblo en torno a una advocación particular de su Patrona, muy querida y muy sentida, incluso por los que a lo largo del año están ausentes de toda manifestación religiosa. Es una ocasión que no hay que despreciar sino aprovechar. Exige más trabajo en los agentes de pastoral y más sentido de orientación, pero ofrece la oportunidad de nueve días para reavivar actitudes cristianas, llamadas a ser vividas más allá del templo y más allá de estos nueve días.

Toda acción pastoral debe ser cuidada, pero las que entroncan con la religiosidad popular mucho más. Como casi todas las novenas se celebran en el marco de la Misa hay que procurar que todo forme unidad con el tema que cada día se reflexiona. Empujado por esta idea y por la otra no menos importante de la participación, he confeccionado esta novena con introducción, peticiones de perdón, oraciones propias, oración de los fieles, presentación de ofrendas simbólicas, compromiso de vida, acción de gracias..., a fin de que cada uno de los grupos parroquiales (jóvenes, matrimonios, catequistas, consejo parroquial...) puedan intervenir cada día sintiéndose implicados en algo que es suyo y no sean meros espectadores.

Me he servido del libro Con María en oración *de Vidal Ayala (Editorial Perpetuo Socorro) para varias oraciones finales y de acción de gracias.*

Me mueve a todo ello el deseo de impulsar actitudes fundamentales cristianas, revisadas en el espejo que María ofrece, y el agradecimiento a mis padres y abuelos que desde muy pequeño supieron despertarme al conocimiento y cariño de la Madre del cielo. A ellos dedico este trabajo como homenaje al servicio que me hicieron en la fe.

1
MARIA: UN SI PARA LA TIERRA NUEVA

"Alégrate, el Señor está contigo"

1. Introducción:

El hombre, suma desconcertante de libertad y necesidad, mezcla explosiva de señorío y esclavitud, misterio de gracia y pecado, ha contado siempre con el Amor de un Padre que no cesa de buscarnos, pese al primer pecado y las rebeldías posteriores. Respetuoso con la libertad del hombre se acerca a María pidiendo su consentimiento para una definitivo plan de rescate. Y María se muestra disponible. Comienza así la historia de un pueblo nuevo en ruta hacia la "tierra nueva". Ella es la puerta que a todos se abre para que sólo Cristo nos habite. Expresamos nuestro reconocimiento cantando a esta Madre excepcional.

2. Canto.

3. Saludo del celebrante y acto penitencial:

El Dios de toda bondad, que se dignó escoger a María para ser su Madre y fiel colaboradora de la Redención esté con todos vosotros.

Los hijos vivirán tal vez separados del hogar, lejos unos de otros, cada uno dedicado a sus quehaceres. Pero se celebra algo en torno a la madre y todos se dan cita en el hogar entrañable y querido. Así lo habéis entendido vosotros. Ante la proximidad de la fiesta os habéis acercado al hogar común de la Madre. Sed bienvenidos a su propia casa. Sentíos a gusto en ella, que ella vea estos días a sus plantas a todos sus hijos que vienen a honrarla, venerarla, a darle gracias y, sobre todo, a aprender de su vida los pasos seguros para la nuestra.

Y bajo su mirada intercesora pedimos perdón a Dios por nuestra infidelidad:

— Por nuestra apatía religiosa, *Señor, ten piedad.*
— Por la comodidad en seguirte, *Cristo, ten piedad.*
— Por nuestros últimos pecados, *Señor, ten piedad.*

4. Oración:

Señor y Dios nuestro, Tú elegiste a María como colaboradora en tu plan de salvación en favor de los hombres y ella te respondió siempre con su sí abierto y generoso. Haznos comprender y aceptar tu voluntad sobre nosotros a imitación de la Virgen que te agradó plenamente. Por J. N. S.

5. Lectura 1.ª: Samuel 3,1-10.

Dios tiene su plan y cuenta con las personas aptas para llevarlo a cabo. Samuel en la A. Alianza es llamado por Dios que le confía una misión en favor del pueblo.

6. Canto.

7. Evangelio: Lc 1,26-33.

Por primera vez una criatura humana escucha estas palabras para definir la integridad de su ser: "Llena de gracia".

8. Homilía: *(ver página 82).*

9. Oración de los fieles:

Presidente: María es el campo abonado por los dones del Señor, la primera rescatada en la que el mal no tiene espacio. Acudamos a Dios por ella diciendo: "QUE BROTE EN MI SU TIERRA NUEVA" *(Se repite a cada invitación).*

— En el momento de decidir mis comportamientos.

— Cuando la mentira se hace más útil y ventajosa que la verdad difícil.

— Cuando el pecado y el mal me seducen más que la virtud.

— En la prueba del dolor, en los momentos desesperados, en las contrariedades de la vida.

— Ante las llamadas del Señor.

Presidente: Virgen María, mujer de claras decisiones, respuesta exacta a las propuestas de tu Dios, danos el coraje de saber elegir siempre lo que haga de nosotros, tierra firme, fruto maduro, instrumento idóneo en las manos del Señor.

10.   Ofrenda simbólica: *Pila Bautismal. Agua y Ceniza. Mientras se trae la ofrenda, un lector comenta.*

— *Pila bautismal adornada.*

La pila recuerda nuestro bautismo donde también nosotros recuperamos la inocencia, por los méritos de Cristo. Se nos puso el traje de fiesta propio de los hijos de Dios para revestirnos de él durante la vida.

— *Agua.*

El agua es siempre la oportunidad que el cristiano tiene de limpiar las salpicaduras de su barro a través de los sacramentos, sobre todo el perdón. Vive en la oscuridad de su barro aquel que no quiere acercarse al agua.

Quien la utiliza pone en marcha a su persona hacia "la tierra nueva" que María representa.

— *Ceniza.*

La ceniza simboliza nuestra debilidad. Estamos hechos de barro, y aunque recuperados por el bautismo, no fuimos recuperados para la inocencia definitiva.

Nuestra vida será una lucha constante entre la capacidad de bien y de mal que sustenta nuestra libertad. Sólo el bien nos hace libres y el mal nos esclaviza.

11.   Acción de gracias:

Demos gracias a Dios, que quiso preparar a su Hijo una digna Madre en la tierra, y por eso, le concedió el privilegio único y exclusivo de nacer libre de pecado original. Demos gracias a Dios porque eligió a María por morada y puerta de entrada a nuestra historia. Demos gracias a Dios porque en Cristo nos ha rehabilitado del pecado y nos ofrece su Gracia en los Sacramentos. Demos gracias a Dios porque nos ha dado a María por madre y modelo de nuestra fe.

12.   Compromiso para mañana:

Cuando nos lavemos, manejemos o veamos el agua, símbolo de nuestra limpieza bautismal, pensemos en la raíz más herida que tenemos, en la actitud, vicio o pecado más frecuente e iniciemos el camino para deshacernos de él. Vayamos hacia la tierra nueva que María nos reclama.

13.   Oración final:

María, te llamamos Virgen Inmaculada; eres admirable por

los dones que el Señor te concedió, pero también por el cultivo de las virtudes personales y por las obras de amor con que llenaste tu vida.

El Señor ha estado contigo desde el principio, eres la llena de gracia desde el primer instante, por eso has vivido radicalmente libre y has sido la disponible integral para Dios.

Ayúdanos a estar siempre cerca del Señor, a tenerle al lado y presente en nuestra vida. Enséñanos a mantener limpia el alma, disponible y orientado nuestro ser hacia Dios, a quien queremos alabar por los siglos de los siglos.

HOMILIA: DIA PRIMERO

Cuando uno recorre los pueblos de España observa extrañado cómo la gente se congrega en masa apenas se toca la fibra religiosa de la devoción a María. Y no son precisamente tiempos de gusto por lo religioso.

La historia de España parece unas inmensas andas de Nuestra Señora llevadas por el pueblo humilde a través de los tiempos. Pueblo anónimo, sin placa de identificación en la solapa. Pueblo cuya preocupación es quedar escondido tras el nombre de María.

Lo que aparece y debe resaltar es el nombre y la imagen de Nuestra Señora aclamada e invocada por miles de voces que lloran y gritan desde abajo y sin parar "Ave María", "Bendita entre las mujeres", "Ruega por nosotros".

Llevando las andas de Nuestra Señora el pueblo lleva por las calles la esperanza de poder llegar un día allí donde ella ya llegó, es decir, a gozar la libertad total de los hijos de Dios.

Llevando la imagen de María el pueblo da a todos la prueba concreta de que caminando con Dios es posible realizar esa esperanza. (Carlos Mesters, *María, la Madre de Jesús,* Ediciones Paulinas).

Indudablemente María está grabada en las entrañas de la fe popular y ocupa el mismo corazón de la Iglesia, porque representa el punto más humano de la religión cristiana.

La gente que cree y espera, entra en conexión inmediata con María y con su forma de vivir la fe:

— Porque ella conjugó la experiencia gozosa de ser escogida por Dios con la sentida ausencia del mismo en momentos claves de su vida. María se asocia así a todos los que creemos sin haber visto.

— En la dureza de perder a su hijo de forma trágica y el impulso de recuperarlo desde la fe y confianza puesta en Dios.

— En el gozo de tener al Hijo de Dios como compañía de la casa y la soledad de quedarse sin nadie.

— En la oscuridad de los avatares de la vida, sin casa para que naciera su hijo, al que por la fe ya sabe Hijo de Dios, la huida a un país desconocido con el futuro a la intemperie y la segura certeza de que Dios tiene caminos extraños.

Las actitudes fundamentales de María son tan parecidas a las experimentadas por el pueblo que le es fácil conectar con ella.

Condiciones de un culto sano

Si en otro tiempo la devoción de María ha caído en excesos afectivos, hoy es más importante saber vivir como ella, aunque sin tantas lindezas, a fin de conseguir ser mejores cristianos.

"Recuerden los fieles que la verdadera devoción a María no consiste en un sentimentalismo estéril y transitorio, ni en una vana credulidad, sino que procede de la fe auténtica, fe que nos induce a reconocer la excelencia de la madre de Dios, que nos impulsa a un amor filial hacia ella y a la imitación de sus virtudes" *(Marialis cultus).*

"Quisiera recordar —decía Pablo VI— que la finalidad última del culto a la bienaventurada Virgen es glorificar a Dios y empeñar a los cristianos en una vida conforme a su voluntad".

Por ello intentaremos proyectar sobre algunas situaciones humanas importantes, la calidad creyente de la Virgen, a fin de que acompañe nuestra vida de peregrinos y refuerce la marcha hacia la "tierra nueva" que ella representa.

"María es 'maestra espiritual para cada uno de los cristianos' y modelo de aquel culto, que consiste en hacer de la propia vida una ofrenda a Dios" *(Marialis cultus).*

Instintivamente esa identificación espontánea con María nos lleva a su devoción; dejemos todos los respetos humanos y vamos a manifestarla sin ningún rubor y con madurez religiosa, haciéndola discurrir, ¡eso sí! por los justos cauces señalados; sabiendo que no se puede pensar en ella ni venerarla sin remitirse en todo a Dios. Porque María es el templo de Dios. Realidad que muy bien expresó Griñón de Monfort: Digo ¡María! y el eco responde ¡Jesús!

En la visita de Pablo VI a Polonia se podía leer esta pancarta: "Pedro, auméntanos la fe".

Si nosotros venimos a aumentar nuestra fe, a mejorar nuestra vida de hijos de Dios, a aprender de María la mejor respuesta para Dios y para los hombres, nuestro culto a María está legitimado y podemos entregarnos a él sin ninguna reticencia. Recorramos, pues, el camino de su vida para que ilumine el nuestro.

Todo comenzó así

En un insignificante y desconocido pueblecito de Nazaret vivía una joven igualmente desconocida. Participaba de las costumbres, la idiosincrasia y las expectativas comunes. Era creyente. Y lo que Dios había dicho por boca de los profetas ella se lo tomaba en serio. Como todos los creyentes de su pueblo tenía la esperanza puesta en el gran Mesías prometido. Esperaba que la noticia de su llegada saltara en algún lugar importante. Jamás se había pensado como madre afortunada del mismo. Ella ni estaba casada ni era nadie.

Por eso María, cuando Dios llega hasta ti, te turbas, el momento te desborda, piensas honradamente que no das la talla para el servicio que se te requiere; tú te sientes insignificante, con la clara visión de los humildes, y sabes que nunca éstos son escogidos por los hombres para grandes cosas. Pero en los planes de Dios se constituyen en maestros porque tienen grandes lecciones que enseñar.

Pero no, María. El ángel no se había equivocado de chica ni de pueblo. Conocía tu casa y tu nombre. Por eso te dice: "No temas, MARIA, porque has hallado gracia delante de Dios, y concebirás en tu seno y darás a luz un hijo, a quien pondrás por nombre Jesús".

Y para que El cupiera te vaciaste de obstáculos y generosa contestas: "Hágase en mí según tu palabra".

Te abriste al Santo y a lo santo, porque santidad es llegar hasta donde Dios llama y jamás te quedaste corta en la respuesta. Has sabido mantener el sí rotundo a Dios en cada detalle, sin recortes ni condiciones como fruto maduro de cada instante.

Al proclamarte "llena de gracia" te constituyes en criatura singular. "Llena de gracia", "Concebida sin pecado". Así eras por dentro, aunque tú no te sabías en posesión de tales privilegios. Así despuntas en la raza humana como la "tierra nueva" querida por Dios, la "nueva forma de ser" hacia la que miran nuestros ojos.

Nosotros, hechos de otro barro, el otro contraste

Hay una serie de preguntas que el hombre de las cavernas y el hombre moderno no han logrado quitarse de encima: ¿por qué sufre el inocente?, ¿por qué un hombre hace daño y carga de dolor el corazón de otro hombre?, ¿por qué en escasos metros de diferencia unos viven en el boato y la ostentación y otros en la miseria?, ¿por qué se arrolla la vida, se atropella la libertad y se propaga la injusticia entre hermanos?, ¿por qué los sentimientos de fidelidad se rompen, se niega la paz y se anula el amor? Y, sin embargo, el corazón del hombre no es un apetente determinado de tales rupturas, pero las vive. San Pablo ha expresado esta vivencia como un drama interior del hombre:

"Soy un hombre débil vendido como esclavo al pecado. No entiendo lo que me pasa, pero no practico el bien que desearía, sino el mal que detesto... Siento otra ley que pelea contra la de mi espíritu y me convierte en prisionero de una inclinación al pecado".

Pero esta contradicción interior no queda reducida a la esfera de lo privado. Extiende sus tentáculos al ámbito común de toda la sociedad en una perfecta integración para crear un drama colectivo con mutuas interferencias negativas. Lo expresa el Concilio cuando analiza al hombre de hoy:

"Los desequilibrios que fatigan al mundo moderno están conectados con ese otro desequilibrio que hunde sus raíces en el corazón humano. Son muchos los elementos que combaten en el interior del propio hombre. Por eso siente en sí mismo la división que tantas y tan graves discordias provoca la sociedad" *(Gaudium et Spes)*.

Basta abrir los ojos para evidenciar esta realidad. Desde pequeños hemos aprendido en la Historia que el hombre se ha abierto camino en guerras fratricidas que nunca cesan, disputándose unas veces tierras y otras tomando justicia por su mano ante sentimientos nacionales heridos, aunque queden pisoteados después los de los vencidos.

Por referirnos a nuestro tiempo y constatar este mal sociológico, los medios de información nos ilustran con guerras presentes, zonas subdesarrolladas con bocas abiertas esperando unas migajas del plato de los bien abastecidos, llegando antes la muerte que el pan; hombres y gobiernos que juegan con la vida de los más jóvenes, traficando la droga, con el único fin de aumentar sus arcas y poder tener más medios para ser injustos; venta de armas por igual a ambos contendientes en guerra, aunque se grite al público que se desea la paz y que se buscan mesas de negociación pacífica, porque resulta inhumano el matarse; innumerables formas de dominio a través de multinacionales que nunca permitirán una autonomía de desarrollo. En fin, una larga lista de males colectivos que siguen azotando a la humanidad.

Todo esto no es otra cosa sino el mal elevado a categoría universal, una enfermedad contraída por todos desde los orígenes; se extiende como un SIDA inatajable a pesar de los esfuerzos del hombre por evitar sus efectos. Es nuestro pecado original, el carácter de limitación, la capacidad de bien y de mal que llevamos dentro y que nuestra libertad no siempre sabe conjugar bien.

María, la esperanza nueva

Contemplando sólo nuestro mal caeríamos en un silencio, en un desaliento colectivo entregándonos a la fatalidad de que nada se puede hacer, de que todo está perdido de antemano, como si un pedrisco inevitable pasara por todas las generaciones devastando el ramaje e hiriendo la raíz de nuestras vidas.

¿Qué puede aportar María ante una situación como ésta? María aporta la excepción. En medio de la tormenta devastadora ha encontrado como don el paraguas de Dios y no ha sido tocada por el pedrisco del pecado, presentándose ante la humanidad "como el modelo humano sin fisuras; ni siquiera en el primer momento de su ser, sin vacilación ante el mal, sin concavidades de alma oscura" (Rubio Carrasco. María de Nazaret).

Dios la ha escogido para madre suya y la ha constituido como excepción singular, como "llena de gracia" sin ningún resquicio de mal en su raíz. Ella ha aplastado la cabeza de la serpiente.

Por eso María encarna la "nueva forma de ser" hacia la que se dirigen todas las aspiraciones humanas. Representa la imagen perfecta de la total superación, los sueños de la humanidad caída. Ella es el reclamo a todas las raíces dañadas para lanzar hacia fuera su energía oculta y recuperar la frondosidad del paisaje. María realiza en sí misma la "tierra nueva" que el hombre anhela.

Por todo ello María se nos presenta como la nueva esperanza con ecos de victoria final. Desde ella:

— *La soledad* empuja a salir a la calle de los encuentros.

— *La injusticia* busca grietas para llegar al abrazo de los iguales.

— *La ambición* se quema en el horno del pan compartido y abre puertas para repartirse en todas las bocas.

— *La violencia* se trueca en notas cercanas de guitarra en corros de paz.

— *La muerte* ensaya nuevos niños para la vida arrebatada.

— *La esclavitud* abre las arcas para que salgan todos los pájaros.

Sí, es una fuerza imparable, permanente, en el sustrato de todo hombre, como intuición hacia el paraíso esperado que tú, María, representas.

A ti, pues, podemos levantar nuestros ojos estos días para ver en los tuyos la "causa de nuestra alegría".

Hasta ti podemos llevar el corazón roto para repararlo en tu plenitud de gracia.

Llena de privilegios eres, sin embargo, una mujer con los pies en el suelo. Virgen cuyo corazón no manchó la malicia, vivió, sin embargo, todos los inconvenientes del pecado incluidos el dolor y la muerte. Virgen de nuestra raza, cercana y humana, haz que nos acerquemos con fe para aprender de ti los caminos de nuestra vida. Tienes muchas virtudes que ofrecernos y muchos rasgos en que imitarte. Vigila tú nuestro culto, para lograr hacer de nosotros la "tierra nueva" que Dios desea.

2

RENDIDA AL DON DE DIOS Y A LA CAUSA DE CRISTO

"Yo soy la esclava del Señor"

1. Introducción:

Cuando Dios llama urge dar una respuesta radical que compromete a toda la persona. Los creyentes en Jesús recibimos una llamada a seguirle. No hay paga ni salario humano en tal empeño, ni el camino es fácil. El decidido a hacer Reino de Dios recibe como herramienta la fuerza de la Cruz. Es camino indispensable para el discípulo. Dios llama y el mundo también. Nos queda tan sólo la alternativa de escoger: pues no se puede servir a dos señores.

María escoge sin vacilación a su Señor; la entrega plena a su causa se convierte en eje y razón de su existencia. En ella el Reino de Dios toma camino y respuesta perfecta.

2. Canto.

3. Saludo del celebrante y acto penitencial:

Hermanos: Dios nos eligió en la persona de su Hijo para dar testimonio de su vida en medio del mundo; para ser fieles a este compromiso que la Gracia y el favor de Jesús esté con todos vosotros.

— Por la facilidad con que seguimos a otros maestros y no a Ti, *Señor ten piedad.*

— Porque tan sólo aceptamos de Ti lo que no cuesta y no lo que se hace Cruz, *Cristo, ten piedad.*

— Porque no estamos dispuestos a cambiar nuestro plan por seguir el tuyo, *Señor, ten piedad.*

4. Oración:

Señor y Padre de todos, que nos has concedido conocer tu verdad y pertenecer a tu pueblo santo; haz que, viviendo nuestro compromiso en la fe, construyamos tu Reino en la tierra y merezcamos el premio en tu morada eterna. Por J. N. S.

5. Lectura 1.ª: (Hch 5,25-32, 41-42).

Los seguidores de Jesús, por su audacia, sufren persecución, cárcel y malos tratos. Pero es preciso obedecer a Dios antes que a los hombres.

6. Canto.

7. Evangelio: (Mt 5,11-16).

Los cristianos poseemos el mensaje de Jesús con fuerza suficiente para remover y transformar el mundo; somos responsables de su eficacia.

8. Homilía: *(ver página 91).*

9. Oración de los fieles:

Presidente: Tú conoces, Señor, la condición del hombre y sabes que está continuamente abocado a tener que elegir. Tus Cristianos oyen tu voz, pero también la del mundo. Aunque indecisos en tu seguimiento déjanos hoy decirte: *"Tú, Señor, serás nuestro Maestro".*

— Jesús dice: Yo soy el camino, soy la verdad, en mí está la Vida. Dichoso el que escucha mi Palabra y la da cumplimiento.
Y el mundo dice: También yo tengo mis senderos, mi verdad particular, mi estilo de vida. No importa tanto el final ni las consecuencias que conlleva. Pero seguirme a mí tiene sus compensaciones.
¿A quién seguiremos?... *"Tú, Señor, serás nuestro Maestro".*

— Jesús dice: Una cosa te falta: vete a vender lo que tienes y dáselo a los pobres, y Dios será tu riqueza, luego ven y sígueme a mí.
Y el mundo grita: asegura tus graneros, es fuente de seguridad. Teniendo se puede todo y se vive sin sobresaltos. Escala puestos... de lo contrario el pobre serás tú.
¿A quién haremos caso? *"Tú, Señor, serás nuestro Maestro".*

— Jesús advierte: Estrecho es el camino y angosta la puerta que conduce hasta la vida eterna. El que quiera ser mi discípulo que se niegue a sí mismo, tome su cruz y que me siga. En el mundo tendréis apreturas, pero ¡ánimo! Yo he vencido al mundo.

Y el mundo sugiere: Para cuatro días que vivimos es mejor pasarlo bien. El "me apetece", "me gusta" es un buen principio para el disfrute. Ser hedonista, buscar el placer es una necesidad. Bastantes cruces tiene la vida. No pienses mucho en los demás.

¿Por quién decidiremos? *"Tú, Señor, serás nuestro Maestro".*

Presidente: Hemos respondido con facilidad: "Tú serás nuestro Maestro". Pero la escucha de tu Palabra sólo es real cuando la ponemos en práctica. Despierta en nosotros el convencimiento de que saber perder la vida en Ti es encontrarla, y arriesgarla en tu causa es asegurarla. Te lo pedimos...

10. Ofrenda simbólica:

Cristo presentado en pedazos hasta configurar su rostro, para que sea reconocido.

Se tiene preparado junto al altar o delante de él un panel limpio en el que poder pegar o colocar los dos pedazos del rostro de un Cristo, de tal manera que por separado apenas se note lo que es.

— *Primer trozo de panel (Presentado al público).*

Vemos algo indefinido. Un detalle de algo, pero no sabemos de qué. No tiene mensaje claro.

Los cristianos tenemos detalles, rasgos que intentan decir algo: vamos a misa, rezamos, intentamos llevar un estilo de vida, el propio de Jesús. En unos comportamientos lo afirmamos y en otros lo contradecimos. Falta coherencia. *(Lo coloca en su sitio.)*

— *Segundo trozo de panel (presentado al público)*

Sugiere algo más. Se adivina fácilmente. Pero no es completo. Lo coloca con el otro.

Este es el Maestro, con nombre y rostro. Del que debemos vivir y al que debemos manifestar. No en detalles, no a trozos, en unas cosas sí y en otras no. Cuando nos decidamos a ser consecuentes aparecerá su rostro entero, su fuerza transformadora, tendrá mucho que decir a través de nosotros mismos.

El es el Maestro y no se puede servir a dos señores. Nuestra ofrenda hoy: la voluntad decidida de seguirle.

11. Acción de gracias.

12. Compromiso:

Un esfuerzo por vivir el día "como lo haría el Señor". En la casa, en la atención al enfermo, en las relaciones con los demás, en el trabajo. Que sea un día íntegro para el Señor, el evangelio andando en nosotros.

13. Oración final:

María, madre del amor comprometido en la entrega. Tu vida oculta se convirtió para los hombres en portento de luz y pregón de la verdad; la fe se te hizo tu única razón de existir; tu fidelidad fue inconmovible como la roca.

En ti descubrimos el ejemplo a seguir tras la huella de Jesús. Ayúdanos a ser apóstoles cristianos convencidos, repitiendo en nosotros la vida de tu Hijo que vive y reina...

HOMILIA: DIA SEGUNDO

En un mundo de masas como el nuestro se ha perdido mucho la originalidad. Sólo algunos rompen caminos y los demás nos convertimos en simples imitadores: de la moda, del lenguaje, de las diversiones. Según la corriente lanzada y propagada, nos vestimos, hablamos, nos divertimos y adornamos la casa, rompemos tradiciones y formas de pensar. Nos convertimos fácilmente en muñecos impersonales de los maestros de turno.

Ya hace mucho tiempo que un hombre llamado Jesús, nos dijo que El era el Camino, la Verdad y la Vida. Seguirle a El no implicaba lesionar la personalidad. Porque su originalidad no consistía en proponer cambios accidentales y externos al hombre, que de poco le sirven, sino que se dirigía al corazón mismo de la persona, suscitando un *estilo propio de vida,* capaz de satisfacer al hombre por dentro, poniendo el mundo a su servicio y no al hombre como esclavo del mismo.

Y hubo gente que se decidió a llevar una vida como la suya. Públicamente algunos manifestamos querer recibir su herencia, ser sus imitadores, sus discípulos, los seguidores decididos de tal Jesús.

Lo proclamamos la norma decisiva de nuestra vida. A partir de entonces nuestra humanidad, nuestra sociabilidad y nuestra religiosidad iban a seguir las pautas de comportamiento por El trazadas. Sus palabras, sus gestos, sus actitudes iban a ser la forma de nuestro vivir. Nuestro programa de vida estaba hecho: era el suyo. Luchar por lo que él luchó, creer lo que él creyó, esperar lo que él esperó, amar lo que él amó y como él amó. A este estilo de vida se le llamó cristianismo, porque tiene un solo e insustituible Maestro: CRISTO. ¿Somos hoy los auténticos herederos, los auténticos seguidores, imitadores del tal Jesús?

Distinción masa-discípulo

Nos remontamos al tiempo de Jesús. La muchedumbre, la masa le acompaña con frecuencia. Si analizamos su comportamiento vemos que la masa le sigue buscando bendiciones. Le sigue con el propósito de recibir de él lo que él está regalando. Devuelve la salud a los enfermos, a veces hasta la vida. La ha alimentado un día de forma sorprendente. Está entusiasmada con él y le sigue sin preocupaciones de espacio y de tiempo. Sabe que llegado el momento Jesús sacará alguno de sus recursos y no quedarán abandonados.

Pero un día Jesús les pide algo difícil aprovechando otra comida milagrosa. "Os daré mi carne para comer, mi sangre para beber". Y Jesús contempla el desfile general, advirtiendo alguna frase destacada en el murmullo: ¡Eso es algo difícil! ¡Quién puede creerlo! ¡Adiós, Jesús! Y el teatro de los hechos se queda vacío dejando sólo a los actores: Jesús y algunos discípulos no exentos de duda.

Es un domingo. Por sus hechos ha despertado de nuevo la admiración y se ha juntado la masa. Está muy entusiasmada y grita: ¡Hosanna, al Hijo de David! ¡Bendito el que viene en nombre del Señor! ¡Qué entusiasmo con Jesús! ¡Es la fiesta desbordada!

Viernes siguiente. Es la misma muchedumbre la que grita ¡que caiga su sangre sobre nosotros!

Y es que la muchedumbre *no guarda fidelidad.* Lleva sus propios planes. Reconoce a Jesús como repartidor de bendiciones divinas. Por eso le dice: Señor, **sálvame** según mi plan. Yo sé exactamente lo que quiero de ti: dame la salud, la larga vida, concédeme esto y lo otro, que es lo que necesito en estos momentos.

El discípulo por el contrario toma esta otra actitud y le dice: Señor, tú que tomas las decisiones, tú que guías, tú que gobiernas, dime lo que quieres de mí; haré lo que tú me digas, iré a donde tú me lleves.

Para la masa el plan es suyo. Para el discípulo es el de Cristo mismo. ¿Qué somos nosotros, masa o discípulos?

María ha entendido perfectamente esta condición de seguidora y ha dejado totalmente disponible su persona, como un campo abierto para que Dios siembre el surco de su vida de duda o de certeza, de esperanza u oscuridad, de gozos o lágrimas según su voluntad. "Hágase en mí según tu palabra". Lo que tú digas, lo que tú quieras, tú eres mi Maestro.

Si hacemos un estudio del evangelio podemos decir que Jesucristo ante la muchedumbre fue un gran fracaso. Haciendo el recuento final le quedan unas 120 personas (Hch 1,15). Pero antes de morir ha logrado doce discípulos suyos. Esto quiere decir que se multiplicó doce veces. Porque eso es un discípulo auténtico, es la repetición, la multiplicación, la imagen de su maestro.

Por eso era de sobra conocido que la única manera de acabar con un maestro era acabar a la vez con todos sus discípulos. Cuando leemos en el evangelio que los judíos mataron a tres Rabinos mataron también a cuarenta discípulos.

Advertimos la sabiduría de Cristo en el huerto cuando lo apresan: "Si me buscáis a mí, dejad marchar a éstos". Así protege Jesús el fruto de su obra conseguida en la tierra. Y los dejaron irse: doce como Cristo, doce incondicionales dispuestos a repetir su misma vida. Y bien que lo hicieron.

En el pueblo judío más importante que la relación del padre con el hijo era la relación del discípulo con el Rabí-el Maestro. El padre es el que me dio la vida, por eso le debo honor, respeto, admiración, obediencia y amor, pero el Rabí, el Maestro me da la *ciencia de una vida buena,* me enseña a vivir bien. Y para la mentalidad del hebreo era más importante el saber vivir una vida buena, que el sólo vivir. Por eso era más importante el Rabí que el padre.

¿Soy yo discípulo de Cristo?

Y tengo derecho a decir SI, si Jesucristo me está enseñando la manera de vivir. Por ejemplo:
— alguien me maltrata y yo le pago con la misma moneda;
— alguien me maldice y yo le maldigo;
— alguien se considera mi enemigo y yo me comporto como enemigo suyo.

Si esto sucede así yo más bien soy discípulo de esta persona, de ella estoy aprendiendo a vivir, y el daño más grande que me está haciendo no es el maltratarme o maldecirme, sino el hacerme como ella.

La actitud de Jesús es la de bendecir al que me maldice, tratar bien al que me maltrata, amar a quien se considera mi enemigo.

Sólo si lo hago así soy su discípulo. Y no es una contestación piadosa.

Si yo sigo las influencias del mundo y me meto dentro de lo que se llama la revolución sexual, si mi vida se carga de materialismo y desasosiego mi vida por el tener, la ambición o el prestigio, si la cadena del consumismo me atrapa, si el hedonismo y la comodidad, el me apetece o me gusta son la norma de mi vida...

Si estas influencias son las que están decidiendo la manera de vivir, somos discípulos del mundo y el espíritu del mundo es nuestro maestro.

¿A quién estamos siguiendo, a Jesús o al mundo?

Condiciones del seguidor

El seguimiento de Jesús lleva implícita una *obediencia*. Es además un seguimiento radical. No valen las medias tintas: no se puede servir a dos señores. Jesús en el evangelio habla frecuentemente por mandato. No vino del cielo para darnos una serie de sugerencias o opciones. No dice, mira fulano, no quisiera molestar..., pero si quieres hacerme el favor de prepararme la Pascua... ¿Habla así? ¡Prepárame la Pascua! ¡Zaqueo, bájate de ahí que voy a hospedarme en tu casa! ¡Déjalo todo y sígueme! El Maestro manda, y cuando habla el Maestro, el discípulo tiene una sola opción, una sola respuesta: OBEDECER.

Y el verdadero discípulo no se aterra ante esta palabra. En un mundo donde todos proclamamos ser independientes, con derechos de igualdad... el discípulo de Jesús pone todo su orgullo en seguir a este Maestro de vida. El sabe dónde nos lleva. No siente achicada ni recortada su personalidad. María, la discípula más fiel va más lejos y exclama: "He aquí la esclava del Señor". ¡La esclava! Aquí estoy para lo que tú decidas.

Algo debe pasar cuando se nos dice que los cristianos tenemos los mismos esquemas de pensamiento que los demás, la misma concepción de la vida que los demás, la misma conducta individual y social que los demás, que no nos diferenciamos de cualquier otro grupo que patea nuestras calles.

Eso quiere decir que cuando Jesús dice "YO SOY EL PAN" nosotros nos alimentamos de otros panes, de otras ideologías imperantes, asimilando la misma vida del mundo.

Cuando dice "YO SOY LA VID, quien está unido a mí dará fruto" y sus frutos no aparecen, es porque estamos absorbiendo otra savia que no es la suya.

"YO SOY LA VIDA" y nuestro comportamiento no tiene la fuerza revulsiva de la levadura que transforma toda la masa... es que no amasamos con levadura de Cristo.

Como la muchedumbre en tiempo de Jesús seguimos nuestro propio plan, pero no el suyo.

Tenemos que hacernos hoy esta pregunta: ¿De quién somos discípulos, de Jesús o del mundo? La concepción de la vida ¿de dónde la sacamos, del evangelio o de las modas imperantes? ¿A quién prestamos obediencia, a Jesús de Nazaret o a nosotros mismos?

Intimidad con el Maestro

Si decimos tener un maestro al que queremos seguir necesitamos *hablar con él*. Un discípulo tiene que conocer a su maestro si quiere vivir su espíritu. Las personas se conocen en una relación de diálogo, sobre todo de escucha. Tengo tiempo para leer el periódico, hablar por teléfono o con cualquiera que viene a la puerta, ¿y no lo tengo para hablar con el maestro? ¿Cómo puede ser maestro de vida para mí, si no hablo con él, si no medito sus palabras, si no conozco su mensaje, si no me pongo a su escucha? El me habla, me habló ayer, me habla hoy y me hablará mañana. El siempre me habla y él me dice: "Mis ovejas, mis ovejas reconocen mi voz". Las que tienen interés saben distinguirla de otras voces.

Voluntad de hacer Reino de Dios

Seguir al espíritu de Jesús no es entregarse a algo oscuro, no es un camino hacia lo estéril o lo inútil, es dar paso en nosotros al "hombre nuevo" reclamado por Jesús en las bienaventuranzas, capaz de realizar una transformación de la vida, de hacer un despegue de las tendencias del mundo, que no coinciden con el Reino de Dios.

El hombre que vive el espíritu de Jesús es capaz de llevar el viejo mundo del odio al amor, de la guerra a la paz, de la injusticia a la justicia, de la ambición al compartir, del engaño a la verdad. Esta es su causa, esta es la de su seguidor.

Sólo así los fundamentos del viejo orden serán conmovidos y los últimos serán primeros y los humildes, **maestros**; los oprimidos, liberados. Este nuevo orden introducido por Jesús está a nuestra disposición, no basta conocerlo, que lo conocemos, sino comprometernos con él.

Ejemplaridad de María

María no ha sido muchedumbre, que abandona ante la exigencia sino discípula fiel que acoge el plan y la causa de Dios sin excusas o recortes. Sigue a Jesús como "esclava confiada" acogiendo puntualmente la palabra de Dios "meditando todo lo que de Dios venía, y guardándolo en su corazón... adivinando su voluntad... rendida siempre a Dios y a la causa de Cristo para darle cumplimiento. Ella optó por Dios. ¿Por quién he optado yo, por Jesús o por el mundo? ¿Quién de los dos está hoy siendo mi maestro?

3
BUSCANDO LA VERDAD DE DIOS

"Perseveraban en oración con María"

1. Introducción:

El hombre necesita con frecuencia distanciarse de su quehacer para hacer un balance de su marcha. El cristiano igualmente necesita revisarse, buscar la verdad de sí mismo y el sentido de lo que hace. Dios será el espejo en el que se mira, a través de la comunicación íntima que llamamos oración. Las preocupaciones de la vida no deben impedir el disponer de momentos propios para la oración y la reflexión.

La Virgen María ofrece, sin duda alguna, un claro ejemplo de comunicación sumisa e íntima con Dios. Su vida quedó penetrada de oración. Más aún, la comunicación continua con Dios fue configurando su existencia y marcando paulatinamente los caminos de la fidelidad y el talante de sus comportamientos.

2. Canto.

3. Saludo del celebrante y acto penitencial:

El Dios Bondadoso, que nos ha llamado a gozar de su amor y de su amistad íntima, nos bendiga y nos dé su favor; que su gracia y su paz esté con todos vosotros.

— Por las excusas que ponemos para orar, *Señor, ten piedad.*
— Porque confundimos orar con reclamarte cosas, *Cristo, ten piedad.*
— Porque preferimos hablar con otros más que contigo, *Señor, ten piedad.*

4. Oración:

Señor, Dios, por tu Hijo, Jesús, nos enseñas a llamarte Padre y manifiestas el deseo de que te invoquemos confiados: te pedimos nos des espíritu de oración, para que, como María, hagamos de nuestra vida una ofrenda permanente a Ti y a nuestros semejantes. Te lo pedimos...

5. Lectura 1.ª: (Exodo 17,8-13).

En el párrafo que leemos, dos hombres intentan conseguir lo mismo: uno libra la batalla como esforzado guerrero en primera línea de combate; otro levanta sus brazos al Señor pidiendo su fuerza y su victoria. ¿Quién de los dos está haciendo lo más importante?

6. Canto.

7. Evangelio: (Lucas 10,38-42).

Otras dos personas mantienen actitudes diferentes. Jesús toma partido y se inclina por una de ellas. En el mismo problema ¿qué actitud mantenemos cada uno de nosotros?

8. Homilía: *(ver página 100).*

9. Oración de los fieles:

Presidente: Padre Bueno a Ti elevamos nuestra plegaria. Enséñanos a orar con la confianza que proviene de sabernos hijos tuyos.
— Para que llenemos de sentido nuestra vida, sabiendo comunicarnos con Dios. *Roguemos al Señor.*
— Para que oremos con humildad, no como quien reclama derechos...
— Por los que creen que orar es un lujo para los que tienen tiempo para ello y no una necesidad para el cristiano...
— Por aquellos que nos ven orar o acudir al templo, para que no les confundamos con la incoherencia de nuestra vida...
— Para que no hagamos de la oración un refugio personal y subjetivo, que se distancia de los problemas de la vida...
— Por todos los presentes, para que sintamos la necesidad de orar y, a ejemplo de María, vivamos en encuentro permanente con Dios y abiertos a su voluntad...
Presidente: Virgen María, intercede por nosotros para que a nuestra oración no le falte nunca: confianza, fe, humildad, perseverancia, realismo vital y preocupación por el hombre. Te lo pedimos, Virgen orante, por J. N. S.

10. Ofrenda simbólica:

Panel grande donde se reproduce un campo con surcos, con una silueta de María en oración. Campo abierto sin cercas ni cotos reservados, disponible para lo que Dios siembre.

Es un campo abonado, trabajado, disponible, sin cercas ni cotos reservados. Campo abierto para que Dios envíe sobre él el agua o la sequía, el dolor o el gozo, la dicha o la cruz. Así fue la actitud de María. La oración con su Dios le hizo así de disponible: sin libro de reclamaciones, ni condiciones por delante.

Lo que Dios quiera es el mejor camino. La fidelidad la mejor respuesta. Cuando Dios se acerca al hombre nunca es para hacerle daño. Fiarse de El es la mejor ganancia.

¿Podemos ofrecerle nosotros un campo tan dispuesto?

11. Acción de Gracias:

Tú, María, Reina de éxtasis, Señora de la contemplación.
Eras viajera incansable a las orillas de Dios.
El tiempo se detiene en la ora de gracia de tus citas
con el Señor.
Y Dios inicia complacido su ronda a tus adentros,
te recorre preciso, familiar, inmenso,
mientras tiendes el alma, como alfombra a sus pies rendida.
El corazón se te anega en claridades impensadas,
pues te inunda, como alta marea incontenible,
el gozo soberano.
Virgen María, Virgen Madre, gracias por enseñarnos a estar
junto a Dios en actitud orante.

12. Compromiso para mañana:

Rezar con alguna frecuencia tres Ave Marías. Especialmente rezar algo en común (bendecir la mesa...) con los niños. Salpicar el día de oraciones para vivir la presencia de Dios y de María.

13. Oración final:

Virgen orante, tú intercediste con tu súplica a Jesús en favor de los esposos de Caná; fuiste apoyo en oración para la primera iglesia. Sé también hoy nuestra protección y socorro. Eleva hasta tu Hijo, Jesús, nuestras súplicas, para recibir sumisos aquello que más nos convenga. Por J. N. S.

HOMILIA: DIA TERCERO

Alguien dijo que nunca es más grande el hombre que cuando está de rodillas, es decir, cuando se siente criatura, indigente y pobre y se pone con el corazón abierto ante su Dios, en actitud de adoración, alabanza o súplica, esperando de El, sólo lo que El quiera enviar.

Ya se imaginan que hoy vamos a reflexionar sobre la oración, esa actitud reclamada como necesaria por el evangelio, que la Virgen María supo vivir y a nosotros nos cuesta tanto realizarla bien.

Acostumbrados a valorar lo que nos resulta útil o rentable, nos es difícil entrar en la gratuidad de la oración; pero ello no significa que sea inútil para la vida, antes bien es el alma y el modo de llegar a lo esencial de la vida.

Tenemos en san Lucas una escena iluminadora. Son dos hermanas, Marta y María. Esperan la visita de un gran amigo, Jesús, y quieren quedar bien. Por eso Marta se afana en todos los preparativos y parece andar corta de tiempo. María por el contrario, sentada a los pies de Jesús escucha su palabra. El nerviosismo de Marta reclama que le eche una mano y Jesús interviene haciendo una valoración, que no supone un desprecio a la actividad sino una llamada al equilibrio.

"Marta, Marta, te inquietas por muchas cosas... María ha escogido la mejor parte".

Marta puede representarnos hoy muy bien a nosotros. Su estilo de vida es la lucha, el trajín, la actividad incesante. Se nos ha acostumbrado desde pequeños a ganar la batalla de la vida, a conseguir determinadas metas, una profesión con prestigio o una desahogada posición económica y corremos desasosegadamente tras ello... y a fuerza de ir de aquí para allá corremos el peligro de perdernos entre las cosas como una cosa más... Podemos estar consiguiendo muchas cosas, muchos logros y perdernos a nosotros mismos.

Nos falta el complemento de María que representa la calma, la contemplación, el silencio, la búsqueda de sí mismo y de lo esencial. María, a los pies de Jesús, se ha puesto en el tiempo del alma.

Son dos actitudes complementarias, necesarias las dos para establecer un equilibrio. Por eso orar no es un lujo de quienes tienen tiempo para hacerlo sino una necesidad para entrar en la raíz de nuestro ser.

¿A quién habrá que condecorar, a Moisés o a Josué?

La escena del libro del Exodo es igualmente elocuente. Llevados de la mentalidad utilitaria prepararíamos las tribunas para hacer desfilar victorioso a Josué como reconocimiento a su victoria. Moisés se perdería en el anonimato. Sin embargo, la victoria dependía de la súplica de Moisés, estaba haciendo lo más importante.

La Virgen María ha entendido bien la necesidad de esta actitud orante como disposición a comunicarse, a escuchar y acoger la Palabra de Dios. El evangelio nos la presenta como mujer orante.

> "Virgen orante aparece María en visita a la madre del precursor, al abrir su espíritu en expresiones de glorificación y alabanza" *(Marialis cultus).*

María empieza su oración del Magníficat deshaciéndose en alabanzas a su Dios. Canta a Dios porque es grande, sólo porque es grande. He descubierto el misterio de Dios, he abierto los ojos, me he quedado transformada por la grandeza de ese Dios y digo "proclama mi alma la grandeza del Señor".

Canto agradecida a Dios, porque este Dios que es grande, es a la vez cercano, es un Dios que me salva, un Dios que me hace *ser,* por ello "se alegra mi espíritu en Dios mi Salvador". Toda la vida de María queda condensada en este salir hacia Dios y proclamar su grandeza.

La oración en María comienza siendo *reconocimiento.* Dios "ha mirado la pequeñez de su sierva", "ha hecho en mí cosas grandes". María se expresa así, no porque crea tener valores, sino porque Dios la ha mirado y al mirarla la ha transformado, la ha engrandecido. Ella es sierva, pero Dios la ha mirado y Dios mira para amar y amando para transformar.

> "Virgen orante aparece María en Caná, donde manifiesta al Hijo con delicada súplica una necesidad temporal" *(Marialis cultus).*

María muestra que su oración no es un repliegue sobre su persona. El magníficat hace de la oración de María una escuela de solidaridad, refleja sus preocupaciones por el resto de los hombres aunque sea en forma de denuncia. No da gracias a Dios, sólo por lo que Dios ha hecho en ella, sino por lo que hace con toda la humanidad: "Hace proezas con su brazo, dispersa a los soberbios de corazón, derriba del trono a los poderosos, enaltece a los humildes, a los hambrientos los colma de bienes..."

María está cantando ese *mundo nuevo* que comienza con Jesús, ya en sus entrañas. Con su venida todo cambia, aunque muchos sigan empeñados en las cosas de esta tierra vieja. Ha cambiado porque Dios está aquí, actuando en la tierra. María canta a este nuevo mundo nacido ya en Jesús. Sólo por eso, porque María canta la libertad y la vida de los pobres, "me llamarán bienaventurada todas las generaciones".

> "Virgen orante aparece María en los albores de la Iglesia unida a los apóstoles —perseveraban unánimes en la oración, juntamente con las mujeres y con María, Madre de Jesús— (Hech 1,14) recabando la fuerza del Espíritu".

Son momentos externos captados en el Evangelio, pero sin duda alguna, María mantenía una actitud orante de manera continuada. Esa pincelada evangélica: "Y María guardaba todas estas cosas meditándolas en su corazón" así parece indicarlo.

Qué es orar

En el silencio y la calma María trataría de adivinar cuál era la voluntad de Dios en cada acontecimiento, ya que orar es:

— Saber morir con frecuencia a nuestras ideas y planes, para aceptar lo que Dios pide y quiere.

— Es dejarle a Dios que haga de mí lo que él tiene dispuesto.

— Es un tiempo de discernimiento para separar el bien del mal y decidirme por los caminos de Dios.

— Orar bien es encontrarse en la verdad de las cosas, encontrarse a sí mismo.

Y como Dios no es egoísta ni quiere que nos encerremos en nosotros mismos, en la oración nos remite siempre a un tercero: el resto de los hombres. Por eso orar es:

— Aprender junto a Dios mi comportamiento con los hombres. A ellos me remite como si se tratara de sí mismo.

Cómo orar

Orar como María. Sobre todo escuchando. Nosotros solemos poner a Dios inmediatamente al corriente de nuestra vida, abriendo el abanico de nuestras necesidades y hasta le decimos lo que nos hace falta, a veces hasta milagros. Azuzados por la vida no aguardamos a ese segundo momento importante de la oración que es *la escucha de Dios* para ver qué es lo que él juzga más conveniente o qué pide de nosotros según su plan.

María se nos ofrece como modelo de oración porque es la mujer de la *escucha,* meditando en su corazón trata de descubrir cuál es la voluntad de su Dios, dispuesta a acogerla porque reza a su Dios como *pobre.*

Lo que nosotros hacemos

Con frecuencia venimos los cristianos al templo a orar con gusto y buena voluntad. Aquí oímos una palabra de Dios, dirigida directamente al corazón de la persona. Pero no pocas veces la experiencia personal demuestra lo que apunta san Mateo, que en cuanto salimos a la calle, el agobio de esta vida y la seducción de las riquezas la ahoga y se queda estéril.

Probablemente nuestra oración carece del silencio necesario y, sobre todo, de la renuncia a nuestro propio plan —no estamos dispuestos a cambiar— para mostrarnos totalmente disponibles a lo que Dios quiere.

Si a lo largo de la escucha sientes que Dios te ha tocado el corazón con una frase, un pensamiento: ama a tu hermano, no se puede servir a dos señores, que tu palabra sea veraz, alaba a tu Dios... y te sugiere un camino a seguir, llévala en tu corazón e intenta ponerla en práctica. No podemos salir del templo igual que entramos.

Y si salimos así es porque todavía no nos hemos decidido a dejarnos moldear, como arcilla disponible, por las manos del Señor, a ejemplo de María.

Si no estamos dispuestos a secundar lo que Dios quiere ¿de qué sirve nuestra oración o qué podemos esperar de ella?

"Mi padre, mi madre y mis hermanos son aquellos que escuchan la Palabra de Dios y la ponen en práctica".

Recuerdo una escena familiar donde un padre se veía en la necesidad de llamar al orden al hijo más pequeño para que recapacitara sobre algunos de sus comportamientos, que desde luego no merecían su aprobación.

Después de una larga perorata, llevada con distensión y hasta con ciertas cuñas de buen humor, presentándole los inconvenientes de su proceder, cuando ya creía que había logrado algo de él, no se le ocurre al hijo más que decir, también con aire desenfadado: te oigo, te oigo, pero no te escucho.

Esa es con frecuencia nuestra respuesta a Dios: Te oigo, te oigo, pero no te escucho. Sé lo que me dices, pero no estoy dispuesto. ¿Cabe pensar esta actitud en María?

Nos falta mucho por aprender de la oración de María —y no precisamente en el sentido técnico de cómo hacerlo—. Hazlo como sepas. Nuestro Dios comprende todos los idiomas y todas las maneras, no se fija en la forma de oración sino en las actitudes que ella manifiesta.

Orar también por medio de María

Y no solamente debemos aprender a orar como María sino que podemos orar a través de ella. María, cooperadora en la redención no se ha desentendido de los hombres: "llevada a los cielos, no ha dejado esta misión salvadora, sino que con su múltiple intercesión continúa obteniéndonos los dones de la salvación eterna. Con su amor materno se cuida de los hermanos de su Hijo, que todavía peregrinan y se hallan en peligros y ansiedad hasta que sean conducidos a la patria bienaventurada. Por este motivo la Santísima Virgen es invocada en la Iglesia con los títulos de Abogada, Auxiliadora, Socorro, Mediadora" (LG).

Debemos orar, sí, como María y también a través de María. Orando conectamos con la raíz más profunda de nuestro ser y descubrimos lo esencial de la vida para caminar como hijos de Dios, sin perdernos en otros caminos o en desajustadas ambiciones.

María, modelo de oración, siempre abierta y sumisa al deseo de tu Dios, enséñanos a orar más y, sobre todo, mejor.

4
UNA FE
PARA NUESTROS DIAS

"Dichosa tú porque has creído"

1. Introducción:

Jesucristo, a quien se le acercaba en demanda de algo justo, le pedía una sola cosa: tener fe. Para seguirle como discípulo la condición indispensable es creer en su Palabra y fiarse de El.

María pone toda su fe y confianza en el Señor que la llama. Es bendita entre las mujeres porque ha creído. Ha creído sin recortes y sin exigir evidencias, aunque los planes de Dios la lleven por caminos sorprendentes. Convencida de que "Dios lo puede todo", la única respuesta a El es la entrega incondicional. Su fe tuvo la firmeza de la roca, y su entrega al designio de Dios, un corazón siempre a punto. María hoy ejemplo de nuestra fe.

2. Canto.

3. Saludo del celebrante y acto penitencial:

Dios, por su bondad, ha abierto nuestra mente y corazón, y ha derramado en nosotros el tesoro de la fe. Que su amorosa providencia nos la conserve y aumente y que su Gracia esté siempre con vosotros.

— Por valorar más la materia que tu Espíritu, *Señor, ten piedad.*

— Por poner más fe en las capacidades del hombre que en Ti, *Cristo, ten piedad.*

— Por creer sólo lo que la razón nos demuestra, *Señor, ten piedad.*

4. Oración:

Señor, Dios omnipotente, Tú nos has ofrecido una Palabra segura, y has infudido la fe en nosotros para creer en ella. Confírmanos en la fe para ser testimonio de tu verdad ante el mundo. Por J. N. S.

5. Lectura 1.ª: (Rom 4,16-25).

El texto sagrado pone de relieve la fe de Abraham, el padre de los creyentes; él creyó contra toda esperanza, contra toda evidencia humana, por eso Dios lo halló digno de su confianza y le cumplió sus promesas.

6. Canto.

7. Evangelio: (Lc 1,39-45).

Isabel, inspirada por el Espíritu Santo, proclama la razón de la grandeza de María: su fe; es dichosa por creer al Señor.

8. Homilía: *(ver página 108).*

9. Oración de los fieles.

Presidente: Con los que tienen dudas y con los que viven la firmeza de la fe acudimos a Ti para decirte: *"Señor, yo creo, pero aumenta mi fe".*
— Para no hacer de la Religión un seguro de vida privada ni un culto a la pasividad...
— Para vivir nuestros días con esperanza y manifestar el gozo de conocerte...
— Para que el seguirte sea un convencimiento personal y no una rutina adquirida...
— Para obedecer a Dios antes que a los hombres cuando sus criterios se oponen...
— Para que se vea coherencia entre lo que creemos y lo que hacemos...
— Para ver en el hombre un campo de compromiso de nuestra fe...
Presidente: Señor que conoces el interior de todos los hombres: Al que piense que la Religión es un invento de los hombres, a ése dale más fe.
Al peleón dialéctico, que necesita demostrar el ser de Dios como si fuera una ecuación, déjale oír tu consejo a Tomás: "No seas incrédulo sino fiel".
Al que se siente hijo pródigo y sabe que sólo Tú le vas a acoger aunque los demás fallen, acompáñale en el camino de retorno. Por J. N. S.

10. Ofrenda simbólica:

Un panel con la Biblia abierta en plano relevante. De ella se alimenta nuestra fe. A su lado otros documentos que orientan la vida de fe en el cristiano como "Laborem exercens", "Marialis cultus", "Familiaris consortio", "La reconciliación y la Penitencia"... y otros. Un tablero preparado con puntos para colocar sobre él la Biblia y los otros documentos.

— *La Biblia.*

En primer lugar presentamos una Biblia. La Palabra de Dios es el contenido de nuestra fe, su único alimento. De su lectura y meditación sacaremos la verdad para nuestra vida, el camino de nuestro andar y la vida para nuestra muerte. Desconocerla es anularla. No utilizarla es como no comer y vivir un cristianismo endeble y anémico.

— *Otros documentos.*

Son la explicación de esa primera Palabra insustituible de Dios, que la Iglesia ofrece, bajo la fuerza del Espíritu Santo, a todos los cristianos del mundo, para vivir en profundidad las realidades de la vida: familia, trabajo, culto, conversión, etc...

Con ellos la fe se hace culta, adquiere profundidad —seguridad en lo que vivimos—, razones para contrastar con otras visiones, otros caminos, sabiendo cuál es el nuestro.

La ignorancia en la fe es la puerta de la duda, y la duda ocasión de abandono.

Estos libros, hoy aquí adelante, parecen decirnos a la inmensa mayoría de los cristianos: *"En la Iglesia estamos para algo".*

11. Acción de Gracias.

12. Compromiso:

Un compromiso más general de leer los documentos que vayan apareciendo para toda la Iglesia.

13. Oración final:

María: por siempre serás la bendita del Señor, porque creíste firmemente en su Palabra, supiste guardarla en tu corazón y tenerla presente como faro de tu vida.

Te fiaste plenamente de Dios y acertaste en todo. Tu vida nos muestra la claridad de Dios, tus obras reflejan el poder de la fe.

Ayúdanos a buscar a quien es la Verdad, a abrirnos de lleno a su Palabra de Vida y a marchar por su Camino. Por J. N. S.

HOMILIA: DIA CUARTO

Un discípulo de Carlos de Foucauld, nos cuenta este relato no lejano, en su contacto con las gentes del desierto.

"Me había enterado, casi al azar, de que una muchacha del campamento había sido prometida como esposa a un joven de otro campamento, pero no había ido todavía a convivir con el esposo por ser muy joven".

Instintivamente relacioné el hecho con el fragmento del Evangelio, donde se cuenta precisamente que la Virgen María había sido prometida a José, pero que no había ido a convivir con él (Mt 1,18).

Dos años después al pasar de nuevo por aquel campamento, espontáneamente, como para dar pie a la conversación, preguntó si había tenido lugar el matrimonio y observó en su interlocutor una turbación, seguida de un evidente silencio embarazoso. Averiguó más tarde que la muchacha "había sido degollada". ¿Motivo? Antes del matrimonio se había descubierto que estaba en cinta, y el honor de la familia traicionada exigía aquel sacrificio.

Tomé el evangelio y leí: "Estando desposada su madre María con José, antes de que conviviesen, se halló que había concebido en su seno por obra del Espíritu Santo. Mas José, su esposo, que era justo y no quería denunciarla públicamente, deliberó repudiarla en secreto"

En definitiva, José no había presentado la denuncia y Joaquín, padre de María, no había representado el papel del Jomeini de turno matando a María como hubiera querido la ley: "Moisés no dijo que hay que dar muerte a esas mujeres" (Jn 8,5; Dt 22,24). (Tomado de Carlo Carretto: *Dichosa tú, que has creído,* Ediciones Paulinas, págs. 11 y ss.)

Pero imagino el trago de María en esta situación. María y José se hicieron novios (Mt 1,18). Iban a casarse pronto para realizar su sueño como tantos otros chicos y chicas de su pueblo. Los hombres planifican y Dios interviene disponiendo las cosas de otro modo. Se presentó el ángel Gabriel y todo cambió para los dos novios.

El ángel Gabriel no fue a pedir permiso a José para que le concediese a María ser la madre de Jesús. Fue a hablar directamente con ella. Y ella aceptó la invitación y quedó embarazada por obra y gracia del Espíritu Santo sin que José supiese nada de todo aquello.

José se quedó de una pieza ante la gravidez de María. No sabía cómo reaccionar y pensaba abandonarla.

No es sólo José quien descubre la gravidez de María, ¡también la descubre el pueblo! Y con seguridad en los comadreos junto a la fuente común las mujeres habrán comentado el hecho. No faltarían movimientos de cabeza, miradas de reojo y hasta la fina ironía: ¡Mira la María, tan buena como parecía...! La lengua de la gente en un lugar pequeño corta más que la navaja y las tijeras.

Y ¿qué podías hacer tú, María? ¿Cómo explicar que no es fruto de una aventura? ¿Decir que Dios es el padre de ese pequeño? ¿Quién te va a creer?

Permanecerías callada. Dios lo sabe. Dios proveerá. Tuviste el valor de confiar en el Dios de lo imposible y dejarle a él la solución de los problemas. El se explicaría. Las palabras humanas no podían explicar ese misterio. Repetirías lo del ángel: "Para Dios nada hay imposible".

Pegada a tu dolor, criticada, humillada e incomprendida temerías ser denunciada como adúltera. Bastaba que José fuese a la Sinagoga a explicar las cosas, y no le faltarían celosos que le siguieran con las piedras para lapidarte. No era la primera vez que en Nazaret se daba muerte a una adúltera.

Pero Dios se explicó con José. Es verdad que Dios "lo puede todo" y recuperó la confianza en ti, probablemente con redoblado cariño.

Luego es tu prima Isabel, la que alivia tus penas de aquellos meses. El Señor se había explicado también con ella. Isabel que entendía de fe, y de fe oscura, y que tanto había sufrido en la vida, va a concebir, desde la esterilidad, por puro don de Dios.

Capacitada desde la fe y de que nada hay imposible para Dios, apenas te ve, grita jubilosa: "Dichosa tú que has creído". Os comprendéis mutuamente y arrancáis a cantar de alegría como dos locas. Hasta el fruto de vuestras entrañas se remueve uniéndose a vuestro gozo.

El camino de Dios se va por fin aclarando para ti y para el pueblo. Dios no pide permiso a las normas que establecen los hombres. Lo pide, eso sí, a la persona interesada, a María, para que ésta dé una respuesta libre. Dios es libre y allí donde se manifiesta su voluntad las ideas y los planes de los hombres tienen que modificarse. Así fue como José y María tuvieron que cambiar los suyos para que sus vidas pudieran entrar en el plan de Dios.

Tendemos con frecuencia, María, a ver en ti un camino fácil en el recorrido de la fe, como si todos los caminos se hubieran sembrado de rosas por ser la Madre del Señor. Y vemos desde el comienzo que te arriesgas a perder tu honra en el decir del pueblo. Te haces más cercana a nosotros al verte pequeña, débil, indefensa, cargada de oscuridad y duda, probada en el sufrimiento, amasada de nuestro barro... Llevaste la marcha de la fe hasta el final y como una mujer de a pie... deshojando la margarita del misterio a medida que las cosas suceden..., oyendo, creyendo y viviendo la Palabra de Dios que hasta ti llegaba... La fe no es ver, sino fiarse y tu adhesión a Dios estaba clara.

Si hemos viajado en trenes de largo recorrido hemos tenido la oportunidad de ver cómo un empleado golpea con un martillo las ruedas del convoy y según el sonido que devuelven se sabe si puede proseguir sin riesgo la marcha a su destino o hay que revisar o reparar alguna pieza. María hoy puede ser ese eco devuelto que analiza y descubre cómo es o tiene que ser nuestra fe.

Una fe personal

Interiorizada, que brota de un convencimiento, de una elección, de saber "a quién nos hemos confiado" y fiarnos de su Palabra.

Una fe así no cede, aunque se vengan abajo todas las apoyaturas externas, aunque el ambiente no ayude, aunque todos los demás dejen de creer, como le ha sucedido a María y permanece inquebrantable en su adhesión libre y personal a Dios "que puede lo imposible" y nos lleva por caminos insondables, pero siempre certeros.

Una fe viva y coherente

Que no se encierra en la parcela íntima de la persona, relegada a la pasividad, sino que se pone en juego en los hechos, en las implicaciones y vicisitudes de la vida.

María vive abierta a la comunicación interior con Dios, mientras atiende solícita los deberes del exterior. María asiste a la sinagoga a orar, cumple la ley de la purificación, lleva a Jesús al templo a la edad establecida, manifestando sin falsos pudores una coherencia exacta entre lo que cree y lo que hace, entre la fe y la vida.

Una fe comunitaria

Los que se deciden por Jesús y tratan de vivir su espíritu, ésos son la Iglesia. Cristo nos pensó en comunidad cuya nota unitiva es el amor a Cristo, su centro y eje, vivido y manifestado de cara a los hermanos. No se vive para sí, en una idolatría personal, sino

110

en la colaboración y ayuda hacia los demás. Nada de lo que acontece en ellos me es ajeno.

María vive la preocupación de los otros. La ancha entrada de la palabra de Dios en su vida no hizo de ella una persona aérea, desligada de las cosas y de la vida de su pueblo. Por eso salta hasta Ain-Karim, donde su prima necesita ayuda, descubre el posible bochorno de unos novios en una boda y pone sus medios al alcance para evitarlo. Advierte la incertidumbre y el miedo de los Apóstoles tras la muerte de Cristo y se queda con ellos en oración, sosteniendo su fe hasta la venida del Espíritu. María se solidariza con todos los pobres sin techo en el Nacimiento, con los sin patria desterrados o emigrantes en su huida a Egipto y con todos los torturados y abatidos en la muerte de su Hijo.

Una fe comprometida

Que incide en la vida de los hombres. Que manifiesta sus creencias, con todo el respeto, pero respetar no es callarse.

> "No pueden los cristianos dejar a un lado su fe a la hora de colaborar en la construcción de la ciudad temporal. Han de hacer sentir su voz, coherente con los valores en que creen y respetuosa con las convicciones ajenas".

Desde la fe tenemos un modo de concebir la vida, un modo de concebir al hombre y no nos da lo mismo ser materialistas o creyentes, despejar a Dios a un lado o encontrar nuestro sentido desde El.

Se nos quiere hacer creer que está bien el que tengamos una religiosidad propia y que la respetan, pero que no intentemos que la fe se note en la vida social pública. Esto es un chantaje claro. Otras ideologías sí intentan y consiguen traducirse en los más variados aspectos de la vida social. (Nuestra fe tiene que impregnar desde dentro todas las actividades humanas.)

Una fe culta

Uno de los deseos expresados con frecuencia por Juan Pablo II, es que la fe se haga también cultura, que la fe impregne desde dentro todas las actividades humanas. Es posible que muchos cristianos no adviertan la manipulación a la que están sometidos, porque han hecho del cristianismo un extraño seguro para seguir siendo ignorantes, para no estar al día de los movimientos culturales.

A veces ni siquiera estamos al día de nuestra propia fe.

¿Cuántos cristianos leen Marialis cultus, Laborem exercens, Familiaris consortio, Año Santo de la reconciliación...? ¿Cómo incidir con impronta propia en la vida social desde el desconocimiento?

Hoy hay muchos adultos andando por la vida con la formación que recibieron para la Primera Comunión y no temen hacer el ridículo. Se sentirían ridículos si salieran a la calle a los treinta, sesenta... años vestidos de Primera Comunión, y les parece que no hacen el ridículo andando con el traje espiritual que les confeccionaron a los siete o nueve años. Es un hecho real.

Una fe sacramental

Los que constituyen la comunidad de los seguidores de Jesús encuentran la expresión cumbre de su fe en los sacramentos.

No se puede decir, "Creo en Jesús, pero no en la Iglesia..."

¿Cómo creer en Jesús y no en la Iglesia que es su misma continuación y presencia entre nosotros..., qué Jesús te has fabricado?

En ellos se regenera y vitaliza nuestra fe.

Una fe esperanzada

Fiados de Jesús nuestra fe no se amilana ni ante el dolor ni ante la muerte. En Jesús hemos encontrado una salida definitiva. No importa que todo parezca que se viene abajo, nuestra fe en esos momentos tiene que ser esperanzada, como el hombre de la colina... todos negaban que el sol saldría y sólo él mantenía la esperanza. En Jesús nuestra esperanza está asegurada.

Estas son unas notas de exigencia en nuestra fe. No es fácil creer, es más fácil razonar. También para María fue difícil.

¡Tener que creer que el hijo que llevaba en su seno era el hijo del Altísimo!

¡Sí, fue sencillo concebirlo en la carne, pero extremadamente comprometido concebirlo en la fe!

¿Se volvió María atrás pensando que no era cierto, que es una ilusión la de un Dios que se hace hombre, que no hay un Mesías de salvación, que todo es un caos, que el mundo domina lo irracional, que será la muerte la que venza al fin y no la vida?

No. María creyó. La voluntad del Padre ha encontrado en ella su molde exacto. La fe descansa solamente en lo que Dios ha dicho, en la entrega del corazón y la voluntad a esa Palabra de Dios.

¡Feliz tú, que has creído! ¡Felices nosotros si creemos también sin haber visto y nos fiamos de nuestro Dios!

5
FIDELIDAD
A GOLPE DE CALVARIO

*"Junto a la Cruz de Jesús
estaba su Madre"*

1. Introducción:

El arte ha dejado plasmada una escena para contemplación de los siglos: María al pie de la cruz, como centinela de la lealtad. Cristo en el evangelio proclama bienaventurados a los que lloran, a los perseguidos, a los que sufren por su causa. A los que le sigan pronostica dificultades y problemas y lanza un reto: "El que quiera ser mi discípulo, que tome la cruz y que me siga".

María también vive la condición de la Cruz, como discípula aventajada, dando pruebas de una fidelidad inquebrantable.

2. Canto.

3. Saludo del celebrante y acto penitencial:

La paz de Dios Padre que nos amó desde el principio, la Gracia de Jesús que nos lavó con su sangre, pasando por la cruz y el amor del Espíritu Santo, esté con todos vosotros.

— Porque te seguimos en el bienestar y nos rebelamos ante la dureza de la vida, *Señor, ten piedad.*

— Porque no entendemos que la cruz sea el mejor camino para seguirte, *Cristo, ten piedad.*

— Porque ante el dolor y los males del hombre decimos que guardas silencio y no intervienes para remediarlos, *Señor, ten piedad.*

4. Oración:

Dios y Padre de todos, para cumplir tu designio de amor, Jesús aceptó los sufrimientos de su Pasión y Muerte, y afrontó en la debilidad, el poder de este mundo. Haz que, como El y a ejemplo de María, sepamos llevar con fortaleza nuestras cruces de cada día. Te lo pedimos por J. N. S.

5. Lectura 1.ª: (Cor 1,18-25).

La cruz de Cristo nos descubre el valor del sufrimiento; sólo se comprende desde una perspectiva de fe y según la sabiduría de Dios, no la del mundo.

6. Canto.

7. Evangelio: (Jn 19,25-31).

Jesús no escogió la comodidad: va a caminar abrazando a la cruz hasta morir en ella. María, asociada en todo a Jesús le seguirá hasta el calvario, a cuestas con la cruz de cada día.

8. Homilía: *(ver página 116).*

9. Oración de los fieles:

Presidente: Una vez más elevemos nuestras peticiones al Padre, para que El dé remedio o sentido a nuestros males y necesidades.

— Por el pueblo cristiano, para que sepa superar las dificultades y ataques a su fe, manteniéndose en la fidelidad...

— Por los que padecen angustia, enfermedad, soledad, separación de seres queridos, insatisfacción y vacío, para que hallen la reciedumbre de María y sean inconmovibles en su fe...

— Para que el dolor nos haga sencillos, humildes, abiertos a los demás y despierte nuestra confianza en Dios...

— Por todos nosotros, para que sepamos asimilar la cruz de cada día y la estimemos como condición evangélica...

— Por los enfermos y los próximos a la muerte...

Presidente: Señor, Dios nuestro, atiende con bondad nuestras súplicas y haz que en la prueba resplandezca nuestra fortaleza y confianza en ti, a ejemplo de María. Te lo pedimos por J. N. S.

10. Ofrenda simbólica:

Cruces de palo (en ellas va nuestro dolor, enfermedad, ingratitud de hijos, matrimonios rotos odiados, muertes repentinas, paro...) Medicinas y vendas, muletas (la mejor cura del dolor es hacer de él Redención).

114

— *Cruces de palo.*

Se ofrecen unas cruces de palo. En ellas va representado nuestro dolor, nuestra alma herida, la enfermedad, la ingratitud, la muerte repentina, la angustia del paro... ¡tantas cosas! por las que sufre el corazón humano.

— *Medicinas, algodón, vendas, muletas...*

Son signo de remedio o alivio de algunas penas. Esperanza de sacudirnos de ellas cuando es posible, pero no desaparecerán del todo.

Rebelarse es malo y no las suprime.

Resignarse es poco para un cristiano.

Aceptarlas, cuando llegan, es mejor.

La mejor cura del dolor es hacer de él redención, como Jesús y María, aceptando la cruz que a cada uno llega. Su presencia en nosotros no es estéril. Dios quiere algo con el dolor.

Ofrecemos hoy cada uno nuestra cruz, con el deseo de transformarla, como Jesús, en Resurrección.

11. Acción de gracias:

Gracias Señor, que tomaste el camino de la cruz para enseñarnos el valor y el sentido del sufrimiento humano: completando tu Pasión nos redimimos a nosotros mismos. Sin Ti no sabríamos qué hacer con el dolor en nuestras manos.

Te damos gracias por hacerte solidario a nosotros en la debilidad y amarnos hasta el extremo de dar la vida para tener la prueba concluyente de tu amor.

Gracias por María, asociada a tu dolor, que nos da prueba de fortaleza y confianza ante el sufrimiento, la angustia y la soledad.

12. Compromiso:

Llevar bien todo tipo de contrariedades que ahora caen sobre nuestra vida: enfermos en casa, la propia enfermedad, angustia del futuro, incomprensión de familiares...

13. Oración final:

María, tú has sido la única criatura inocente: tus manos sólo repartieron amor y bondad, tus pies sólo supieron recorrer los caminos del bien.

Sin embargo, el dolor, triste jornal del pecado de otros, entró por tus puertas, hirió tu corazón. Supiste aceptar con entereza la parte de Cruz que Jesús te cedió.

Tú que tanto sabes de dolores, soledad y angustia, ayúdanos a entender y acoger la cruz de cada día. Danos fortaleza, valor y consuelo en nuestras horas de dolor. Por J. N. S.

HOMILIA: DIA QUINTO

Presencia del sufrimiento

Basta abrir los ojos para ver que del mundo se levanta un clamor formado de llantos, lágrimas, gritos que arranca la enfermedad, la ingratitud o la traición. Es incontable el número de los fracasados, de los enfermos incurables, de los cansados de vivir. ¿Por qué muere esa madre cuando sus hijos más necesitan de su ternura y de sus cuidados? ¿Por qué cuando más felices éramos un cáncer arrebata a mi marido? ¿Por qué tiene que tocarme a mí? ¿Qué mal he hecho? ¿Por qué un cataclismo arrasa pueblos enteros? ¿Por qué ocurren estas cosas? ¿Por qué esas muertes inocentes?

Es la presencia del sufrimiento en el mundo calificado de "valle de lágrimas". El reguero del sufrimiento parece remontarse a los orígenes del hombre como compañero inseparable del mismo. "La creación entera gime y siente dolores de parto" (Rom 8,2).

Si Dios es Padre bueno que cuida de sus criaturas y a la vez es todopoderoso, ¿por qué no lo impide? ¿Es que no quiere? ¿Es que no puede? Preguntas y preguntas se acumulan sin que nadie logre desvelar enteramente su enigma.

María, al pie de la cruz

Era muy poco probable en aquel tiempo que una mujer asistiera a la muerte de un ajusticiado y mucho menos si era su madre. Sin embargo, María estuvo junto a la cruz, "de pie", dando muestras de una entereza más allá de lo común, en contraste con la huida de los seguidores de Jesús.

Sabemos que los actos heroicos no se improvisan. Suelen estar precedidos de un cúmulo de fidelidades ocultas, mantenidas a una persona o a una causa. Y toda la vida de María ha sido estar cerca de la cruz en una fidelidad total que le permite ahora permanecer entera en el momento cumbre de la vida de su Hijo, ante el más espectacular de los fracasos.

— Al pie de la cruz encontramos a María ya desde el primer momento de su elección como madre del Mesías, cuando su concepción acarrea sospecha y mudo reproche en José, con quien estaba dispuesta a formar un hogar. No cuenta más que con palabras humanas para demostrar su inocencia, pero ¿cómo podría entenderla?

— Al pie de la cruz permanece soportando la crítica de sus vecinos que la señalan como madre soltera que se ha saltado las normas de la fidelidad debida.

— Al pie de la cruz, cuando el anciano Simeón le habla de una espada afilada que le traspasará el alma. Cuántas veces esta profecía le vendría a la memoria mientras arreglaba, alimentaba, educaba y cuidaba a su hijo.

— Al pie de la cruz en Belén cuando ve nacer a su hijo desprovisto de lo más elemental para acoger a quien ella sabe el Redentor del mundo.

— Al pie de la cruz en su huida a Egipto, porque buscan al niño para matarlo. ¿Qué delito ha cometido un recién nacido? Simples refugiados y emigrantes, partiendo a tierra extraña, con la angustia pegada a sus cuerpos ante la posibilidad de ser sorprendidos, con el futuro a la intemperie y preguntas acumuladas para el dolor: ¿qué será de nosotros?, ¿cómo sobreviviremos?, ¿encontraremos trabajo?, ¿dónde iremos a parar?, ¿cómo nos entenderemos si allí hablan otra lengua?...

— Al pie de la cruz cuando de nuevo tienen que levantar la casa y el destino les devuelve a Nazaret a comenzar una nueva andadura.

— Al pie de la cruz cuando su hijo se queda en el Templo y recibe de él una respuesta desconcertante: "¿Por qué me buscabais?, ¿no sabéis que tengo que ocuparme en las cosas de mi Padre?" Ella cree que tiene unos derechos como madre y, aunque no entiende, sabe que no puede entrometerse en el destino de su hijo.

— Al pie de la cruz permanece María cuando Jesús abandona la casa para irse a anunciar el Evangelio y pasa como la madre de un hijo extravagante al que ellos no aceptan y que va por ahí diciendo cosas raras.

— Al pie de la cruz, en fin, en la cima del calvario al lado de su hijo arrancado de la vida en lo mejor de sus años.

María podía haberse venido abajo en la fe y haber abandonado como los demás. Podía pensar para sus adentros: Dios a mí me ha engañado. Cuando todo comenzó el ángel parecía anunciarme mejores dichas. Lo oí bien: "Será Grande, hijo del Altísimo, ocuparía el trono de David su padre y su reino no tendría fin" y todo ha venido a parar en esta espantosa tragedia. María se sostenía a sí misma en su respuesta: "Hágase en mí según tu Palabra", ¡que se cumpla tu voluntad!

¿Acaso hemos atisbado en María un ápice de queja o algo que se le parezca? No. Ella permanece firme, perseverante en la fe. Mantiene su lealtad con la misma fidelidad que cuando escuchaba: "Dichosa tú que has creído", o gritaron a su hijo: "Bendito el vientre que te llevó y los pechos que te amamantaron".

María es la mejor lección de una fidelidad mantenida siempre y a pesar de todo.

Y nosotros... ¿también al pie de la cruz?

Los que hemos optado por seguir a Jesús también hemos recibido la anunciación del ángel con la promesa del Reino de Dios. Un Reino de Dios sugerente, pero que no hace su entrada sin esfuerzo. Jesús no ha querido engañar a los que se deciden por él. No promete oro ni plata, ni ninguna otra ventaja humana. La única promesa es la cruz: "Si alguno quiere venir en pos de mí, tome cada día su cruz" (Lc 9,23). Es el distintivo, y la condición previa el "negarse a sí mismo".

La senda que lleva al Reino de los Cielos es "estrecha y angosta" y Cristo la contrapone a la "ancha y espaciosa", que, sin embargo, "lleva a la perdición". Es la mística del grano de trigo que debe aceptar morir para que surja la espiga en multiplicación de frutos. Mientras ocurre este proceso de maduración las dificultades probarán vuestra fidelidad.

"Pondrán sobre vosotros las manos y os perseguirán..., seréis entregados aun por los padres, por los hermanos, parientes y amigos, y harán morir a muchos de vosotros, y seréis aborrecidos de todos a causa de mi nombre" (Lc 21,ss).

"Esto os lo he dicho para que tengáis paz en mí; en el mundo habéis de tener tribulación; pero confiad: yo he vencido al mundo" (Jn 16,33). Jesús nos hace una llamada al valor y a la fortaleza sostenida en la elocuencia de la Resurrección.

La lealtad a un amigo no se demuestra permaneciendo cercano cuando la vida le sonríe y todo va bien sino cuando la vida le derrota. Es el momento que marca la línea divisoria entre los amigos de verdad y los que sólo mantenían intereses creados. Del mismo modo la lealtad de un cristiano a Jesús se demuestra si sabe permanecer como María siempre al lado de la cruz.

La otra fidelidad: a la Iglesia

A prueba de calvario ha de ser igualmente nuestra fidelidad a la Iglesia hoy. Ante la incomodidad que representa la fidelidad cristiana podemos caer en la tentación de abandonar, arrojando la cruz del hombro. Pero si en Jesús y María la fidelidad a Dios pasa por el camino de la cruz, no puede ser otro el nuestro.

El cargar la cruz o mantener un temple de sacrificio no son monedas corrientes en la mentalidad moderna acostumbrada a la comodidad y al disfrute. Creíamos que el Evangelio iba a transformarlo todo, que la presencia de Dios iba a ser espléndida, que el mundo se iba a convertir, que la justicia encontraría cauces para el amor y la solidaridad y todo podía renovarse. Sin embargo, no es así. La presencia de Dios es sustituida por la indiferencia o la negación, son muchos los que dejan de creer y se avanza en todo menos en el Reino de Dios.

Nos encontramos en medio de un pueblo dislocado que carece de normas de convivencia en el amor. Un pueblo roto con clases sociales encontradas. Pueblo que carece de vínculos auténticos de paz y de perdón. La anarquía, el desamor, la violencia avanzan en nuestros ambientes como caballos desbocados conquistando nuevos campos.

A muchos les ha podido llegar la hora del desaliento. ¿Para qué seguir trabajando? Es inútil el esfuerzo puesto que no conseguimos nada. La masa se resiste ante la levadura del Evangelio. Ser cristiano hoy significa ir contra corriente, llevar las de perder, ser señalado, catalogado entre los desfasados que han perdido el ritmo de la historia. Se ridiculiza a la Iglesia y se está a la expectativa de los fallos de sus miembros para airearlos desmesuradamente. La fuerza de la cruz no parece mostrarnos el estallido de la Resurrección.

La Iglesia no es perfecta, ya lo sabemos; al interior de sí misma contiene muchos fallos que necesitan arreglarse. Pero a la Iglesia no se le arregla abandonando, sino permaneciendo dentro, aceptando en esta hora perder la vida y dejar que el grano muera, manteniéndonos al pie de la cruz, dando muestras de una inquebrantable firmeza.

María mantuvo su fidelidad a la Iglesia en momentos igualmente difíciles, cuando en los comienzos sostenía la fe de los Apóstoles, orando con ellos para recibir el Espíritu de fortaleza, que anulara toda clase de miedos y pudieran extender por el mundo la gran noticia de que en Jesús estábamos salvados a pesar de que con ello corrieran el riesgo de ser suprimidos.

La ciencia del padecer

María ha entendido que el sufrimiento es una cualidad necesaria en todo aquel que quiera seguir la causa de Jesús, y que es algo más que un peso inútil cargado a las espaldas de un cristiano.

Cuando Dios no ha librado del dolor ni a su Hijo, ni a su propia Madre es porque alguna importante misión cumple entre nosotros.

— A cuántos el dolor los ha tirado del caballo del orgullo y les ha hecho más humildes y comprensivos.

— Hay quienes encontraron en su propia desdicha o en la pérdida de un ser querido, el equilibrio interior y la paciencia que antes les faltaba.

— Hay enfermos que encontraron en su postración una forma más profunda de relacionarse consigo mismo y con Dios.

— Hombres y mujeres a quienes la equivocación, el fracaso, el infortunio y hasta el propio pecado volvieron más experimentados y sencillos, más libres y abiertos a los demás.

María nos ha dejado la mejor lección del saber sufrir. Pero ¿de qué fuente saca María el resorte de la fortaleza para regar de fidelidad toda prueba que hasta ella llega?

Sin duda alguna de la confianza puesta en Dios y de la certeza de que Dios controla todos los hilos del misterio por desconocidos que parezcan a los ojos de los hombres. El final es siempre suyo.

Si bien la muerte de Cristo no suprime el sufrimiento ni desvela su misterio, sí proyecta sobre él una luz nueva. Al escogerlo como medio para la Redención lo ha elevado a categoría superior.

Más que hacernos preguntas sobre el sufrimiento a nosotros nos basta, como decía Juan Pablo II, saber que Cristo lo cargó sobre sus espaldas, para que la esperanza puesta en El sea más fuerte que la más amarga realidad.

Concluyendo:

Dos fidelidades reclama hoy María de nosotros: la fidelidad a Dios, pase lo que pase, y la fidelidad a su Iglesia.

Un convencimiento: El Evangelio pasa necesariamente por el camino de la cruz. Jesús y María no hicieron del dolor algo estéril.

Una constatación: María se nos ofrece como maestra experta en la ciencia del padecer sin vacilaciones en su fe.

6
MARIA Y NUESTRA RECONCILIACION

"Ella te aplastará la cabeza"

1. Introducción:

El primer día contemplábamos a María "llena de gracia", penetrada de Dios en todo su ser, sin resquicio ni grieta posible para el mal en su persona.

Nosotros admitíamos estar hechos de otro barro. Nuestra raíz estaba herida. Habíamos contraído una enfermedad contagiosa cuyo virus se propagaba a la humanidad como epidemia inatajable: era el pecado.

Entre su Gracia y nuestro pecado situábamos nuestro culto como un medio de acortar distancias con ella, que marcha a la cabeza, como "tierra nueva, como manzana que no horadó el gusano".

Nadie mejor que ella puede ayudarnos a aplastar la cabeza de la serpiente. Nos espera a todos en la Reconciliación con Dios para situarnos a cada uno "como tierra nueva" en la marcha hacia la casa del Padre, restaurando las armonías perdidas, pacificándonos por dentro y hacia fuera. Ella hoy vigila y anima nuestro retorno.

2. Canto.

3. Saludo del celebrante:

Hermanos: Cristo nos ha reconciliado por el sacrificio de su vida, para que podamos presentarnos santos e irreprochables ante Dios: que su Gracia, su paz y su perdón estén con todos vosotros...

4. Oración:

Dios nuestro, Padre de bondad y misericordia, por la intercesión de santa María, tu Madre, ilumina con la verdad de tu Palabra nuestro interior, para que, reconociendo nuestras deficiencias y pecados, busquemos hoy la reconciliación en tu amor...

5. Lectura primera: (2.ª Cor 5,17-21; 6,1-2).

Jesús, con su acción salvadora, inaugura una etapa nueva, es la nueva situación: reconciliados con Dios.

6. Canto.

7. Evangelio: (Mt 5,21-26).

Amamos a Dios, si amamos a los hermanos. La ofrenda al altar debe esperar: primero ponte en paz con tu prójimo.

8. Homilía: *(ver página 125).*

9. Examen de conciencia:

Amarás al Señor, tu Dios.
   ¿Es para mí alguien cercano, como todo lo que se ama?
   ¿Me relaciono frecuentemente con El, para vivir de su Espíritu y trasladarlo a la vida?
Amarás a tu prójimo como a ti mismo.
   ¿Amo a mis semejantes o los soporto?
   ¿He anulado a alguien en el corazón, guardándole rencor, negándole la palabra, deseándole el mal?
   ¿He maltratado a las personas con una crítica supuesta o inventada?
Fui bautizado y me considero cristiano.
   ¿La comunidad se queda sin mi presencia los domingos o días festivos?
   ¿Colaboro en las tareas de la comunidad o sólo acudo para que me sirvan?
   ¿En la familia soy causa de unión y concordia o creo tensión, separación, dolor?
   ¿Nos guardamos todos la fidelidad debida?
   ¿He sabido respetar la propiedad de otros?
Dichosos los limpios de corazón.
   ¿Qué es lo que más pesa en mi conciencia?
   "Me levantaré, iré a mi padre y le diré: Padre, he pecado contra el cielo y contra ti".

10. Peticiones de perdón:

— Por haber oscurecido el rostro de Dios, por nuestra fe rutinaria, por haber sido piedra de escándalo para otros... *Perdón, Señor, perdón (cantado).*

— Por nuestra autosuficiencia y soberbia, por nuestra conducta materialista, por los ídolos buscados dándote de lado...

— Por el cultivo del mal en pensamientos, palabras y obras, por los criterios egoístas en la vida...

— Por las divisiones sembradas, los desórdenes provocados, las violencias desatadas y las discordias mantenidas en la sociedad y en la familia...

11. Confesión general: Yo confieso ante Dios todopoderoso...
Oración: Dios, Padre todopoderoso, iluminados por tu Palabra reconocemos la necesidad de una profunda reconciliación; danos hoy la alegría de tu perdón, para que, renovados en tu amor, salgamos a la vida como "hombres nuevos".

12. Avisos y confesión individual: *primera parte de la Absolución.*

13. Acción de gracias:

— Por el hombre nuevo que haces amanecer en nosotros... *Te damos gracias, Señor.*

— Por la comprensión y paciencia con que nos esperas sin reproche cuando rompemos tu amistad...

— Porque siempre ofreces nueva oportunidad de recobrar tu amor...

— Porque lleno de generosidad entregaste a tu Hijo a la muerte, para que por El nos reconciliemos contigo y vivamos en paz...

— Por habernos dado a María, cuya fortaleza nos robustece, cuyo ejemplo nos anima y cuyo amor vela por nosotros...

14. Oración final:

María: el Señor te ha bendecido con la plenitud de gracia; en tu perfección das la imagen de la criatura original, libre de todo contacto con el mal y el pecado.

Eres el ideal de la humanidad redimida, porque, en ti, la gracia del Señor encuentra respuesta de total fidelidad y de entrega generosa, para realizar maravillas.

Eres modelo y madre de la reconciliación.

Ayúdanos a encontrar siempre la paz y la armonía con Dios y nuestros hermanos; da vigor a nuestros pies cansados y esperanza a nuestros ojos para seguir, enganchados a tu mano, los senderos de tu Hijo que vive y reina por los siglos de los siglos.

HOMILIA: DIA SEXTO

Punto de partida

Nuestro mundo parece caracterizarse por múltiples tensiones y divisiones:

a) Sociedad civil: Insolidaridad (nos tratamos como cosas, inhumanos); falta de responsabilidad profesional (no se rinde); corrupciones a muchos niveles (se engaña al hombre); desenfreno consumista (otros no tienen); la absurda y loca violencia (se lleva al hombre por delante); el daño que el hombre hace al hombre (sufrimiento).

b) Dentro de la familia: Conflictos entre generaciones (tiranías); ambigua independencia de los cónyuges (infidelidad); atentados contra la vida inocente (abortos...).

c) Dentro de la Iglesia: Separaciones (escándalo de la fe); divisiones en el campo doctrinal, disciplinar...

¿Es verdaderamente el hombre
libre y responsable de las propias acciones?

a) El hombre sujeto de semejantes tensiones:

Reacciona: queriendo rechazarlas y encontrar una solución justa.

Se ve obligado a ceder:

— Ante el poder inmenso de las estructuras y de los diversos agentes que lo oprimen, manipulan.

— Privan de libertad.

— Y condicionan su comportamiento.

Al constatar el hombre las divisiones y tensiones exteriores, así como la última escisión en su propio corazón, se ve obligado a buscar *la raíz última* de las graves y múltiples tensiones que afligen al mundo actual.

Así se comprende la tentación, a la que muchos sucumben, o de negar decididamente la libertad y afirmar que el hombre no es sino el resultado de fuerzas ciegas psicológicas, sociales o culturales, o por lo menos, que la libertad —si es que se admite su existencia— carece de todo significado y valor.

125

Raíz última el pecado: mal que el hombre admite libremente ante Dios y contra Dios. El hombre autor y responsable.

(Se busca la explicación de los males no en el pecado sino en las estructuras sociales: disminución del pecado individual y sensibilidad ante el pecado social).

La verdad está en que las estructuras sociales injustas son fruto de los pecados personales y al mismo tiempo estimulan al pecado.

Hay una conexión entre el pecado y las tensiones que vivimos.

Pecado:

Atentado al crecimiento personal (rompemos armonía...)

Atentado al crecimiento social (rompemos lo que tocamos...)

En realidad, el hombre alejado de Dios y de su propia verdad se convierte en un extraño y en un enemigo para sus propios hermanos; actúa contra ellos injusta y violentamente; viola su dignidad personal y rompe la convivencia pacífica.

El pecado es un virus contraído en nuestra raíz que extiende su epidemia en la persona y por ella en la sociedad con el deterioro de ambas.

Reconciliarse es la solución

— El hombre no puede salir de esta situación confiado en sus propias fuerzas. ¿Quién le restaura por dentro? ¿Otro hombre?

— Sólo en Dios puede liberarse. El viene en ayuda de todos. "El Hijo de Dios, hecho hombre, vivió entre los hombres para liberarlos de la esclavitud del pecado (Jn 8,3-36), y para llamarlos de las tinieblas a la luz admirable (1.ª Pedro 2,9).

Por eso comenzó su misión en la tierra diciendo: "Convertíos y creed en el Evangelio" (Mc 1,15).

La conversión

No es una cobardía, sino suprema valentía para ser decididamente hombres, como Dios nos pensó.

Necesitamos rescatarnos continuamente, poner de pie el hombre que se nos tambalea.

Es un intento de superación, volver a la verdad de nuestro ser.

Personal: La llamada a la conversión llega a cada uno con nombres y apellidos propios. Nadie se convierte por mí.

Constante: La conversión es, antes que nada, una actitud de Espíritu que se desarrolla y crece gracias a una disposición permanente de superación cada día que amanece

La expresión cristiana de la conversión: el sacramento de la penitencia

Jesús realiza en su misma persona la perfecta comunión del Hombre con Dios.

Dificultades:

"Yo me confieso con Dios" (no basta).

¿Por qué decir a un hombre los pecados?

No verlo como un castigo sino como un don.

A veces sólo aceptamos de Dios lo que está de acuerdo con nuestra forma de pensar y no lo que cuesta o nos pide cambio.

El resultado es "la criatura nueva"

— La persona reintegrada a su verdad más profunda.

— Al conseguir la auténtica libertad, recupera la capacidad de vivir según las exigencias de la propia dignidad.

— Nos convierte en algo nuevo, tanto en el orden del ser como en el del actuar.

— Repercute al mismo tiempo en el individuo y en la sociedad.

María no contrajo este virus y fue siempre criatura nueva. Vivió permanentemente la armonía consigo misma, con Dios y con los hombres.

No podemos ofrecerle nada mejor que una reconciliación de nuestras propias armonías:

— Dejarnos de la pereza y la indolencia y hacer brotar en nosotros la criatura nueva que ella representa.

— Tener la valentía de dejar nuestro pecado más frecuente... más allá de respetos humanos y recuperarnos para Dios y para los hombres.

— Dios nos ofrece por adelantado su perdón, tengamos el coraje de aceptarlo y no dejarle con el regalo colgado en sus manos.

Tú oirás de El: "Yo te perdono" y habremos puesto a nuestro hombre en marcha hacia la tierra nueva.

Virgen María vigila tú hoy nuestro signo de partida.

7

LA FAMILIA: UN LUGAR PARA EL ENCUENTRO

*"Hallaron a María y a José
y al recién nacido"*

1. Introducción:

El hombre generalmente desea aquello de lo que carece. La convivencia es uno de los valores más reclamados en nuestra época. Se logra poniendo como base una buena dosis de aceptación, sinceridad, unión y presencia de afecto y amor.

El núcleo familiar, hoy por hoy, sigue siendo el clima más adecuado para que se den tales condiciones, basadas de entrada, en los lazos naturales de la sangre. La familia constituye una plataforma irremplazable; es base de convivencia y de expresión espontánea, escuela de virtudes y centro posible de las mejores actitudes.

Jesús también quiso desarrollar su personalidad en el seno de una familia, sin que ello le supusiera trauma alguno.

2. Canto.

3. Saludo del celebrante y acto penitencial:

Que el Señor, Dios Padre, Hijo y Espíritu Santo, que son uno, por la unidad del amor, estén con todos vosotros.

— Por las familias que malogran su amor, *Perdón, Señor, perdón.*

— Por los sentimientos que herimos en la propia casa, *Perdón, Señor, perdón.*

— Por la excesiva independencia personal que lesiona la paz de los demás, *Perdón, Señor, perdón.*

4. Oración:

Señor, Dios y Padre de todos, que nos has creado con capacidad de amar y vivir unidos, te rogamos nos ayudes a valorar y cultivar el espíritu de familia, a ejemplo de la familia de Nazaret. Por J. N. S.

5. Lectura 1.ª: (Colos 3,12-14.19-21).

La vida en comunidad comporta un exquisito cuidado y tacto hacia los demás. Son la base del equilibrio y la armonía en la vida familiar.

6. Canto.

7. Evangelio: (Lc 2,42-52).

Jesús vivió en el hogar de Nazaret; el hacer vida de familia no le impide atender a las cosas de su Padre, Dios. La lección es clara: la vida de sumisión se ha de compaginar con la vocación propia; la realización personal ha de hallar cauce sin mengua del amor y vida de familia.

8. Homilía: *(ver página 132)*.

9. Oración de los fieles:

Presidente: Virgen María, a ti levantamos hoy nuestra súplica intercediendo por nuestras familias.

— Por la Iglesia de Cristo, para que viva unida como la gran familia de los hijos de Dios...

— Por todas las familias felices que han hecho de su hogar un espacio de amor y pacífica convivencia...

— Por los matrimonios que han visto roto su amor, para que encuentren la comprensión y la acogida que necesitan...

— Por todos nuestros ancianos, para que sean apreciados y estimados en el hogar y pasen serenos sus últimos años...

— Por todos nuestros pequeños, para que ninguno de ellos se vea privado del amor de un padre y una madre...

Presidente: Oh, Dios, aliento de vida, cuando el amor en la familia se nos vista de incomprensión, de congoja o desesperanza, haz que renazca en nosotros ese amor que es paciente, servicial, que no busca su interés, se alegra en la verdad, lo excusa todo, lo espera todo, lo soporta todo y no lleva cuenta del mal. Te lo pedimos por J. N. S.

10. Ofrenda simbólica:

Panel de cuerdas gordas, de distinto tamaño y color (expresa variedad y personalidad distinta de cada uno), arrancan de un nudo-núcleo común que simboliza al amor, del que se debe vivir y al que hay nutrir.

— *Hogaza de pan.*

El pan simboliza hoy el alimento que nutre a las personas para crecer y desarrollarse biológicamente.

La familia no es sólo un grupo de personas que comen y duermen bajo un mismo techo. Podría confundirse con una fonda.

Para desarrollarnos como familia necesitamos aportar todos a la mesa común otros panes: unión, comprensión, estima, fidelidad, perdón...

— *Panel de cuerdas.*

Este panel representa hoy a la familia. Cada uno es distinto. Cada uno tiene su personalidad propia, su vocación propia, su camino personal.

Pero todos arrancan de un mismo núcleo, de un vínculo unitivo *que es el amor* y que todos constituyen. Nadie puede hacer el desenganche. De ese amor participa cada uno y cada uno tiene el deber moral de cuidarlo y alimentarlo.

11. Renovación de las promesas matrimoniales y filiales:

(Después del Padrenuestro: un monitor).

Un día todos los matrimonios aquí presentes os comprometisteis ante la comunidad eclesial, familia de la fe, a manteneros fidelidad en el amor. Manifestasteis vuestro consentimiento para vivir la unidad que construye una vida. También esta noche, como familia de la fe y ante vuestros hijos os invitamos a renovar vuestras promesas matrimoniales.

— ¿Estáis dispuestos a seguir amándoos y respetándoos mutuamente durante toda la vida? *Sí, estamos dispuestos.*

— ¿Estáis dispuestos también hoy a prometeros fidelidad en las alegrías y en las penas, en la salud y en la enfermedad, en la escasez y en la abundancia? *Sí, estamos dispuestos.*

— ¿Estáis dispuestos a continuar y renovar la educación de vuestros hijos responsable y amorosamente, según Cristo y su Iglesia? *Sí, estamos dispuestos.*

También a vosotros los hijos queremos preguntaros por vuestra actitud hacia los padres:

— ¿Estáis dispuestos a secundar las indicaciones de los padres, cuando buscan vuestro bien?...

— ¿Estáis dispuestos a ayudar a vuestros padres a llevar con alegría la responsabilidad de su misión difícil?...

— Los padres avanzan en edad, van a necesitar de todo. ¿Estáis dispuestos a rodearlos de cariño en la última etapa de su vida?...

12. Credo de la familia:

Después de la Comunión. Se puede hacer como está o en forma de preguntas.

— Creemos en el amor que viene de Dios, limpio y desinteresado.

— Creemos en el amor que une al hombre y a la mujer en el sentimiento y la vida.

— Creemos en el amor humano que se proyecta mutuamente en el ser del hijo que nace.

— Creemos en la familia como lugar de convivencia de los corazones que se aman.

— Creemos que a estos amores hay que nacer cada día y que son tarea y compromiso constante del hombre.

— Creemos en el amor adolescente, que despierta tímido y expectante.

— Creemos en el amor de los novios, que madura limpio en la confianza y el conocimiento mutuos.

— Creemos en el amor sereno, sufrido y compartido de los esposos.

— Creemos que es posible vivir honradamente el amor en este mundo de hoy, y nos sentimos interpelados a la tarea constante de liberar también el amor de esclavitudes.

— Reconocemos que el amor que vivimos es con frecuencia una palabra vacía, un erotismo superficial. Nuestro amor se vuelve secreto, replegado, calculador, tenebroso y vivido de espaldas a Dios, pero creemos que es posible el hallazgo del amor limpio cuando existe la búsqueda de Ti, Señor, que eres el AMOR, con mayúsculas.

13. Compromiso:

Hacer esfuerzo por hacer felices al resto de la familia.

14. Oración final:

María: aceptaste ser Madre del Hijo de Dios en nuestra tierra
y cumpliste una tarea en el hogar de Nazaret.
Velaste con amor por tu familia y por tu casa,
acunaste y guiaste los pasos de Jesús niño,
acompañaste estremecida su desarrollo y crecimiento
y lo viste partir de casa a cumplir su plan.
Enséñanos a valorar y dignificar la vida de familia;
muéstranos el camino del diálogo y la comprensión
hasta sabernos perdonar por mantener el amor.
Contigo se lo pedimos a Dios por J. N. S.

15. Bendición de la familia:

— El Dios de todo consuelo conceda a todas nuestras familias la paz y os otorgue el don de su bendición. Amén.

— Que El os libre de todo peligro y afiance vuestros corazones en el amor. Amén.

— Para que enriquecidos por los dones de la Fe, la Esperanza
y la Caridad abundéis en buenas obras, haciendo de vuestras vidas un continuo diálogo lleno de confianza y de comprensión.
Amén.

Y la bendición de Dios todopoderoso, Padre, Hijo y Espíritu
Santo descienda sobre vosotros y os acompañe siempre. Amén.

HOMILIA: DIA SEPTIMO

Una familia como las demás

Como la inmensa mayoría de los hombres y mujeres, José y
María han desarrollado gran parte de su vida en un marco familiar. Aparentemente nada especial parecía distinguir a aquella familia de las restantes, y todo parece transcurrir en la más absoluta normalidad.

María vive en Nazaret. Su vida sería como la de todas las
jóvenes de su pueblo: cuidar la casa, acarrear el agua de la fuente
común, participar en las fiestas y en las oraciones del pueblo... Se
ajustaría al status que aquella época concedía a la mujer.

José procedía del sur, de Belén (Lc 2,4). Por entonces mucha
gente venía del sur buscando una vida mejor en el norte, en Galilea. José sería uno de ésos. Parece tener entre la gente fama de
honrado, el evangelio califica su persona de "hombre justo". Allí
se ha establecido como carpintero, profesión que goza de una real

estima y nos permite adivinar por ello un status social de clase media sin los agobios que conlleva el carecer de lo necesario.

Llevados del impulso natural, propios del hombre y de la mujer en su dimensión afectiva, han creído estar hechos el uno para el otro y deciden casarse. Ilusiones y esperanzas se acumularían ideando crear un hogar propio, recinto de su intimidad compartida.

Si bien es cierto que Dios invade la interioridad de aquellas personas con sus planes, nada externo parecía llamar la atención a los ojos de sus conciudadanos. Jesús ha encontrado en el marco familiar unos padres que han cultivado su sensibilidad. De ellos ha recibido el cariño primero, tan importante para la vida, las correcciones necesarias, las tradiciones religiosas para lograr de él todo un hombre según el modelo propio de su tiempo.

Familia, no tan feliz

Conociendo la calidad de las personas que componen aquella familia, fácilmente se nos ocurre pensar que los problemas brillaban por su ausencia. Nada más lejano a la realidad. Como personas en medio de la historia, se vieron sometidos a los avatares de la realidad circundante y a sus condicionamientos sociológicos y religiosos.

Tienen que superar, de entrada, un problema de integración personal, en medio de las habladurías del pueblo; José tiene que aceptar a María en la condición de madre soltera y a un hijo que no es suyo.

Pocos meses después se ven sorprendidos por un nacimiento —del Hijo de Dios— en condiciones que ninguna madre desearía para sí.

No les dejan disfrutar del recién nacido. Se busca al niño para matarlo. Y ahí los tenemos, fugitivos, emigrando a un país extraño, y con el futuro a la intemperie.

Jesús, llegado el momento, abandona la casa, dejando a su madre en un pueblo que nunca le aceptó como profeta. No entiende muchas de las actuaciones de su hijo, pero respeta su libertad adulta.

Finalmente, María asiste a la muerte trágica de su hijo que muere abandonado de todos, como el más despreciado de aquella tierra; por mucho Mesías que fuera, su paradero es una cruz humillante.

Hogar sí, pero no tan feliz. "Haremos muy bien en considerar a esta familia como compuesta por personas comprometidas en

133

una batalla por su fe, de personas que se enfrentaban valientemente con todas las dificultades, gracias a su completa sumisión a las disposiciones supremas de Dios" (Schillebeeckx).

No obstante, ninguna de las dificultades acaecidas, ni todas ellas juntas, lograron debilitar ni acabar con el amor que se profesaban, saliendo robustecido, si cabe, por afrontarlas en participación mutua.

Familia nuestra: no tan problemática

Si hemos de evitar el considerar a la Familia de Nazaret como un hogar colmado de felicidad, tampoco hemos de caer en la tentación de considerar a la familia actual únicamente como problema.

Hace mucho tiempo que se dijo: "Mientras no destruyamos esa institución burguesa que se llama familia, no se podrá dar una verdadera revolución" (C. Marx). Algunos se lo han tomado en serio y han puesto todo su empeño en lograrlo. En las dos últimas décadas la han colocado en el ciclón de todas las ideologías pretendiendo estrellarla contra las rocas. Hemos asistido a un sinnúmero de ataques premeditados que han llevado a los mejor intencionados a un mar de perplejidades sin saber cómo conjugar y desempeñar su autoridad de padres con los derechos y la libertad que reclaman los hijos.

Lo que ha sido un mero reajuste de la familia a las condiciones y exigencias de nuestro tiempo, tiempo caracterizado en todo por la crisis y el cambio, con la incomodidad que conlleva, nos lo han presentado culpando a la familia.

Por ello, las impaciencias de pasar de una familia autoritaria a una familia más democrática; de la familia tradicional a la familia moderna; de la hegemonía paterna a la paridad de derechos; del matrimonio religioso al matrimonio civil en los que carecen de fe; de la mujer únicamente considerada como esposa y madre, a la mujer ciudadana reconocida por su profesión; de familia procreadora a familia convencional con derecho a planificar el número de los hijos, han sido marcadas con tintes negativos.

Si a esto añadimos la confusión ofrecida acerca de cuestiones límite como el divorcio, el aborto, los anticonceptivos... se nos puede hacer pensar que la familia no sirve para otra cosa sino para crear problemas.

Nuestra familia hoy se ve envuelta en numerosas dificultades, que sólo el tesón y la fuerza del amor pueden llevar a buen partido. Pero hay un empeño reiterado, consistente en hacer ver que tales dificultades nacen precisamente de vivir en familia, considerando a ésta como un reducto inaceptable que crea desigualda-des, dominio de personas y privación de libertades.

Al aire de esta concepción se nos presenta a la familia como un infierno de continuadas luchas, por establecer el equilibrio de la autoridad, la paridad de derechos, la igualdad de sexos... Sólo se nos hace ver el despojo final de amores espinosos y matrimo-nios rotos. ¿Por qué no fijarse en ese mayor número de parejas que viven apaciblemente el matrimonio en el ámbito del hogar?

Felizmente, asentadas las aguas, hoy se levantan voces desde distintos campos del saber y de la creencia, que abogan por la conquista urgente de la verdadera familia, si queremos atajar mu-chos de los males que aquejan a nuestra sociedad y que tienen su primer remedio en el seno de la familia.

En efecto, ningún otro ambiente más adecuado, por los lazos de afecto que crea la sangre, como la familia, para constituirse en caldo de cultivo de los valores básicos que nos sitúan después en la sociedad como personas responsables. No en vano, el último congreso internacional sobre la familia tenía como slogan de con-vocatoria "La familia ante todo, por encima de las ideologías".

Verla más bien como solución

Más que hablar de la familia como problema, deberíamos ha-blar de la familia como solución y considerarla hoy más necesaria que nunca por los presupuestos de la actual sociedad.

— En una sociedad deshumanizada, donde con frecuencia la persona, no es sino una cosa que pasa a nuestro lado, un ser anónimo perdido en la multitud, la familia es el recinto donde se nos acoge con nuestro nombre propio y recibimos una valoración personal.

— Frente a la agresividad y competencia que caracteriza las relaciones humanas, la familia es el espacio que queda para la acogida apacible y la palabra sincera.

Más que un canto fúnebre deberíamos levantar la copa y en-tonar un brindis por ese espacio del hogar que llamamos familia:

— Un brindis por esos padres que hacen del amor una dona-ción mutua —haciendo de sí mismos una sola carne— y una en-trega generosa y sacrificada al cuidado de los hijos, nunca exento de preocupaciones constantes.

— Un brindis por los niños, síntesis viva e inseparable del padre y de la madre, reflejo viviente de su amor, primavera de la vida y futuro de la historia.

135

— Un brindis igualmente por los ancianos, doblados por el peso de los años como árboles cargados de frutos, que lejos de ser apartados de la familia o soportados como peso inútil, son en medio del hogar testigos necesarios del pasado, inspiradores de sabiduría para los jóvenes.

Sí. Tenemos más motivos para cantar que para llorar a la familia.

Verdad que nuestra familia, como la de Nazaret, no estará exenta de las dificultades, pero se irán solucionando en la medida en que aparece asumiendo cada uno sus propias responsabilidades.

No quisiera tampoco, al volver la vista a la familia de Nazaret, que la considerásemos como un trío de personas, que vive para sí, encerrada en las cuatro paredes, buscando su propia felicidad, ajena a los problemas del mundo.

Más bien ha sido una plataforma de lanzamiento al servicio de los hombres. Jesús deja hasta físicamente la casa, empeñado en recuperar al hombre para sí mismo. María vive su maternidad como un servicio a todos los hombres. Se solidariza con el necesitado en el gesto de ayuda a su prima Isabel, hace lo que puede en las bodas de Caná y sale en defensa de los más pobres en su canto del Magníficat... Detalles que reflejan la preocupación por los demás.

Es preciso reavivar el espíritu de familia que aún permanece entre vosotros. Que lejos de intranquilizaros por un ambiente que ve en ella a un enfermo desahuciado o a un criadero de traumas os esforcéis por mantener:

— Actitudes de comunión, frente a la fría y despersonalizada relación que padece nuestra sociedad. Que la palabra recupere la calificación de "verdadera" llegando a "decirnos", no sólo decir cosas.

— Actitudes de reciprocidad de servicio en todos los componentes. Es esta la actitud que sube el termómetro a la altura de lo que nos queremos y valoramos en la casa.

— Actitud de disponibilidad constante a la comprensión, a la tolerancia y al perdón para recuperar el desgaste en el amor que toda convivencia continuada conlleva, porque todos somos débiles.

Para perdurar como familia viva necesitamos todos aportar a la mesa común de nuestras relaciones, los panes de la unión, la comprensión, la estima, la fidelidad y el necesario perdón. Cada uno es distinto en la familia, cada uno tiene su personalidad propia, su vocación propia, su camino personal, pero todo arranca de ese vínculo unitivo, *que es el amor,* y que nos engarza en familia. Nadie puede hacer el desenganche. De ese amor participa cada uno y tiene el deber moral de cuidarlo y alimentarlo.

La familia entonces será vista no tanto como problema sino como una solución en nuestro tiempo. Que todos, dentro de ella, hagamos el esfuerzo necesario para hacer felices a los demás.

8
MARIA: ANUNCIO DE EVANGELIO

"Id y haced discípulos de todas las naciones"

1. Introducción:

Hay cosas cuyo valor estriba no tanto en lo que son sino en lo que se puede hacer con ellas. Una caja de acuarelas no es sino el medio para la capacidad de un artista. Todo consiste en poner en juego sus posibilidades.

Lo mismo que la levadura fermenta toda la masa, la luz deshace la tiniebla hasta donde llega su fuerza, o unas gotas de vinagre hacen tomar sabor a todo el vaso de agua, el Evangelio tiene la capacidad de transformar a la persona y a la sociedad si sabemos ponerlo en marcha. A esta puesta en marcha la llamamos dinamismo misionero.

Guardar el Evangelio en la caja de las esencias es matar su fuerza y privarle de su eficacia y carácter expansivo.

2. Canto.

3. Saludo del celebrante y acto penitencial:

Que la Gracia de Dios, nuestro Padre, que envió a su Hijo para darnos a conocer la Buena Nueva de nuestra salvación, esté con todos vosotros...

— Por nuestra fe, a veces egoísta e individual, *Perdón, Señor, perdón.*

— Por conocerla y ocultarla bajo el celemín, *Perdón, Señor, perdón.*

— Por vivirla en la comodidad y pocas veces en el esfuerzo, *Perdón, Señor, perdón.*

4. Oración:

Oh, Dios, que has querido que todos los hombres se salven y lleguen al conocimiento de tu verdad y nos has mandado ir por el mundo, dando a conocer tu evangelio. Llénanos de convencimiento para cumplir fielmente tu deseo. Por J. N. S.

5. Lectura primera: (Mat 9,35-38).

Jesús es un ejemplo de que no basta conocer el Evangelio, sino que es preciso ponernos en camino para darlo a conocer.

6. Canto.

7. Evangelio: (Mt 28,16-20).

Jesús, con autoridad y firmeza, envía a sus discípulos, aunque estén llenos de dudas, a enseñar cuanto El ha mandado.

8. Homilía: *(ver página 140).*

9. Oración de los fieles:

Presidente: Hagamos nuestro el mandato de Jesús y roguemos al Dueño de la mies que envíe obreros a su mies.

— Para que Dios suscite vocaciones expresamente dedicadas a proclamar el Evangelio de Jesús...

— Para que en cada uno de los miembros de la Iglesia se encuentre la luz, la sal y la levadura del Reino de Dios...

— Para que la dimensión de la fe no la encerremos en el trayecto que va de la Iglesia a casa y de ésta a la Iglesia, sino que la expresemos en el conjunto de la vida...

— Para que no haya espacio para el desaliento en aquellos que trabajan para Dios en medio de dificultades...

— Para apreciar nuestro conocimiento de Dios y del Evangelio como un tesoro que nos ha caído en suerte...

Presidente: Escucha, Señor, nuestras plegarias y haznos instrumentos dóciles de tu Evangelio. Por J. N. S.

10. Ofrenda simbólica:
Lámpara encendida. Sal. Levadura.

— *Lámpara encendida.*
Hace más por la luz el que enciende una cerilla que el que se lamenta continuamente de la tiniebla. Jesús nos manda ser luz por las obras que otros ven. Por ellas nos reconocerán como dis-

cípulos suyos. *(Levantando la luz).* ¡*Alumbren así vuestras obras en medio de los hombres!*

— *Sal.*

La sal condimenta. Conserva. Da sabor... ¡Vosotros sois la sal de la tierra! Nos toca dar sabor de Evangelio a toda la vida, y en todas las circunstancias.

— *Levadura.*

Representa el carácter expansivo del Evangelio, para que llegue a todo hombre. Nuestras manos, corazón e inteligencia son el medio con el que Dios cuenta. Sólo un convencido puede dar extensión al Reino de Dios.

11. Acción de gracias.

12. Compromiso:

Dar a conocer a los hijos el Evangelio. Dedicar tiempo... Preocupación por la catequesis, y que vean signos externos de nuestra religiosidad en casa.

13. Oración final:

Virgen María, portadora de Dios en tu seno y anuncio del mismo a través de tu vida. Fuiste lámpara encendida para alumbrar el camino del hombre, y sal de la tierra para dar a la vida el sabor de tu Dios. Sé nuestra ayuda para dar testimonio de Jesús en nuestro ambiente. Te lo pedimos por J. N. S.

HOMILIA: DIA OCTAVO

No podía pasarnos por alto el reflexionar sobre el carácter evangelizador de nuestra fe.

Si María ha sido y es modelo de tantas actitudes como hemos visto, también en ésta es modelo a imitar. Apenas ha concebido, se convierte en anuncio de la Buena Noticia y se apresura a comunicárselo a Isabel. Está dando la noticia saludable de que Dios está ya entre nosotros, lo está dando a conocer, incluso antes de haber nacido.

No hay mejor anuncio del evangelio que ser uno mismo transparencia y reflejo de Dios en la propia vida y María ha sabido serlo en todo momento, haciendo Reino de Dios con sus palabras y con su vida.

Las anti-parábolas

Conocemos una serie de parábolas que a nadie de nosotros se nos ocurriría contar así:

"El Reino de los cielos se parece al grano de mostaza que un hombre sembró en su campo. Es la más pequeña de las semillas y apenas crece, para nada sirve, ni siquiera para que los pájaros vengan a posarse en ella..."

"El Reino de los cielos se parece a la levadura que una mujer metió entre un poquito de masa y que no sirvió para fermentarla..."

"El Reino de los cielos se parece a un tesoro escondido en el campo; si un hombre lo encuentra, lo vuelve a esconder y ya no se preocupa más de él..."

"Se parece también a un comerciante en perlas finas que al encontrar una perla de gran valor, ni se preocupa de comprarla"

No, a nadie de nosotros se nos ocurriría contarlo así.

Pero puede ser que a muchos de nosotros se nos ocurra vivirlo así. Un Reino de Dios, pequeño, ruin, encerrado en nuestro propio corazón y en lugar de tener esa *fuerza expansiva* que reflejan las parábolas reales del evangelio, sea en nosotros, *una semilla* que no brota, una *levadura* que no fermenta la masa, un *tesoro* que no interesa, una *sal* desvirtuada o una *luz* oculta bajo el celemín.

Id por todo el mundo

Las palabras de Jesús se nos adelantan con un imperativo tajante: "Id por todo el mundo y haced discípulos de todas las naciones... —y una añadidura consoladora— mirad que yo estoy con vosotros hasta el fin del mundo" (Mt 28,19-20).

Estas palabras niegan toda pasividad y prohíben encerrar el evangelio en nuestra propia interioridad, haciendo de él un tesoro permanentemente escondido que en nada reditúa. Dios quiere valerse de nuestro corazón, nuestra inteligencia y nuestras manos, para que lo que Cristo obró una vez por todas en orden a la salvación, alcance su efecto en el curso de los tiempos. Nos convertimos así en instrumentos del Espíritu Santo para dar a conocer la salvación de Cristo.

No podemos convertir nuestra fe en un pozo bien guardado en medio de una finca de secano, del que no sacamos el agua para que corra y fertilice el campo cuando tanta necesidad tiene de ella.

Se nos invita como a Pedro a "echar las redes", es decir, a

proclamar el mensaje de Jesús, a ser testigos de su presencia en el mundo, de su paso constante por la historia. Y en ese dinamismo expansivo de comunicar lo que vivimos, descubrimos a Dios mientras hablamos de El, lo reconocemos mientras lo damos a conocer y hacemos Reino de Dios.

La experiencia de un convencido

¡Qué bien entendió san Pablo la urgencia del Evangelio! cuando exclama: "Ay de mí si no evangelizare". Es todo un convencimiento. Pablo ha logrado entender el misterio de Cristo, más aún, ha experimentado la salvación como un revulsivo de su vida. Primero conoce a Jesús, la importancia de su mensaje para el hombre y le presta la adhesión de su persona hasta tal punto de exclamar: ¡Mi vivir es Cristo!

Y desde la vivencia de Cristo le nace la urgencia de evangelizar, es un imperativo que le nace desde dentro. Para Pablo la fe en Jesús se ha convertido en ese tesoro escondido, que una vez encontrado y valorando lo que significa le llena de un gozo incontenible que no cabe en sí mismo y corre a comunicarlo a los demás para que nadie se vea privado de él. Vive el evangelio como una Buena Noticia que no puede ser silenciada, para que nadie se la pierda.

Compartir a Jesús con todos los hombres: eso es ser iglesia y ser misión. Porque ya no solamente "los cielos proclaman la gloria de Dios". Tenemos que proclamarla también nosotros. Somos enviados a dar la Buena Noticia que conocemos.

Porque como dice san Pablo: "¿Cómo invocarán a aquel en quien no han creído?... Y ¿cómo creerán sin haber oído hablar de El?... Y ¿cómo oirán si nadie les predica?... Y ¿quién les predicará si no son enviados?...

Tendremos que comenzar por decir de algún modo que Jesús existe. Proclamar que Dios es Padre y nos ama... y realizar la gran tarea: dejar que Dios demuestre a través de nuestras vidas el amor que tiene a todos.

El "Id y proclamad..." se le hace tan propio y natural a Pablo y a la primera comunidad cristiana, como al pez el agua.

La otra experiencia nuestra

Podemos hacer un traslado a nosotros mismos como creyentes y preguntarnos: ¿Somos cada uno de nosotros anuncio de evangelio en el reducido círculo de nuestro ambiente?

¿Experimentamos el don de la fe, el conocimiento de Jesús

como una Buena Noticia que nos arrastra y nos seduce y la vivimos como un bien para el hombre sintiendo la necesidad interna de proclamarla?

Allí donde existe algo que se vive e ilusiona se transmite. Allí donde vive un cristiano convencido se nota, porque irradia calor cristiano como una estufa, que donde arde, calienta.

¿Por qué estará tan frío de evangelio nuestro mundo?

¿Por qué la Buena Noticia no corre contagiando?

¿Acaso será porque nos falta fe a los cristianos y sobre todo convencimiento?

Evangelizar: tarea de todos

Esta llamada de Jesús a anunciar su evangelio es para todos los *Bautizados*. A través de nosotros, Dios quiere hacer su camino de hombre en hombre.

> "Y como lo propio del estado seglar es vivir en medio del mundo y de los negocios temporales, Dios llama a los seglares, a que con el fervor del Espíritu cristiano, ejerzan su apostolado en el mundo a la manera de fermento" (Dcto. *Apostolicam Actuositatem*).

No importa que la masa se resista y hasta rechace el aceptar la levadura de Cristo, porque implica una transformación y unos caminos distintos, un paso de hombres viejos al "hombre nuevo" reclamado por el Evangelio, y no todo el mundo estará dispuesto a modelar su vida al estilo de Jesús.

Pero no hemos de ser cobardes en el empeño; y no lo seremos si partimos del convencimiento de que anunciar el evangelio para acomodar la vida a sus exigencias es la mejor aportación y el mejor bien que podemos hacer al hombre.

Creo que nosotros mismos estamos faltos de fe en este proyecto de Dios para el hombre que refleja el Evangelio. Quizás por las presiones externas nos hemos venido abajo y guardamos un excesivo silencio de Dios en nuestra vida, no aparece con frecuencia en nuestras conversaciones, como si la hubiésemos desterrado lejos de nosotros.

Tenemos con frecuencia reparo en aparecer como cristianos y hacer oír nuestra voz por temor a que nos señalen con el dedo como hombres que pertenecen a otra época y no siguen el tren y el ritmo de los tiempos actuales.

(Cristiano = conservador. "Al que me niegue delante de los hombres, le negaré delante de mi Padre").

Me figuro nuestra actitud semejante a la de Pedro en el lago cuando Jesús le dice: "Pedro, echa las redes". Y Pedro, conocedor del lago y avezado en las artes de la pesca, sabiendo que los peces se pescan mejor de noche, responde: Pero Señor, si he estado pescando toda la noche y no he cogido nada, a qué voy a perder de nuevo el tiempo ahora. Nosotros le hubiéramos dicho: si estamos en un mundo que no tiene interés por seguirte, a qué vamos a perder el tiempo.

Y Jesús continuó: Pedro, ten más fe en mí y vuelve a echar las redes. Ahí van, en tu nombre. ¡Y la barca se llenó!

Jesús nos da a entender, que a nosotros nos toca sólo echar las redes, nos toca a todos, y la pesca depende solamente de El. Pero hay que echar la red de nuestro testimonio.

Para algunos tarea exclusiva

Esta llamada general de todo bautizado, se concretiza de forma particular en algunas personas, por pura iniciativa de Dios en lo que llamamos vocación sacerdotal o religiosa. Personas dedicadas de forma exclusiva a ser evangelizadores a pleno tiempo, desprendidos de otras preocupaciones legítimas, para tener las alas libres y dedicarse en vida a la causa de Cristo. Pero que de ninguna manera suplen a nadie en la tarea.

Jesús nos mandó orar al dueño de la mies para que enviara obreros...

Virgen María, pídele hoy con nosotros que los que ya estamos trabajando en su viña seamos instrumentos idóneos para su causa y que nos envíe los que El juzgue necesarios...

Tú, que te fiaste de Dios y comprendiste mejor que nadie el don de la fe, que recibiste a Jesús en tu seno y lo anunciaste presurosa al mundo, suscita en nosotros el mismo espíritu misionero.

Danos la valentía de "saber echar las redes" en nuestro mundo y ser levadura que fermenta y contagia.

Tú supiste ser en cada momento anuncio de evangelio porque eras transparencia de Dios en tu propia vida. Haz que de nosotros puedan decir no sólo que conocemos el evangelio, porque lo hemos leído, sino que somos evangelio vivo porque nuestras palabras, nuestros hechos y nuestras actitudes son las propias del que se decide por Jesús.

9
SÍNTESIS
PARA UNA FIESTA

"Ahí tienes a tu Madre"

1. Los pintores a lo largo de los siglos te han pintado con traje de fiesta, coronada de estrellas, con rostro agraciado y manos finas... Y aunque sabemos que te parecerías más bien a cualquier mujer aldeana de nuestro tiempo, *han querido mostrar la última etapa de tu vida, de glorificada por Dios,* como un reflejo de lo que eras por dentro.

2. Tenían motivos porque en ti se dan cita todos los privilegios con que te colmó el Señor. Te escogió para sí y te hizo *Inmaculada, "Llena de Gracia",* constituyéndote en criatura singular, única e irrepetible en la raza humana.
   Nos gozamos hoy en tus privilegios, nos vestimos contigo de fiesta, y acudimos a tu casa al sabernos tus hijos, hijos de una Madre dispuesta siempre a ser nuestra ayuda y socorro.

3. *Y aunque llena de privilegios* —vaciada por tu parte de obstáculos para que Dios te cupiera entero—. *Bendecida del Señor,* has sido una mujer con los pies en la tierra, *te has hecho cercana y humana,* has pasado tus días bajo *la prueba del dolor y la incertidumbre,* como si fueras hecha del mismo barro.

4. Tú te levantas como *modelo perfecto de santidad,* porque desbordas de salud, *como manzana que no horadó el gusano,* como un *amanecer* para la "tierra nueva", como el *cofre sellado de las mejores esperanzas,* como *presagio de un final feliz.* En Ti podemos ver "la causa de nuestra alegría". *Porque si santidad es llegar hasta donde Dios llama,* tú siempre tuviste la respuesta a tiempo.
   No has hecho milagros. Nadie cuenta maravillas prodigiosas. Es en la sencillez *de cada día...* como te has hecho *molde exacto.* Para lo que Dios quería... Y barriendo, tomando el

sol con los vecinos, acudiendo al templo a orar, *acudiendo* de invitada a la boda, llevando el trabajo de la casa... *has encontrado tu talla de santidad.*

Porque la santidad no está tanto en *el verbo:* rezar, trabajar, comulgar, estudiar... cuando en el *adverbio:* bien, lo mejor posible, con mucho amor.

5. Tú sabías en medio del *ajetreo de la vida, poner silencio en tu vida* para *escuchar* y *acoger con fe* la Palabra de Dios que hasta tí llegaba. Sin recortes ni condiciones. Tú abrías a Dios tu persona entera, *como un campo abierto* para que Dios descargase la lluvia o la sequía, la dicha o el martirio. *Tú siempre disponible.*

Tú, Virgen María, llevaste la *marcha de la Fe hasta* el final... deshojando la margarita del misterio a medida que las cosas suceden. *Sabes que la Fe no es ver sino fiarse* y tu adhesión a Dios estaba clara... aunque se acumularan en ti muchas incertidumbres confiabas en el Dios que lo puede todo.

Tú has sido para nosotros el ejemplo de *una fidelidad* inquebrantable. *Pasaste al pie de la cruz toda la vida,* como centinela de la lealtad, dándonos una elección de elegancia frente al sufrimiento mostrándonos una *fidelidad a toda prueba.* Podríamos seguir admirando tantos ejemplos a imitar...

Tú te constituyes en la *mejor maestra de nuestra espiritualidad.* En ti se consolida el difícil ascenso de un pueblo hacia lo alto en el que tú marchas la primera, extendiéndonos la mano.

Déjanos hoy cantar toda *tu grandeza,* aunque tú te consideraste poca cosa..., y *gozarnos en tu presencia.* Deja que hoy brote nuestro júbilo al sabernos con una madre como tú, y llenos de confianza te expresemos nuestras inquietudes.

6. Tú que has sido madre, y *sabes de los problemas de un hogar,* bendice nuestras familias, para que sean, *la mejor escuela* de humanidad, el *mejor abrigo* contra el desamor y *el hospital mejor* equipado para curar las heridas de la soledad.

Eres también madre de la Iglesia. Tú sostuviste la fe de la primera Iglesia con tu oración y tu testimonio en los momentos de la prueba. Mira a tus cristianos en estos tiempos de relevo y danos la firmeza de mantener la fidelidad como tú supiste hacerlo.

Virgen María: bendice de forma especial *a tus devotos,* que estos días han querido aprender desde ti la *fidelidad a tu*

Hijo. Mirarte a ti ha sido encontrar un modelo perfecto del seguimiento de Jesús.

Virgen María: Sé la intercesora para todos nosotros, bendícenos hoy y siempre, llénanos de tu gracia plena y, sobre todo, condúcenos a Cristo y con eso nos basta.

UN PEREGRINAR CON SANTA MARIA VIRGEN. ITINERARIO PARA NUEVE DIAS

JOSE MIGUEL DE HARO

1. *María, una mujer del Nuevo Testamento.*
2. *María acoge al Espíritu Santo.*
3. *María y el espíritu de infancia.*
4. *María grita: ¡Magníficat!*
5. *María colabora en la redención.*
6. *María vive de la fe.*
7. *María realiza el misterio de la intercesión.*
8. *María, refugio de los que pecamos.*
9. *María, Perpetuo Socorro nuestro.*

¿POR QUE UNA NOVENA?

— *Porque es necesario preparar toda celebración.*
— *Porque necesitamos profundizar nuestra fe.*
— *Porque es una manera de prolongar la fiesta.*
— *Porque es una catequesis hecha oración.*
— *Porque es una peregrinación que nos ayuda a sostener ese otro peregrinar que dura toda la vida.*
— *Porque a través de unos pequeños símbolos toda la comunidad eclesial se une y mira hacia el futuro, en comunión con quienes les precedieron en la fe.*

1
MARIA, UNA MUJER DEL NUEVO TESTAMENTO

1. Introducción:

Iniciamos esta peregrinación como pueblo de Dios. Durante nueve días vamos a ser convocados para escuchar la Palabra, revisar nuestra fe y celebrar a Santa María Virgen. Como tantas otras generaciones vamos a proclamar que ella es bendita en nuestra comunidad. A través de uno de los textos más antiguos que hablan de la madre de Jesús, contemplemos a la Virgen como la mujer del Nuevo Testamento.

2. Canto de Entrada: Estrella y camino: C.L.N. 316.

3. Acto penitencial:

— Porque no terminamos de aceptar tu Evangelio como el comienzo del Tiempo Nuevo, *Señor, ten piedad.*
— Por acostumbrarnos a hablar de tu palabra sin vivir lo que hemos comprendido, *Cristo, ten piedad.*
— Por las veces que no hemos acogido el don que nos haces en Santa María Virgen, *Señor, ten piedad.*

4. Monición a las lecturas:

Santa María forma parte de ese momento cumbre en el cual Dios se hace uno de los nuestros para ofrecernos su Reino de salud, de vida que no termina jamás, de salvación para todos.

5. Primera lectura: Gálatas 4,1-6.

Digo, pues, que, mientras el heredero es menor de edad, en nada se distingue de un esclavo. Cierto que es dueño de todo, pero tiene que estar sometido a tutores y administradores hasta el momento fijado por el padre. Lo mismo sucede con nosotros: durante nuestra minoría de edad nos han esclavizado las realidades terrenas más elementales. Pero, al llegar el momento cumbre de la historia, Dios envió a su Hijo, nacido de mujer, nacido bajo el régimen de la Ley, para liberarnos del yugo de la Ley y alcanzarnos la condición de hijos adoptivos de Dios.

Y prueba de que sois hijos es que Dios ha enviado el Espíritu de su Hijo a vuestros corazones; y el Espíritu clama: "¡Padre!" (Gál 4,1-6).

6. Salmo Interleccional:

Oh, Dios, tú eres mi Dios, por ti madrugo,
mi alma está sedienta de ti;
mi carne tiene ansia de ti,
como tierra reseca, agostada, sin agua.
Canto...
Tu gracia vale más que la vida,
te alabarán mis labios.
Toda mi vida te bendeciré
y alzaré las manos invocándote.
Canto...
Velando medito en ti
porque fuiste mi auxilio,
y a la sombra de tus alas canto con júbilo.
Canto...

Como antífona de respuesta al salmo se puede cantar: "Cantad al Señor un cántico nuevo, porque ha hecho obras grandes por mí": C.L.N. D-8.

7. Evangelio: Marcos 1,14-15.

Después que Juan fue encarcelado, Jesús se dirigió a Galilea, a predicar la buena noticia del Reino de Dios. Decía:
—El tiempo ha llegado y el Reino de Dios ya está cerca. Convertíos y creed en el mensaje de salvación.

8. Reflexión:

— "El mundo se ha hecho mayor", pasó la minoría de edad. Al celebrar a Santa María Virgen celebramos que ha sido realizada la tensión esperanzada de las mujeres y hombres del Antiguo Testamento. Jesús, el Cristo, es un "nacido de mujer". María hace posible esta mayoría de edad. Ella nos permite saludar los tiempos nuevos reconociendo que el Señor ha mirado nuestra pequeñez. Y se encarna en una mujer para dar al mundo libertad, su Espíritu.

— Entre el Antiguo y el Nuevo Testamento hay una tensión de vida, una expectación llena de esperanza. Toda la pedagogía de Dios se apoya en una Alianza constantemente renovada. Dios espera que el hombre le entregue su confianza. El hombre experimenta el brazo de Dios en su acontecer diario. Algunos hitos de esta "espera" expresan esa tensión que empuja hacia el Nuevo Testamento:

- el "sal de tu tierra" dicho a Abraham;
- los cuarenta años por el desierto;
- el envío de los profetas;
- el pecado de la monarquía como negación de esta tensión a cambio de un totalitarismo político y utilitario.

— Si alguna palabra define al Antiguo Testamento es "peregrinación", "Exodo". Los hombres y mujeres que precedieron a Cristo siempre fueron invitados a "salir de sí". A vivir una itinerancia, un provisional. Desde Abraham y Sara hasta Juan el Bautista y María la de Nazaret.

— María rompe la estrechez de la Ley atreviéndose a esperar lo insospechado con una fe extrema: acoger a Dios en su cuerpo humano. Ella abre las puertas al tiempo en el cual Dios ya no es sólo espíritu, ni sólo divinidad. Ahora Dios será el Enmanuel que brota de la tierra porque los cielos llueven su justicia. Porque Dios franquea las puertas de la historia humana a través de un ser casi insignificante. Una mujer que no perdió la esperanza, ni la confundió.

— Por esta acogida a lo insospechado de Dios, María se hace una mujer del Nuevo Testamento. Es la primera que experimenta a Dios con carne humana. Y así, en eso que podría parecer una presunción sin límites, María da de su vida a Dios. Y hace posible un alumbramiento que iluminará la historia. Ella, cuyo nombre ni es citado en la carta de los Gálatas.

— María es una mujer del Nuevo Testamento, porque ha sabido hacer esa peregrinación de fe que lleva de la espera del pueblo de Israel, al seguimiento radical de Jesucristo. Su éxodo más profundo es vivir de la fe en Jesucristo. Y en esa actitud se mira la Iglesia naciente para comprenderse a sí misma.

— María ha comprendido que Dios quiere que su pueblo camine, confíe y viva una espera que se revela en el acontecer humano como su presencia gratuita. Por esto María sale cada día con su plato de pobre ante Dios porque como el maná, no puede acumularse. Y es colmada. Por eso en María termina el peregrinar de un pueblo concreto y empieza la peregrinación de toda la familia humana. María, la Nazarena, abre las puertas del Nuevo Testamento, de la Buena Noticia.

— Acercarse a María es vivir una "Anunciación", dejar que Dios se nos revele dentro del tiempo como plenitud. María nos muestra lo que Jesús anuncia: el tiempo ha llegado a su madurez, el reino está aquí.

— La Iglesia naciente nos ha transmitido esta imagen de María como mujer que acoge el misterio del Evangelio. Por eso todas las generaciones nos preguntamos, ¿quién es esta mujer hasta el extremo tan pobre? Y toda la historia de la Iglesia contesta: "Es la primera creyente del Nuevo Testamento". Con ella llega la novedad salvadora de Cristo.

— María, abriéndose al Nuevo Testamento, hace posible:
● la venida del Hijo que entrega el Espíritu y abre el Reino,
● y por el Espíritu la historia queda grávida de Dios.

— El proceso vivido por María lo rehacemos hoy todos los creyentes al acoger la fe como una buena noticia, una apertura del tiempo nuevo.

9. Gesto de paz:

Al dar la paz los responsables de la parroquia (catequistas, consejo parroquial, grupos, sacerdotes, etc.) podrían repartirse por el templo entregando "granos de mostaza".

El inicio de nuestra fe es como un grano de mostaza. Acojamos con la paz esta semilla de vida. Dios se compromete con nosotros a darle crecimiento para que cada día estrenemos nuestra fe, para que cada día acojamos el Reino que es conversión.

10. Intercesiones:

— Por todas las personas que quieren mantener nuestro mundo en la minoría de edad, para que como María sean capaces de acoger los tiempos nuevos. Roguemos al Señor.

— Por las personas que no conocen la Palabra de Dios para que se dejen fecundar por su Espíritu que es libertad.

— Por quienes se han detenido en su vida, por los que han sido paralizados y por los que no saben qué camino tomar, para que como la Virgen den su confianza a Dios.

— Por los creyentes que viven su fe como un peregrinar hacia el Reino para que hagan posible una fe dinámica en el corazón de las comunidades.

— Oremos por los que todo lo esperan de Dios, para que los creyentes no frustremos esa esperanza.

Presidente: Jesucristo,
tú que nacido de una mujer nueva
anuncias el tiempo de gracia,
danos, como a María,
peregrinar por ti
a través de toda nuestra vida. Por J. N. S.

2
MARIA ACOGE
AL ESPIRITU SANTO

1. Introducción:

Esta tarde vemos a Santa María dejándose hacer por el Espíritu de santidad. Deja que se cumpla en ella lo que había dicho el Señor y Dios la llama la "llena de gracia". Alegrémonos porque María es un prototipo de la Iglesia y en ella cada uno de nosotros somos benditos.

2. Canto de Entrada: Hija de Sión, de L. Deiss.

3. Acto penitencial:

— Porque tenemos miedo a relacionarnos con Dios personalmente, *Señor, ten piedad.*
— Por no acoger tu Espíritu de Santidad, *Cristo, ten piedad.*
— Perdónanos, Señor, porque muchas veces en nuestra vida de creyentes ha destacado más el tedio que tu alegría, *Señor, ten piedad.*

4. Monición a las lecturas:

Todo el proceso creyente de María se inicia en el Espíritu, que es la vida de la primera comunidad y de la Iglesia de hoy, por eso ella dialoga con Dios y se atreve a preguntarle cómo será posible tanta bendición en su vida.

5. Primera lectura: Isaías 11,1-3.

Saldrá un renuevo del tocón de Jesé
y de su raíz brotará un vástago.
Sobre él se posará el espíritu del Señor:
espíritu de prudencia y sabiduría,
espíritu de consejo y valentía,
espíritu de ciencia y temor del Señor.
No juzgará por apariencias.

6. Salmo Interleccional: 103 (104).

Bendice, alma mía, al Señor,
Dios mío, ¡qué grande eres!
Te vistes de belleza y majestad,
la luz te envuelve como un manto.
Canto...
De los manantiales sacas los ríos
para que fluyan entre montes;
en ellos beben las fieras del campo;
habitan las aves del cielo
y entre las frondas se oye su canto.
Canto...
Gloria a Dios para siempre,
goce el Señor con sus obras.
Cantaré al Señor mientras viva,
tocaré para mi Dios
mientras exista.

Como antífona de respuesta al Salmo se puede cantar: Santa María del Amén, en C.L.N. 312.

7. Evangelio: Lucas 1,26-25.

Al sexto mes, Dios envió al ángel Gabriel a Nazaret, un pueblo de Galilea, a visitar a una joven virgen llamada María, que estaba comprometida en matrimonio con José, el cual era descendiente del rey David. El ángel entró en el lugar donde estaba María y le dijo:

—Alégrate, la más favorecida de Dios. El Señor está contigo.

María se quedó perpleja al oír estas palabras, preguntándose qué significaría aquel saludo. Pero el ángel le dijo:

— No tengas miedo, María. Tú has hallado gracia a los ojos de Dios. Vas a quedar embarazada, y darás a luz un hijo, al cual pondrás por nombre Jesús. El será grande, será Hijo del Altísimo. Dios, el Señor, le entregará el trono de su antepasado David y reinará eternamente sobre la casa de Jacob. Su reino no tendrá fin.

María contestó al ángel:

—Yo no tengo relaciones conyugales con nadie; ¿cómo, pues, podrá sucederme esto?

El ángel le dijo:

— El Espíritu Santo vendrá sobre ti y el poder del Dios altísimo te envolverá. Por eso, el niño que ha de nacer será santo, será Hijo de Dios. Mira, si no, a Isabel, tu parienta: también ella va a tener un hijo, a pesar de que es una anciana. Ella, a la que llamaban estéril, está ya de seis meses. Y es que para Dios no hay nada imposible.

María dijo:

—Yo soy la esclava del Señor. Que él haga conmigo como dices.

8. Reflexión:

— En la mentalidad bíblica el Espíritu es el responsable de la vida, su fuente y su origen. Es la creación en el Génesis. El ánimo y aliento en los Patriarcas. Unge a los reyes. Es fuego y pasión en los profetas. Y la llegada del Espíritu señala para ellos la plenitud del tiempo. El Espíritu anuncia la llegada del reino mesiánico.

María abre el tiempo del Espíritu con su acogida. Todo el proceso creyente de María tiene su origen en el Espíritu.

— María no sólo destaca como la primera creyente del Nuevo Testamento sino que es la primera entre los hermanos que acoge al Espíritu Santo. Y al acogerlo se hace portadora de vida para la Iglesia. Todos los creyentes comprendemos esto mirando a Pentecostés, noche del poder de Dios para toda la comunidad. María está en el origen de Pentecostés con un sí a la vida de Dios en el cual se ilumina y arranca el peregrinar de toda la Iglesia.

— Acoger el Espíritu como lo hace María es dejarlo intervenir en nuestra vida personal. Desde la acogida de María no existe el adentro y el afuera. Todo es unidad. El ser humano se unifica en Dios. Es una misma la actitud de la acción y la contemplación. La integridad del corazón nos permite esa unidad hecha don en el Espíritu de Santidad.

— Es como si la Iglesia viera en esa acogida, la realización histórica de aquella oración de Cristo: "que el amor con que tú me has amado esté en ellos y yo en ellos" (Jn 17,26).

Este deseo de Jesús expresa lo que la Iglesia entiende por acoger al Espíritu.

El ser humano y Dios se encuentran en el Espíritu. Y la historia de cada día hace de diálogo para decirnos si ese encuentro es o no verdadero. Si está o no fecundado por una comunión de vida.

— Esto lo comprendemos contemplando a Santa María Virgen. En ella vemos que Dios ha decidido intervenir en la historia, concediéndole una vocación que se expresa en una misión.

Es cierto que sin Jesús, María no tiene sentido. Pero antes de que apareciese Jesús, María vive esa aventura de "dejarse cubrir" por el Espíritu de Dios, que es la santidad. Prototipo de toda experiencia de fe.

— En María escuchamos el grito mesiánico: ¡Alégrate! "Jaire", no es un simple saludo, es el imperativo de la "alegría mesiánica". Y es que en María se cumple el deseo del profeta: "Alégrate, hija de Sión" (Sof. 3). Alégrate porque ha llegado el tiempo prometido. Tiempo en que Dios da un "corazón de carne", tiempo en que el Espíritu va a vivir en el ser humano.

— San Juan nos ayuda a comprender lo que la primera comunidad entendía por este ser de Dios en su alegría. En unas palabras de Jesús nos dice: "Si alguno me ama guardará mi Palabra, y mi Padre le amará y vendremos a El y en El haremos morada" (Jn 14,23). Contemplando a María este texto se hace inteligible y podemos afirmar:

— Dios nos busca.

— El Espíritu puede habitar en el hombre.

— Dios fecunda la historia humana.

— María ha vivido esa itinerancia que va desde la duda a la fe, desde el interrogante a la confianza. Siendo a causa de Dios la "llena de gracia". Otras mujeres bíblicas esperaron "encontrar gracia" ante Dios, ella fue colmada con una medida remecida. Ser la "llena de gracia" será su misión. Con María todo lo femenino queda santificado. En María se niega esa afirmación de algunos analistas psiquiátricos que leen algo demoníaco en lo femenino porque todo individuo, varón o mujer, comienza la vida con un vínculo con la madre. Un teólogo ha escrito: "Todo lo que es virginal y materno, todo lo que es íntimo, recóndito y acogedor, todo lo que es expresión concreta de cercanía, comunicación y participación, realidades de lo humano que hay en todos, pero con mayor densidad en la mujer, todo esto es asumido y hecho realidad del Espíritu Santo por María". Así lo femenino culmina en la santidad que es el Espíritu Santo. Y al Espíritu pertenece lo más humano y más perfecto de la creación: Jesús y María.

— María, en su acogida, es la figura de mi propia vocación cristiana. Por eso cuando yo no me atrevo a esperar que Dios pueda hacer nada en mí; cuando a fuerza de constatar mi dureza de corazón dejo de esperar en Dios, María se alza como una prueba de que Dios da su amor y quiere realizar su obra en mí que soy de los últimos. Esta fe toma sentido en la medida en que me hago obediente a Dios.

— Viendo todo lo que el Espíritu hace con María nos preguntamos: ¿qué es lo que Dios piensa hacer en cada uno de nosotros? Y no hay más respuesta que: "lo mismo que en María". Llenarnos de su Espíritu de Santidad que hace fecunda nuestra vida.

¿De qué le sirve al Espíritu haber venido sobre María y haberla fecundado, si no viene sobre cada uno de nosotros y nos ayuda a engendrar en el corazón del mundo a Jesucristo? Un texto nos ayuda a comprender: "Cuando el Espíritu descienda sobre vosotros seréis mis testigos" (Hch. 8).

— El espíritu se expande a través de todas aquellas personas que dicen, desde una vida unificada, "¡hágase!". Este cristiano se hace peregrino porque camina en pura fe y ése es el milagro del Espíritu. Eso es acogerlo.

9. Intercesiones:

— Espíritu Santo Creador, que al principio planeabas sobre las aguas, por tu soplo todos los seres han recibido la vida. Danos vivir según el espíritu de Cristo.

Danos, Señor, un corazón acogedor.

— Espíritu Santo Consejero, tú has revestido con tu fuerza a los profetas para que rindieran testimonio de tu Palabra. Danos el proclamarla nosotros cada día.

— Espíritu Santo Poder, tu has acogido bajo tu sombra a la Virgen María, y la preparaste para que llegara a ser la Madre del Hijo de Dios. Danos esa docilidad creyente.

— Espíritu Santo Consagrador, descendiste sobre Jesús el día de su bautismo, para que fuera consagrado como testigo fiel del Padre. Otórganos ser sus discípulos.

— Espíritu Santo Luz, que llevaste hasta el desierto a Cristo y le asististe en la proclamación del Reino de Dios. Asístenos cuando somos probados.

— Espíritu Santo Defensor, descendiste sobre María y los apóstoles, para enseñarles todas las cosas y conducirles a la plenitud. Otórganos ansiar la plenitud de la Verdad única de Dios.

10. Oraciones:

Dios de Santidad, tú has querido que la revelación del misterio pascual sea vivida en tu Espíritu. Concede a los hombres, víctimas de las divisiones, ser unidos por el Espíritu Santo para confesar tu nombre con corazón unánime y pobre...

Oh, Cristo, Luz de toda luz, envía sobre tu Iglesia el Espíritu de fuego. Y como en María, clarifica el corazón de los que tú has hecho renacer y confírmalos en tu gracia...

Señor, tú nos abres la vida eterna y nos confías a tu Espíritu.

Transforma nuestro corazón por tu gracia y que nuestra fe se llene y beba, como María, en la esperanza y amor de Cristo...

11. Gesto para el ofertorio

Los niños de la catequesis podrían ofrecer vasos de cristal con una velita de las que se utilizan en los lampadarios, encendida dentro. Pueden ponerse sobre el altar como una presencia del espíritu.

3

MARIA Y EL ESPIRITU DE INFANCIA

1. Introducción:

Hoy Santa María Virgen nos enseña a ser pequeños ante Dios. En ella la minoridad es una nota característica. Ella, la mujer que dice: engrandece mi alma al Señor, nos introduce en el espíritu de infancia, puerta de acceso al reino de Dios.

2. Canto de Entrada: Madre de los pobres: C.L.N. 318.

3. Acto penitencial:

— Señor, por haber puesto nuestra esperanza en la fuerza y el poder sin atender tu presencia en lo pequeño, *Señor, ten piedad.*

— Porque hemos buscado realizarnos sin tener en cuenta el sufrimiento que producíamos, *Cristo, ten piedad.*

— Por las veces que hemos utilizado el Evangelio para defendernos y creernos mejores que los demás, *Señor, ten piedad.*

4. Monición a las lecturas:

Hacerse pequeño a causa de Cristo y el Evangelio es una constante en la historia de la Iglesia. Santa María aparece como la primera creyente que vivió liberadoramente esa experiencia. Hoy, la Palabra de Dios nos ayuda a interiorizarlo.

5. Primera lectura: Filipenses 2,3-7.

No hagáis nada por egoísmo o vanagloria. Sed humildes y considerad que los demás son mejores que vosotros. No busquéis el provecho propio, sino el de los demás. Portaos, en fin, como lo hizo Jesucristo.

A pesar de su condición divina,
Cristo Jesús no quiso hacer de ello ostentación.

Se despojó de su grandeza,
tomó la condición de siervo
y se hizo semejante a los humanos.

6. Salmo Interleccional: 15 (16).

Protégeme, Dios mío, que me refugio en ti;
yo digo al Señor: "Tú eres mi bien".
Los dioses y señores de la tierra
no me satisfacen.
Canto...
El Señor es el lote de mi heredad y mi copa,
mi suerte está en tu mano:
me ha tocado un lote hermoso,
me encanta mi heredad.
Canto...
Bendeciré al Señor que me aconseja,
hasta de noche me instruye internamente.
Tengo siempre presente el Señor,
con él junto a mí no vacilaré.

Como antífona de respuesta al Salmo se puede cantar: El Señor es mi
fuerza, de J. A. Espinosa, en el C.L.N. 717.

7. Evangelio: Mateo 18,1-5.

En aquella ocasión, los discípulos se acercaron a Jesús y le
preguntaron:
—¿Quién es el más importante en el Reino de Dios?
Jesús llamó a un niño y, poniéndolo en medio de todos, dijo:
—Os aseguro que, si no cambiáis de conducta y volvéis a ser
como niños, no entraréis en el Reino de Dios. El más importante
en el Reino de Dios es aquel que se humilla a sí mismo y es capaz
de volverse como este niño. Y el que acepta en mi nombre a un
niño como éste, a mí me acepta.

8. Reflexión:

— Estamos viendo a María como una creyente que peregrina.
Una mujer que hace el itinerario de todo lo que es auténtico: va
de "dentro" a "fuera" y de "abajo" hacia "arriba".
En ella hemos visto la llegada del tiempo nuevo: tiempo del
cumplimiento de la promesa, envuelto en el misterio de la acogida que María hace al Espíritu. Presencia de encarnación.
Se nos manifiesta así a María como una mujer de un rico

mundo interior, con una sencilla y fuerte vida de fe, abierta cada día al hoy de Dios.

Todo este itinerario, este su proceso, la lleva a hacerse pequeña para que el importante sea Dios.

— Una de las actitudes más radicales de la Virgen es su atreverse a depender por completo de la voluntad divina como un proceso que la hace cada vez más pobre, más pequeña.

Depender de la voluntad divina no es para ella un privilegio, sino un combate interior. María pregunta: "Hijo, ¿por qué nos has hecho esto?", y no comprende la respuesta de Jesús. En esa incomprensión sigue siendo fiel a Dios aprendiendo a ser contemplativa, conservando cuidadosamente todas estas cosas en su corazón".

— Esta Minoridad de María, su espíritu de infancia, es un signo de que ella pertenece al grupo de los "pobres de Yahvéh", los *anawin*.

Anawin eran aquellos que en su humillación ponían toda su confianza en Dios. Y esto María lo vive hasta el extremo de ser la pedagoga de Jesús que dice: "Aprended de mí que soy *anawin:* manso y humilde de corazón". De ahí toma la Iglesia esa lección de Cristo que "siendo rico, se hizo *anaw"*.

— María es la "pobre de Yahvéh" que ha sido exaltada por el mismo Dios en una relación única con Cristo. Porque si es cierto que Cristo es "el siervo de Yahvéh", también lo es que María se ofrece como la "esclava del Señor" de quien nace el hijo de la promesa por puro don de Dios. Como fidelidad a su palabra dada al pueblo y comprometida con toda la familia humana.

— La primera bienaventuranza del evangelio es dicha a Santa María. Ella es "dichosa", "feliz", "bendita", porque ha creído que se cumplirá la palabra que Dios le ha prometido. El espíritu de infancia permite adentrarse en la realización de las bienaventuranzas. En ese "dichosa tú, que has creído" la primitiva comunidad nos dice que de los que son como la Virgen es el Reino de Dios.

— Cristo cruza todo el Evangelio diciendo "felices", "dichosos" los que tienen espíritu de infancia, los que son *anawin*. Y a través de las bienaventuranzas podemos hacer un canto a la Virgen:

• Bienaventurados los que padecen persecución (Mt 5,10) y tienen que huir de sus hogares, como Santa María, por causa de la Justicia que es Cristo.

• Bienaventurados los que lloran, como María, que tuvo que buscar con tristeza a su Hijo, porque lo había perdido (Lc 2,48).

• Bienaventurados los misericordiosos, los que tratan de ayudar humildemente, sin humillar, como hizo María en Caná. Solicitando incluso un milagro.

● Bienaventurados los pobres y humildes de corazón, porque Dios pone sus ojos en los que son humildes y se hacen esclavos del Señor.

● Bienaventurados los mansos, los cuales, como María cuando no pudo encontrar cobijo en Belén para que naciera Cristo, buscan soluciones no-violentas sabiendo que ellos poseerán en herencia la tierra.

● Bienaventurados los que tienen hambre y sed de justicia, mientras como María, aguardan el cumplimiento de las esperanzas de Israel dando la vida. No quedarán frustrados.

Este es el espíritu de infancia que intuimos en María.

— Quienes se renuncian a sí mismos para seguir a Cristo con espíritu de infancia poseen la "creación nueva". Renunciarse no es para ella gloriarse de una buena conciencia; es liberarse para gozarse con la participación del vino nuevo del Reino. Porque sólo los pequeños saben poseer libre y gozosamente. Sin aferrarse. Sin dar su corazón.

— María tiene el espíritu de infancia porque ha renunciado a todo privilegio. Y la piedad popular lo ha sabido ver, por eso la llaman:

● Virgen de los dolores.
● De la soledad.
● De los desamparados.
● De las angustias. Ella ha hecho el itinerario de todo hombre o mujer de fe, pasando constantemente la prueba de la confianza. Viviendo esa lucha que hay en el fondo de cada bienaventuranza, su conflicto.

— María llega a vivir este espíritu de infancia con tal sencillez que no sólo da a su hijo, sino que ella misma se deja confiar al amigo íntimo de Jesús y nace una fraternidad nueva. Quizá intuyendo todo este mundo eclesial B. Häring ha dicho que "una devoción sana a María conduce forzosamente a una honda comprensión de la Eucaristía". Es este espíritu el que nos permite asombrarnos ante la Eucaristía.

— Contemplando a María vemos que allí donde existe una humilde confianza, allí se abren las puertas del Reino. Esto requiere de cada uno de nosotros: la sencillez, la confianza del corazón, no dramatizar, no perder la misericordia, el júbilo y el gusto por la vida. No una nostalgia de los primeros tiempos de la Iglesia, sino la creatividad que necesitan nuestros contemporáneos.

— ¿Cuál es el poder de este "espíritu de infancia"?:

- El que hizo posible el éxodo.
- El que se hizo presente en la "tienda" de la reunión.
- El que permite a Cristo liberar del mal. Nuestro compromiso es abrirle paso a este espíritu.

9. Intercesiones:

— Cristo, rey de paz y de justicia, tú que consagraste lo pequeño hasta el extremo de hacerte pan y vino como signo de tu entrega, haz que sepamos ofrecernos contigo. *Señor, escúchanos.*

— Cristo, pan del Reino, que alimentas a tu Iglesia con tu cuerpo y sangre, haz que caminemos con la fuerza de este alimento en espíritu de infancia. *Señor, escúchanos.*

— Cristo, Hijo de Dios Vivo, tú te identificaste con el pobre y humilde, concédenos aprender de ti. *Señor, escúchanos.*

— Cristo, hermano que ha de volver, tú mandaste celebrar tus misterios para proclamar tu resurrección, concédenos, como a María, vivir los conflictos y las promesas de las bienaventuranzas. *Señor, escúchanos.*

Presidente: Señor,
tú colmaste la sencillez
de Santa María
con el don precioso de tu presencia,
haciendo de ella un signo humilde
para la Iglesia.
Bendícenos
y haz que, como niños,
pongamos en tus manos nuestra esperanza
y nos dejemos sorprender por ti...

4

MARIA GRITA: ¡MAGNIFICAT!

1. Introducción:

Escuchemos esta tarde el canto de Santa María Virgen. Ella salta de gozo a causa de Dios, porque se siente aceptada tal cual es. Nosotros continuamos este peregrinar a través de estos nueve días porque deseamos llamar a la Virgen bienaventurada al proclamar que Dios ama al pobre.

2. Canto de Entrada: Cántico de María: C.L.N. 321.

3. Acto penitencial:

— Porque nuestra fe a veces no la vivimos con gozo, *Señor ten piedad.*

— Porque nos olvidamos de resaltar lo bueno de los demás, porque maldecimos más que bendecir, *Cristo, ten piedad.*

— Porque los proyectos de nuestro corazón no coinciden con tu designio amoroso, *Señor, ten piedad.*

4. Monición a las lecturas:

La fe es una experiencia gozosa de Dios que se hace luz en Cristo resucitado. Los textos de hoy nos ponen de manifiesto cómo María vivió anticipadamente este gusto por la vida de Dios a la vez que manifestaba una fuerte solidaridad con los pobres.

5. Primera lectura: Isaías 49,13-18.

Aclamad, cielos,
exulta, tierra,
prorrumpid, montes, en júbilo; porque Yahvéh consuela a su
pueblo y de sus pobres se apiada. Sión ha dicho:
Yahvéh me abandonó, me olvidó el Señor.
¿Olvida una mujer a su niño, una madre al hijo
de sus entrañas? Pues aunque ellas lo olvidaran,
yo no me olvidaría de ti.

Mira: en las palmas de mis manos te llevo grabada,
tus murallas están siempre ante mí.
Tus constructores se dan prisa, tus destructores
y tus demoledores salen de ti.
Alza en torno tus ojos y mira: todos ellos se reúnen,
vienen a ti.
¡Vivo yo —oráculo de Yahvéh—, que a todos ellos te los
vestirás, como adorno,
te ceñirás con ellos como una novia.

6. **Salmo Interleccional:** 14 (15).

Señor, ¿quién puede hospedarse en tu tienda
y habitar en tu monte santo?
El que procede honradamente y practica la justicia.
Canto...
El que no retracta lo que juró aun en daño propio,
el que no presta dinero a usura
ni acepta soborno contra el inocente.
Canto...
El que tiene intenciones leales
y no calumnia con su lengua,
el que no hace mal a su prójimo
ni difama al vecino.
Canto...

Como antífona de respuesta al Salmo se puede cantar: Hombres nuevos:
C.L.N. 718.

7. **Evangelio:** Lucas 1,46-55.

Entonces dijo María:
—Todo mi ser ensalza al Señor.
Mi corazón está lleno de alegría
a causa de Dios, mi Salvador,
porque ha puesto sus ojos en mí,
que soy su humilde esclava.
De ahora en adelante
todos me llamarán feliz,
pues ha hecho maravillas conmigo
Aquel que es todopoderoso,
Aquel cuyo nombre es santo.
El siempre tendrá misericordia
de los que le honran.
Con la fuerza de su brazo

destruye los planes de los soberbios.
Derriba a los poderosos de sus tronos,
y encumbra a los humildes.
Llena de bienes a los hambrientos,
y despide a los ricos,
enviándolos con las manos vacías.
Viene en ayuda de su siervo,
el pueblo de Israel,
acordándose de mostrar misericordia,
conforme a la promesa de valor eterno
que hizo a nuestros antepasados,
a Abraham y a todos sus descendientes.

8. Reflexión:

— Estamos ante un ser humano que sabe bendecir, agradecer, alabar a Dios. El canto del Magnificat nos presenta la imagen que la primera comunidad tenía de la Virgen. Una mujer que peregrina para servir a quien sabe la necesita y para cantar a Dios de una manera solidaria. María, desde su pequeñez construye este poema retomando su experiencia religiosa que lo es de todo el pueblo de Israel. No tiene una espiritualidad individualista sino de comunión con las generaciones que le precedieron y con las futuras. María se coloca así en la cima de la historia humana para bendecir, uniendo en un mismo poema las bienaventuranzas y las malaventuranzas. Lucha y Contemplación han sido unificadas en el corazón contemplativo y solidario de Santa María.

— María sabe que pertenece totalmente a Dios. Todo su ser, su vida entera ensalza al Señor porque se sabe aceptada tal cual es por Dios. Por su pequeñez, bendice sintiéndose engrandecida. En su poca cosa encuentra razón para la alegría y la alabanza. Hay una unidad de vida y fe en la cual Dios es lo primero y más importante. María vive mirando, contemplando a Dios. Sus ojos están puestos en el Señor que le ayuda a descubrir que su actitud ensalza a Dios. La sensibilidad religiosa de María nos dice que toda la persona, toda la vida tiene que engrandecer a Dios.

— La experiencia que María nos ofrece de Dios lo es de gozo, de alegría. El corazón de la Virgen está lleno de alegría. María se alegra porque Dios ha enviado la salvación, porque ha comprendido como nadie que Dios es fiel y misericordioso. El corazón de Santa María está lleno de una alegría mesiánica. Ella no anuncia catástrofes ni guerras. Proclama que Dios llena su corazón de gozo. Su alegría está en que ha iniciado una comunión con Jesús, a quien ella pondrá nombre por mandato del Señor y le llamará:

"Dios que salva", jamás "Dios que condena". Lo que María nos anuncia con esa plenitud de su corazón es la salvación. Esta Virgen del Magníficat no se parece nada a la imagen que nos traen visionarios y portadores de malas noticias. Ella anuncia que Dios no abandona.

— María sabe lo que ella es y se goza en ello. Dios ha puesto sus ojos en ella que es humilde y esclava. María se cuenta entre la gente que es poca cosa. No tiene complejos de primera dama. Ni busca destacar. Es Dios quien la levanta. Ella ha comprendido ya lo que más tarde será el secreto del Reino: permanecer pequeños, transparentes, pobres. Ella ha contemplado eso que permanece oculto a los poderosos, sabios y encumbrados. Con su actitud nos hace comprender aquella oración de Jesús: "Te bendigo, Padre, Señor del cielo y de la tierra, porque encubriste estas cosas a los sabios y prudentes y se las has revelado a los que son pequeños". María está entre ellos. Su vida es un reconocimiento de que todo es don de Dios. Por eso tiene capacidad para sorprenderse y gozar, alegrarse y bendecir.

— María, la humilde, se atreve a proclamar que "el poderoso" ha hecho maravillas con ella. María no es una inconsciente, ni una estrecha mental. No se niega a ver lo bueno que Dios hace en ella. Esa naturalidad armónica le permite bendecir. Negarnos a ver lo bueno en nosotros nos impide alabar, que es un signo de reconciliación con los demás y primero con nosotros mismos. Escuchándola nos damos cuenta que humildad y gratitud son las dos inseparables caras de una misma moneda. La ingratitud nos sume en la mezquindad de un corazón que sólo busca justificarse. Pero aquí la Virgen nos dice que "Santo es el nombre de Dios". Jesús, cuando más tarde enseñe a sus amigos a rezar el Padrenuestro, nos pedirá también que roguemos sea santificado el nombre de Dios. María santifica este nombre proclamando que ante él no tienen nada que hacer ni los soberbios ni los orgullosos, ni quien busque dañar a los pequeños.

— La santidad de Dios que María anuncia no es un ejercicio voluntarista, sino vivencia de la misericordia. Por eso no todos lo comprenden. Los hombres de la "letra legal", los incapaces de compasión no pueden adentrarse en la santidad del nombre de Dios que es el cumplimiento de las Bienaventuranzas. Ellos son los hombres que hacen crecer el espíritu de condenación tan ajeno al plan de Dios que no condena jamás, que promete su reino a un delincuente, otorga su perdón a una prostituta, come con pecadores públicos, llama a su intimidad a personas con historias unilaterales políticamente hablando. María ha comprendido que Dios es más grande que el corazón humano.

— María, conociendo la santidad de Dios, sabe situarse en la realidad humana, por eso canta que Dios destruye los planes de los soberbios, que los poderosos van a ser derribados. Que con Dios el encumbramiento es para los pobres. ¿Acaso no es ésa su propia experiencia? Ella no habla por reacción política sino desde la plenitud de Dios. Su experiencia de la santidad le hace descubrir que Dios no se aliará con los ricos y poderosos. El poder y Dios se oponen. Este tipo de personas no valen para el reino. Apoyados en su riqueza nunca podrán transparentar la gratuidad de Dios, sino que se pagarán a sí mismos con la ostentación. Apoyados en la eficacia del dinero o la manipulación no pueden adentrarse en lo escondido de Dios. Y nunca podrán saber, sin renunciar a la riqueza, si lo que les lleva a Dios es un deseo de alabanza o su mala conciencia. El Evangelio advierte que donde están las riquezas allí tenemos el corazón.

— Dios no puede ser la paga de los ricos, porque éstos ya están pagados. Por eso cuando se encuentran de verdad con Dios salen con las manos vacías. Su propia insolidaridad les impide estrechar su mano en la plenitud de una comunión que empieza en el don de uno mismo. Ese es el mensaje de Santa María. Los que no son como la Virgen no aceptan que la conversión viene de los pobres y ponen su confianza en otros dioses: dinero, liturgia, fama, prestigio, poder, sexualidad. No aceptan la gratitud. Son incapaces de esa inseguridad, y donde falta gratitud se pierde el don. Los agradecidos saben que todo viene de Dios. María no deja lugar a dudas, el reino es de los débiles.

— Pero la imagen que María nos da de Dios no es la de una deidad cerrada a la que hay que contentar. Ella canta que es el Dios de la misericordia que perdura para siempre. Dios está abierto porque busca la promoción del hombre. Quiere su salud. Dios cumple su palabra manteniendo su Alianza y sin romper con la historia de Israel hace surgir este nuevo pueblo que es la Iglesia, en medio de la cual María canta: Dios viene en ayuda de sus siervos.

9. Intercesiones:

— Oremos por todos los opresores de la tierra, padres del terror y la violencia. Oremos por todos aquellos que consumen la vida del pobre. *Roguemos al Señor.*

— Oremos por los hombres y mujeres de la banca que viven de la especulación. Pidamos por quienes utilizan la usura con el pobre. *Roguemos al Señor.*

— Oremos por quienes desde su pobreza trabajan para que el

nombre de Dios sea reconocido Santo en el ser humano. *Roguemos al Señor.*

— Intercedamos por todas las mujeres que como María son profetas a la hora de vivir las bienaventuranzas. *Roguemos al Señor.*

— Oremos por los cristianos que somos ricos, para que abramos nuestra vida a Cristo y el Evangelio, dejándonos convertir por los pobres. *Roguemos al Señor.*

10. Gesto para el ofertorio:

La delegación nacional de Cáritas ha organizado una campaña de solidaridad con el Paro. Se trata de dar un día de trabajo para la caja de solidaridad. Antes de organizar la novena se pueden pedir a Cáritas los folletos para que ese día, en el ofertorio la gente los presente (aquellos que lo acepten) como un gesto real de solidaridad.

Esto se puede hacer con cualquiera de las campañas de solidaridad que organizan estamentos cristianos.

11. Oraciones:

Gracias, María, por habernos dado a conocer
a toda la Iglesia y a nosotros, el gran cántico de tu vida,
el himno de alegría que no cesaste de repetir
a través de tu existencia en tu propio nombre
y en el nuestro...
Te damos gracias, María, porque tu vida entera
y tus palabras nos enseñan la gratitud,
ayudándonos a contemplar las maravillas que Dios obra
en nuestro favor.
Ruega por nosotros
para que alabemos su nombre en todas las cosas
y colaboremos dejando presentir el Reino
donde los humildes revelan a Dios...
Santa María
danos cantar con júbilo,
el gozo de creer,
fomentando el bien,
la justicia, la paz, la misericordia
en nosotros
y en nuestro mundo tan querido.

5

MARIA COLABORA
EN LA REDENCION

1. Introducción:

En nuestro peregrinar acompañados por la Virgen María, la vemos hoy colaborando en la Redención. María, haciéndose discípula de Jesús, nos entrega el vino nuevo y bueno de la Redención. Ella se asocia al plan de Dios para que el hombre tenga una esperanza más fuerte que la muerte.

2. Canto de entrada: Dolorosa: C.L.N. 315.

3. Acto penitencial:

— Señor, porque no terminamos de creernos que nos perdonas con un amor sin límites, te decimos: *Perdónanos, Señor.*

— Porque no hemos estados atentos a tu hora en nuestra vida, te decimos: *Perdónanos, Señor.*

— Porque no hemos apreciado tu gracia, te decimos: *Perdónanos, Señor.*

4. Monición a las lecturas:

La redención es Dios que nos ama en Cristo a pesar de nuestro pecado. Este amor está hecho de misericordia y libertad. María se une a este designio de salvación que Dios tiene sobre cada uno de nosotros.

5. Primera lectura: Romanos 5,12.15-16.17.21.

Lo mismo que por un hombre entró el pecado en el mundo y por el pecado la muerte, y así la muerte pasó a todos los hombres porque todos pecaron. Si por la transgresión de uno murieron todos, mucho más, la gracia otorgada por Dios, el don de la gracia que correspondía a un solo hombre, Jesucristo, sobró para la multitud.

Y tampoco hay proporción entre la gracia que Dios concede y las consecuencias del pecado de uno: el proceso, a partir de un solo delito, acabó en sentencia condenatoria, mientras la gracia, a partir de una multitud de delitos, acaba en sentencia absolutoria.

Cuanto más ahora, por un solo hombre, Jesucristo, vivirán y reinarán todos los que han recibido un derroche de gracia y el don de la justificación que conduce a la vida eterna".

6. Salmo Interleccional: 70 (71).

> A tí, Señor, me acojo:
> no quede yo nunca defraudado;
> tú que eres justo, ponme a salvo,
> inclina tu oído hacia mí;
> ven a prisa a librarme.
> *Canto...*
> A tus manos encomiendo mi espíritu
> tú, el Dios leal, me librarás;
> tu misericordia sea mi gozo y alegría.
> Te has fijado en mi aflicción,
> velas por mi vida en peligro.
> *Canto...*
> Mi vida se gasta en el dolor,
> mis años, en los gemidos;
> mi vigor decae con las penas,
> mis huesos se consumen.
> *Canto...*

Como antífona de respuesta al Salmo se puede cantar: Canto de liberación: C.L.N. 606.

7. Evangelio: Juan 2,1-11.

Tres días después tuvo lugar una boda en Caná de Galilea. La madre de Jesús estaba invitada a la boda, y lo estaban también Jesús y sus discípulos. En medio de la fiesta se terminó el vino, y la madre de Jesús se lo hizo saber a su hijo:

—No les queda vino.

Jesús le respondió:

—¡Mujer! No te metas en mis cosas; mi hora no ha llegado todavía.

Pero ella dijo a los que estaban sirviendo:

—Haced lo que él os diga.

Había allí seis tinajas de piedra, de las que utilizaban los judíos para sus ritos purificatorios, de unos cien litros cada una.

Jesús dijo a los que servían:

—Llenad las tinajas de agua.

Y las llenaron hasta arriba.

Una vez llenas, Jesús les dijo:

—Sacad ahora un poco y llevádselo al que preside la mesa.

Ellos cumplieron la indicación de Jesús. El presidente de la mesa probó el nuevo vino, sin saber su procedencia (sólo lo sabían los sirvientes que lo habían sacado), y, sorprendido por su calidad, llamó al novio y le dijo:

—Todo el mundo sirve al principio el vino de mejor calidad, y cuando ya los invitados han bebido en abundancia, se saca el corriente. Tú, en cambio, has reservado el mejor vino para última hora.

Esto sucedió en Caná de Galilea. Fue el primer milagro realizado por Jesús. Así manifestó su gloria y sus discípulos creyeron en él.

8. Reflexión:

— La "Redención" es un acto salvador de Dios. Es la hora de Jesús. Por la redención sabemos que Dios nos ama en Cristo a pesar de nuestro pecado. Pero acercarnos a la redención es tomar conciencia de que existe el mal. Todo ser humano tiene la posibilidad de destruirse: el mal, el pecado, es una posibilidad del ser humano. Las acciones humanas no son indiferentes. En ese lugar donde el hombre encuentra en sí mismo el bien y el mal, se hace presente María colaborando al bien. Asociada a la Redención.

— Alguien ha escrito que "amar significa abrirnos a lo negativo como a lo positivo, a la aflicción, al dolor y al desengaño, así como al júbilo, al goce y a una intensidad de conciencia que antes no nos parecía posible". María ha conocido esta intensidad de conciencia por la cual ha tomado parte en la "hora" de Jesús. Y como el amor es una experiencia de vulnerabilidad, María pasa de su propia maternidad física a la eclesial; de María de Nazaret a "la mujer", la "Nueva Eva".

— Este evangelio de "la hora" de Jesús expresa el mundo de los símbolos y signos que san Juan ve en Jesús. Enfrentados amor y sufrimiento, Jesús aparece como la "nueva creación". Este milagro que es un signo de la gloria de Cristo nos dice cómo María está presente en la hora de la redención, en el hacer mesiánico de Jesús.

— Jesús, que ya no pertenece a María sino al Reino escucha la intervención de esta "Mujer" aunque sometiéndola a prueba. Acoge su petición, pero ella ha sido llamada por el nombre de su nueva misión, el de "Mujer". Atrás queda la maternidad física. María ahora tiene que someterse al discipulado de Jesús. Tiene que aprender a tener con él una nueva relación: colaborar en el plan de salvación querido por Dios. Con esa aceptación María asume participar con Cristo. Por eso, en otro momento del evangelio de san Juan, a María se le volverá a llamar "Mujer", junto a la Cruz. La muerte está siempre a la sombra del amor. Ella acepta ese riesgo sabiendo que amando ya no tenemos ninguna garantía de seguridad. Y su amor es desde ahí genuinamente virginal.

— El poeta Rilke decía que "si lo abandonaban sus demonios, sus ángeles también lo dejarían". La Redención nos anuncia que ese combate no es inútil. Sabernos redimidos en Cristo supone no dejarnos impregnar por el tedio del "todo da igual". Quien acepta la Redención de Cristo asume participar con él en la prueba de su "hora". Como María en el evangelio de Caná "aceptamos lo que el Hijo dice". Porque El está por encima de toda relación.

— María dice, "haced lo que él os diga", cree en la fuerza de esa nueva forma de relación y así es asociada a la misión de su propio Hijo que ahora pertenece al Reino. Con esa actitud toma parte en la actividad mesiánica de Cristo, en su Redención.

— El pecado y la redención son las dos facetas del mismo misterio; pero en realidad el único misterio es la voluntad salvífica de Dios. Si Dios permitió que el plan divino fracasara en Adán, lo cumplió definitivamente en Cristo. María, toda su vida, es un signo de esta certeza esperanzada. La confianza de María, su participación en la redención, nos anuncia esa buena noticia: que el Dios amor ha optado por el hombre y por su bien. Ella nos anuncia que los aspectos destructivos de la vida humana puede superarse transformando esa misma fuerza en actividades constructivas. La redención es el triunfo de la esperanza, no del pecado; pero sin expulsar lo demoníaco, como decía Rilke. Pero Cristo es el que transforma. El hace que el agua de las purificaciones judías pase a ser "Vino en un banquete esponsal"; María colabora para que Cristo entregue el "Vino del espíritu". Y así es también asociada a la Redención.

— De esta manera vemos que el sentido último de Santa María Virgen es su propio Hijo, el Redentor. Aquí la Iglesia católica ha tenido preciosas intuiciones sobre la Virgen. Nos dice cómo precisamente en virtud de la única mediación de Jesucristo, por sobreabundancia de ese amor, María es no solamente la que recibe, sino que también ella está asociada de manera que puede suplir, como dice san Pablo, lo que falta a la pasión de Cristo. Mientras que para las iglesias nacidas de la Reforma todo es pura iniciativa de Dios, para un católico, María no solamente recibe, sino que tiene un papel activo en la Redención. Por eso es madre de todos los creyentes.

— Junto a María, la Iglesia comprende cómo son las relaciones entre Dios y todo creyente, pues aunque Dios tiene toda la iniciativa, en su pura gracia, el hombre es incorporado activamente:

- En la justificación, a través de un acto libre.
- En la salvación, a través del amor y las obras.
- En la Redención de Cristo, con una sobreabundante afirmación. Como todo creyente María ha hecho este itinerario, por eso la vemos como Madre de Fe, asociada a la Redención del Hijo. En ella comprendemos nuestra redención: participar en la hora de Jesús para bien de los hermanos.

— Ahora comprendemos las palabras de san Ireneo: "Lo que la falta de fe de la virgen Eva había atado, quedó desatado por la fe de la Bienaventurada Virgen María".

9. Intercesiones:

— Santa María, madre de la confianza, ayúdanos a comprender lo que Dios nos ofrece cada día en su amor. *Santa María, ruega por nosotros.*

— Virgen de los tiempos nuevos, profeta del reinado de Cristo, ayúdanos a conseguir esa docilidad fuerte, que necesitamos para seguir a Cristo. *Santa María, ruega por nosotros.*

— María, madre de los redimidos, intercede por quienes nosotros estamos detenidos en la crítica, los juicios, las reservas y la irreconciliación. *Santa María, ruega por nosotros.*

— Madre de Cristo, tú que supiste hacer el seguimiento de Jesús, tennos presentes cuando creyendo seguir al Redentor, nos seguimos a nosotros mismos. *Santa María, ruega por nosotros.*

— Virgen del amor a Cristo, enséñanos a creer. *Santa María, ruega por nosotros.*

10. Oraciones:

— Te alabamos Padre, por el papel que asignaste a María, la nueva Eva, en el misterio de la redención. Nos ofrecemos con Cristo que ha transformado el sentido del sufrimiento y la muerte, haciendo que participemos con El agradecida y activamente en la redención...

— Santa María, tú eres bendita entre todos nosotros. Supiste vivir llena de fe y con una confianza grande en todo ser humano.

Ruega por nosotros para que siempre sigamos a Jesús en el camino de la cruz...

— Santa María, tú que buscaste sin descanso a Cristo hasta llegar a ser discípula de El, ruega por nosotros que aspiramos a una fe viva, un corazón solidario y un amor que asuma el sufrimiento...

11. Gesto para el momento de la paz:

Unos a otros se hacen la señal de la cruz en la frente, como asociados a la Redención de Cristo.

6

MARIA VIVE DE LA FE

1. Introducción:

A veces hemos pensado a la Virgen de una manera tal, que no podíamos comprender que fuese de nuestro pueblo. Hoy la veremos hacerse preguntas y adentrarse, como tú y como yo, en el mundo de la fe. María es una creyente. También ella aprendió a seguir a Cristo. Celebrémoslo.

2. Canto de entrada: Tu vida es mi luz, de E. V. Mateu.

3. Acto penitencial:

— Porque nuestra fe no sale del templo, *Señor, ten piedad.*
— Por las veces que no te confesamos como nuestro Señor, *Cristo, ten piedad.*
— Por tener una fe cerrada, impidiendo un diálogo fecundo y unas celebraciones gozosas y personalizadas, *Señor, ten piedad.*

4. Monición a las lecturas:

María, como Abraham, deja atrás sus seguidores y experiencias reigiosas para dejarse sorprender por Dios en el cada día de su vida. Para Santa María el Señor ya es luz en cada acontecimiento. La luz de la fe.

5. Primera lectura: Génesis 12,1-4.

El Señor dijo a Abrán: Sal de tu tierra y de la casa de tu padre, hacia la tierra que te mostraré.. Haré de ti un gran pueblo, te bendeciré, haré famoso tu nombre, y será una bendición. Bendeciré a los que te bendigan, maldeciré a los que te maldigan. Con tu nombre se bendecirán todas las familias del mundo. Abrán marchó, como le había dicho el Señor.

6. Salmo Interleccional: 26 (27).

El Señor es mi luz y mi salvación,
¿a quién temeré?

El Señor es la defensa de mi vida
¿quién me hará temblar?
Canto...
El me protegerá en su tienda
el día del peligro;
me esconderá en lo escondido de su morada
me alzará sobre la roca,
y así levantaré la cabeza
sobre el enemigo que me cerca.
Canto...
Si mi padre y mi madre me abandonan,
el Señor me recogerá.
Señor, enséñame tu camino,
guíame por la senda llana,
porque tengo enemigos.
Canto...

Como antífona del Salmo se puede cantar: Santa María del Amén:
C.L.N. 312.

7. Evangelio: Lucas 2,46-50.

Por fin, al cabo de tres días, le encontraron en el templo, sentado en medio de los maestros de la Ley, escuchándolos y haciéndoles preguntas. Y todos los que le escuchaban estaban asombrados de su inteligencia y de sus respuestas. Sus padres se quedaron atónitos al verle; y su madre le dijo:

—Hijo, ¿por qué has hecho esto? Tu padre y yo hemos estado muy angustiados buscándote.

Jesús les contestó:

—¿Y por qué me buscabais? ¿No sabéis que debo ocuparme de los asuntos de mi Padre?

Pero ellos no comprendieron lo que les decía.

8. Reflexión:

— Ayer vimos que Caná resulta ser un giro para Jesús y María. Vemos que en su fe, María está ligada a la Redención, algo así como que también hay una hora para María. A partir de Caná su fe se agranda, porque los acontecimientos la van a dejar perpleja. Algo que el comienzo del evangelio de Lucas ya nos hace ver. Aunque es cierto que todo estaba presente en su "Fiat" dado a Dios, ese "hágase" tiene un desarrollo que es todo el proceso creyente de la Virgen. Hasta llegar a estar de pie junto a la cruz y renunciando a su Hijo ser confiada a un miembro de la comunidad.

— María tiene la convicción profunda que el Dios que entró en las entrañas de Israel, que habitó su seno, aunque fuese metido en el seno de la tierra, transfiguraría ese acontecimiento de esperanza cumpliendo su palabra. La fe de la Virgen está anclada en la más recia tradición bíblica. Por eso sabe ver en cada acontecimiento la revelación de Dios.

— Como todo hombre de fe, sabe que hace su peregrinación en la oscuridad luminosa de la palabra dada. Su luz y salvación, su palabra, es el Señor. Avanza desde esa noche.

— Santa María no fue una privilegiada. Como tantos testigos de la fe hizo su propio itinerario. Y no siempre comprendió. Se adentró en el silencio que lleva más allá del solo raciocinio, para allí dejarse sorprender por Dios. Ella llega a ese silencio donde nacen los compromisos. Para ella Dios no es una cuestión de pensamiento. Acoge la Palabra y la sigue, y viéndola actuar la interroga: ¿Por qué me haces esto? Y no comprende la respuesta. María va descubriendo, poco a poco, la revelación de Dios en los acontecimientos de su vida. Hasta pasar del interrogante a la entrega de la confianza.

— La Virgen se somete a un discernimiento para que la fe alumbre su peregrinación. No se avanza sin las preguntas que nos abren a los conflictos:

• ¿Cómo será posible esto?
• ¿Por qué nos haces esto?
• ¿Quiénes son mi madre y mis hermanos?

La vida misma es una catequesis para Santa María, pedagoga de Jesús, que se deja iniciar por él a esta nueva vida de fe. Una fe que se ha hecho vida, agradecimiento, oración y sacramento. En ella comprendemos al autor de los Hebreos cuando afirma: "Sin fe es imposible agradar a Dios" (Heb 11,6).

— Por la fe, Abraham deja su tierra. Por la fe, Noé construye un arca de paz y salvación que se sostiene en la tormenta. Por la fe, María llega hasta el fuego de pentecostés, confirmación de un pueblo nuevo: la Iglesia.

— No hay fe anclados en las solas posturas personales. El creyente que busca agradar a Dios, sabe que Dios "va de camino con los hombres". Está en los acontecimientos. De ahí que cada sacramento es un acontecer de Dios si es real. Y todo sacramento es un acontecer de fe. Dios está allí donde se decide la vida para bendecir. Esa es nuestra fe: que Dios es amor en el seno del mundo. Pero la fe no es visión. Por eso, incluso ante el fracaso de la cruz, ante la negación de las bienaventuranzas, creemos que Dios cuenta con nosotros para continuar la creación y hacer posible el Reino que le pedimos en la oración y buscamos en el trabajo. Hoy para nosotros, contemplando a la Virgen, salir de nuestra tierra es no caer en la tentación de programar el Reino. Habrá que escuchar el corazón para escuchar lo que desde él se nos dice.

— En la escucha del corazón acogerás las preguntas que brotan como gritos, porque uno no espera que Dios actúe así. Sorprendidos por Dios en nuestra carencia de privilegios, algo se levanta en nosotros como un grito lleno de derechos. Una violencia que aún no asumió la pobreza que necesitamos para avanzar en el descubrimiento personalizador de quién es Dios en nuestra vida real. Llegar hasta aquí hace que nuestra fe no sea estéril. Que la vida del Espíritu sea fecunda en un crecimiento que no depende sólo de nosotros. Afirmándonos existencialmente para que los planes de Dios y nuestros planes coincidan. Hasta reconciliar vida y fe; y ser verdaderamente creyente.

— La fe de la Virgen se desarrolla en medio de acontecimientos reales. Igualmente nosotros hemos de saber, como el salmista, que aunque mi padre y mi madre me abandonen, el Señor me recogerá. Pero nadie nos quitará esa experiencia de abandono. Mas, sin ella, nuestra fe no crece, permanece como muerta. No puede celebrar.

— La Virgen nos enseña que vivir de fe es avanzar en verdad aun de noche. Construir aunque todo sea oscuridad. Confiar, no condenar. Bedecir siempre hasta hacer que nuestros caminos y los del Señor coincidan porque sabemos que el Señor, crucificado y débil, defiende nuestra vida.

9. Intercesiones:

— Oremos por quienes no pueden creer a causa del ostracismo de los que nos decimos creyentes. Para que sea posible una vida de fe. *Roguemos al Señor.*

— Oremos por quienes confunden la fe con la magia y el maravillismo, para que se dejen asombrar por Dios en el compromiso con los hermanos. *Roguemos al Señor.*

— Pidamos al Señor por quienes son probados en su fe, para que esté el Señor presente en la debilidad. *Roguemos al Señor.*

— Pidamos por todos los grupos y comunidades cristianas que son introducidas en la fe, para que acojan la Palabra de Dios como Buena Noticia de Redención. *Roguemos al Señor.*

10. Oraciones:

— Señor, tú eres fiel aunque nosotros no permanezcamos fieles, bendice el itinerario de nuestra fe para que podamos contemplar tu rostro, aunque no siempre comprendamos...

— En tu presencia ponemos, Señor, nuestra vida de fe y los trabajos de nuestra itinerancia.

Con el pan y el vino te ofrecemos toda nuestra existencia, para que como en María, seas en nuestra vida, bendición...

— Concédenos mantenernos firmes en la fe, alimentados por tu palabra y el testimonio de Santa María que vivió de fe...

7
MARIA REALIZA EL MISTERIO DE LA INTERCESION

1. Introducción:

La Iglesia ve a María ejerciendo el misterio de la intercesión. Y le dice abiertamente "ruega por nosotros". Pero la palabra de María es "hacer lo que él os diga". La intercesión de la Virgen está en hacer la voluntad de Dios. Ella es "madre y hermana" porque realiza la voluntad del Señor.

2. Canto de entrada: Madre de nuestra alegría, C.L.N. 317.

3. Acto penitencial:

— Porque en nuestra oración sólo nos acordamos de nosotros mismos. *Señor, ten piedad.*

— Porque nuestra oración es temerosa y no siempre brota del amor. *Cristo, ten piedad.*

— Porque en ocasiones la intercesión no brota de nuestra fe. *Señor, ten piedad.*

4. Monición de las lecturas:

Orar es vivir una comunión con toda la comunidad parroquial y con toda la Iglesia. La oración exige reconciliación y solidaridad. Cuando la oración es interesada no llega a Dios porque antes ha olvidado la fraternidad, que es el mandato, la voluntad de Dios.

5. Primera lectura: Hechos 12,1-5.

Por entonces inició el rey Herodes una persecución contra algunos miembros de la Iglesia. Ordenó la ejecución de Santiago, el hermano de Juan; y, al comprobar la satisfacción que con ello había causado a los judíos, procedió a encarcelar a Pedro, en fecha que coincidió con la fiesta de Pascua. Una vez preso, encomendó su custodia a cuatro piquetes, compuestos cada uno por · cuatro soldados, con el propósito de juzgarle públicamente después de la Pascua. Mientras Pedro permanecía bajo custodia en la cárcel, la Iglesia rogaba fervientemente a Dios por él.

6. Salmo Interleccional: 66 (67).

El Señor tenga piedad y nos bendiga,
ilumine su rostro sobre nosotros:
conozca la tierra tus caminos,
todos los pueblos tu salvación.
Canto...
Que canten de alegría las naciones,
porque riges el mundo con justicia,
riges los pueblos con rectitud,
y gobiernas las naciones de la tierra.
Canto...
La tierra ha dado su fruto,
nos bendice el Señor, nuestro Dios.
Que Dios nos bendiga; que le teman
hasta los confines del orbe.

Como antífona del Salmo se puede cantar: A ti suspiramos, C.L.N. 323.

7. Evangelio: Marcos 3,31-35.

Entre tanto, llegaron la madre y los hermanos de Jesús; pero se quedaron fuera y enviaron a llamarle. Algunos que estaban sentados alrededor de Jesús le pasaron aviso:
—Tu madre y tus hermanos están ahí fuera y te buscan.
Jesús les contestó:
—¿Quiénes son mi madre y mis hermanos?
Y, mirando a los que le rodeaban, añadió:
— Estos son mi madre y mis hermanos. Porque todo el que hace la voluntad de Dios, ése es mi hermano, y mi hermana, y mi madre.

8. Reflexión:

— Hombres y mujeres de nuestro momento se preguntan, ¿para qué interceder? ¿Para qué vale rezar cuando uno conoce el mecanismo de la "injusticia estructural" en la que estamos? La tradición cristiana habla de todas estas dificultades que hoy vivimos a la hora de intentar "hacer oración", de creer y "eso" modificará en algo el curso de la historia.
— La Iglesia primera experimentó la "injusticia estructural",

la parcialidad de los políticos que utilizaron todos los medios para "contentar", sin tener en cuenta principalmente a la persona. Metidos en esa experiencia, la primera comunidad ora. Sabe que Pedro está en la cárcel y que Santiago ha sido ejecutado; pero intercedía a Dios fervientemente. Es el reto de la fe: interceder incluso desde la oscuridad. Nosotros no vemos todo lo que hay, no percibimos toda la realidad. Colocados en el corazón del sufrimiento nuestra oración se hace compromiso junto a Dios y los hombres. Y la contemplación se vuelve clarividencia creativa y liberadora.

— Interceder nos pone a nosotros en un desierto. Orar por otros es salir de las claves de interpretación que tú mismo tienes. Interceder es mirar con los ojos del otro y desde su realidad. Interceder apela a la fraternidad. Interceder nos lleva a buscar "la voluntad de Dios". Lo más fuerte de una oración de intercesión es que tiene que brotar de un corazón fraterno, solidario. Porque orar no es realizar actos mágicos, mantener una oración de intercesión en medio de un mundo que funciona en una clara "injusticia estructural", nos despierta al gusto por el Dios vivo, amigo de la vida, la salud, la salvación.

— Ser puestos ahí nos exige aprender a orar. La intercesión descubre la incoherencia de nuestra propia vida de fe. Cómo decir a Dios que se apiade del pobre y del indigente si yo no estoy dispuesto a realizarlo. Interceder es decir: Aquí estoy para hacer tu voluntad. Es la gran catequesis de la Virgen. Ella dice, hágase. Y se entrega toda ella desde su cuerpo. Y ese "hágase" se realiza a través de toda la vida, no de un acto único. Ni siquiera el de su maternidad física.

— Interceder es ver a la Virgen buscando a su Hijo y al Hijo conociendo el abandono de Dios. Ver a Cristo conociendo la tortura y el aprisionamiento injusto. Y escucharle decir: Perdónalos. Así intercede él. Interceder es conocer que Dios actúa desde la debilidad, desde el dar la vida por los otros, no las palabras.

— La oración de intercesión pide de nosotros un compromiso lúcido. Sostener la esperanza en todo momento. El creyente sabe que cuando el pez grande se come al pequeño éste se le indigesta. Para el cristiano lo importante pasa por esas pequeñas cosas que anuncian una resurrección. El alba de un tiempo nuevo. En el corazón de la noche el hombre y la mujer que interceden se purifican de su egoísmo para hacer sitio al Espíritu que llega hasta donde nosotros ni sospechamos.

— Es la experiencia de la primera comunidad. Ante una realidad de injusticia, ora intensamente a Dios para encontrar soluciones no-violentas, para intuir la voluntad de Dios.

— Para María este ministerio de la intercesión es una consecuencia de su profundidad de fe. Ella intercede a Cristo. Jesús que no va por casa, que no vive una dependencia familiar, que se hace buscar. Cuando María intercede Jesús le revela el secreto del reino: la fraternidad nace de realizar la voluntad de Dios. Y ésta no es posible sin un gran desprendimiento. Por eso, quizá, vemos a María entre los últimos. Ni siquiera en el corro; pero nadie como ella para llegar hasta el extremo a la hora de colaborar al plan de Dios. Por eso se dispone a ser discípula de Jesús. Comparte con muchos otros la maternidad y la fraternidad de Jesús. Ahora Jesús no le pertenece. En esa libertad que viene por el desprendimiento de Dios actúa. De ahí que la oración de Santa María se parezca mucho al silencio.

— La oración cristiana no pone su fuerza en la palabrería, ni en el mucho hablar. Jesús lo dice: "No habléis mucho". "Tu padre ve en lo escondido". Santa María esto lo vive a través de todo el Evangelio. Ella se coloca en segundo plano y desde ahí intercede. Desde ahí dice: No tienen vino, y se quita de en medio aconsejando: Haced lo que él os diga. Desde entonces María se hace silencio. Deja que Jesús le abra el oído como a un discípulo.

— Lo más auténtico de la intercesión de María y de todo creyente se da en el silencio. La cosa no está en hablar o gritar mucho, sino en amar. El amor no es ruidoso, imanta. Del silencio viene el poder de contagio que posee el que ama.

— Al interceder avivamos en nosotros una comunión real. La comunión se hace comunicación. Y comprendemos que buscando María a "su" hijo descubra como suyos a todos los seguidores de Jesús. Ha entrado en la dimensión del reino, donde es posible la fraternidad. Así, al interceder por otro, al dirigirnos a Cristo, él nos revela nuestro verdadero rostro. Al ir al Señor nos dice quienes somos verdaderamente.

— Si la oración te aliena es evidente que no debes orar nunca. Pero si por la oración entras en una comunión que te trasciende y te lleva a una solidaridad donde tú no mandas, ¿cómo dejarás de orar? Entonces, todos los días conocerás lo que es ponerse de rodillas y suplicar a Dios que es amor, para que en el combate que el hombre vive en su propio corazón, en su mundo, triunfe lo bueno, lo bello, lo humano como en Cristo Resucitado. Esto no siempre es posible hacerlo físicamente. El Espíritu viene entonces en ayuda de tu debilidad. Y tú serás como un pobre que ama. Y tu intercesión ya no está en las palabras sino en tu propia vida.

— Contemplemos a María como la Virgen de la "presentación", de la "ofrenda", de la "intercesión", del abandono en las manos de Dios. Interceder, nos dice Santa María, es no tener miedo de presentarnos pobres ante Cristo. Para que El pueda intervenir.

9. Intercesiones:

— Para este día se podrían preparar previamente con todos los grupos de la parroquia unas peticiones concretas sobre la realidad en la que se encuentre la comunidad: niños, jóvenes, catequistas, adultos, religiosas-os, sacerdotes, matrimonios, ancianos.

— Las peticiones, una vez leídas, se ponen junto a las ofrendas y se entregan en el ofertorio. Habría que dejar libertad a que el pueblo pudiera hacer espontáneamente alguna petición.

— Durante las peticiones la comunidad se da la mano, para expresar así la comunión de esa oración.

Cada dos peticiones se podría entonar alguna antífona breve, por ejemplo: Anunciaremos tu reino. C.L.N. 402.

10. Gesto de intercesión para antes de partir:

La prensa publica de vez en vez algunas llamadas a la solidaridad con quienes son presos de conciencia por motivos religiosos, políticos o de pensamiento. Se podría tener preparado en una hoja, fotocopiada, uno de estos reclamos. Presentamos uno como ejemplo. Puede ser de·otro tipo. Sólo es una sugerencia para hacer ver que el cristiano a la hora de vivir el ministerio de la intercesión tiene que salir del templo.

"Pavlos Galentzas fue condenado en noviembre de 1984 a cuatro años de prisión por su objeción de conciencia al servicio militar. Pavlos, testigo de Jehová, cumple condena en la prisión militar de Avlon, en Atica (Grecia).

La legislación griega mantiene un servicio militar sin armas de una duración muy superior al servicio militar con ellas, por lo que Amnistía Internacional (AI) considera esta duración como punitiva. No se ha establecido ningún procedimiento formal para el reconocimiento de la objeción de conciencia. La legislación griega no permite ningún servicio alternativo fuera del ámbito militar.

Pavlos Galentzas ha sido encarcelado por su objeción de conciencia al servicio militar con o sin armas, por motivos de conciencia, debido a sus creencias bíblicas. AI le considera preso de conciencia y ruega se envíen cartas cortésmente redactadas, en las que se pida la puesta en libertad de Pavlos y se muestre preocupación por la falta de derechos de los objetores de conciencia en Grecia, a: Andreas Papandreu, Prime Minister. Maximou Palace. Herodou Atticou Avenue (Atenas). *(El País,* 17 junio 1985.)

8
MARIA, REFUGIO DE LOS QUE PECAMOS

1. Introducción:

Dentro de estos nueve días de peregrinación vamos a celebrar hoy el perdón de Dios. A la Virgen la llamamos "refugio de los pecadores". En la víspera de su fiesta reconozcamos públicamente que Dios es amor y nos perdona. El mensaje de la Virgen es que Dios se hace pronto al perdón en su Hijo, Cristo. Hoy María nos ofrece a su Hijo hecho el perdón de Dios para la comunidad y para cada uno de nosotros.

2. Canto de entrada: Ven, Señor, C.L.N. 15.

3. Lectura primera: Génesis 1,26-27; 3,14-15.

Dijo entonces Yahvéh-Dios a la serpiente...
Pondré enemistad entre ti y la mujer,
y entre tu linaje y el suyo;
éste te aplastará la cabeza,
y tú le acecharás al talón.

4. Salmo Interleccional: 79 (80).

Señor, ¿hasta cuándo
estarás airado
mientras tu pueblo
te suplica?
Canto...
Señor, vuélvete:
mira desde el cielo, fíjate,
ven a visitar tu viña.
Canto...
Que tu mano proteja
a tu escogido,
al hombre que tú fortaleciste.

No nos alejaremos de ti;
danos vida,
para que invoquemos tu nombre.
Canto...

Como antífona del Salmo se puede cantar: Morada de la luz, C.L.N. 325.

5. Evangelio: Lucas 1,39-45.

Algunos días después, María se puso en camino, y, lo más de prisa que pudo, se dirigió a un pueblo de la región montañosa de Judá, donde vivía Zacarías. María entró en su casa y saludó a Isabel; y ocurrió que, cuando Isabel oyó el saludo de María, el niño que llevaba en su vientre saltó de alegría. Isabel quedó llena del Espíritu Santo, y exclamó con gritos alborozados:

—¡Dios te ha bendecido más que a ninguna otra mujer, y ha bendecido también al hijo que está en tu vientre! Pero ¿cómo es que la madre de mi Señor viene a visitarme? Porque, apenas oí tu saludo, el niño saltó de alegría en mi vientre. ¡Feliz tú porque has creído que el Señor cumplirá las promesas que te ha hecho!

6. Reflexión:

— María visita a Isabel para llevar una Buena Noticia. Inicia la vocación de todos los cristianos: que Dios es fecundidad en el corazón del mundo. Dios es amigo de la vida, no de la muerte. María conoce el amor de Dios y quiere convertirlo en un servicio para la familia de la fe. Santa María no anuncia condenaciones ni desastres. Ella hace que quienes la conocen se llenen del Espíritu Santo.

— Nosotros creemos que la presencia de María en la Iglesia es un signo de la fecundidad del Espíritu. Espíritu que brota de la cruz del perdón. Dios es Espíritu. Dios es perdón. Ya desde el Génesis el pueblo de Israel tiene esa intuición profunda de una promesa que nos dice cómo Dios no condena ni al hombre ni a la mujer sino a la serpiente. Santa María como imagen de la Iglesia está en medio de este misterio de perdón. Ella participa en esa promesa.

— Perdonar es amar hasta el extremo. El extremo del amor de Cristo fue el perdón. Y María está presente. Lo más fuerte de Cristo es su grito de justificación para el hombre. Dios no es un rival del hombre. La preocupación de todo el Nuevo Testamento es que el hombre conozca el amor de Dios, que es un amor nacido del perdón más radical.

— La condición para aproximarnos a esta fuente de perdón es perdonar. El nos da su perdón cuando perdonamos. Perdón que no pertenece sólo a la esfera íntima sino que colorea toda la persona y sus acciones. Por eso, sabiéndonos salvados en Cristo, reconocemos que nuestra persona no está tan evangelizadora como pensamos. Que hay zonas de nuestra personalidad que aún no conocen a Cristo. Hay esferas de nuestro comportamiento donde el evangelio aún no es vida, no es fecundidad.

— La Iglesia, portadora del perdón de Cristo, hoy nos invita a celebrar este sacramento de la misericordia y la alegría. Cristo nos perdona. Y quiere que seamos portadores de ese perdón que hace posible una esperanza más fuerte que la misma muerte. Celebremos este don que Cristo nos hace a través de la familia de la fe que es la Iglesia.

— No tengamos miedo de pedir perdón públicamente a la comunidad y después privadamente ante el sacerdote, signo de esa comunión que es la Iglesia.

7. Examen de conciencia:

Lo hacen dos seglares y el sacerdote:

Lectora: Jesús no dijo: Esta mujer es frívola, necia, con la cabeza llena de pájaros. Está marcada por el atavismo moral y religioso de su ambiente.

Lector: Jesús sí dijo: ¡Dame de beber! E inició con ella una conversación, porque era una mujer (Jn 4,1-42).

Sacerdote: ¿Cuál es tu actitud ante los demás, de diálogo o condenación?

Lectora: Jesús no dijo: Aquí tenéis una pecadora pública, una prostituta enfangada para siempre en el vicio.

Lector: Jesús sí dijo: Tiene más oportunidades de entrar en el reino de Dios que aquellos que confían en su riqueza o se amparan en su virtud y en su deber (Lc 7,36).

Sacerdote: ¿Por qué condenas a los demás?

Lectora: Jesús no dijo: Esta vieja que echa unos céntimos en el cepillo del templo es una supersticiosa.

Lector: Jesús sí dijo: Que aquella viejecilla era formidable y que su desinterés merecía ser imitado (Mc 12,41-44).

Sacerdote: ¿Qué te impide valorar lo pequeño, lo que no tiene precio: los niños, los disminuidos, los ancianos, la gratitud?

Lectora: Jesús no dijo: Estos niños no hacen más que tonterías.

Lector: Jesús sí dijo: Dejadles que se acerquen a mí y procurad pareceros a ellos (Mt 19,13).

Sacerdote: ¿Pueden los pequeños acercarse a ti? ¿Tienes tiempo y humor para acogerlos desde lo que ellos son y necesitan?

Lectora: Jesús no dijo: Este hombre es un corrompido funcionario que se enriquece adulando a los ricos y oprimiendo a los pobres.

Lector: Jesús sí dijo: Que con El había llegado la salvación a aquella casa porque él se había convidado a su mesa. (Lc 19,1-10).

Sacerdote: ¿Eres solidario con las responsabilidades sociales?

Lectora: Jesús no dijo: Este individuo ha vivido siempre fuera de la ley.

Lector: Jesús sí dijo: Hoy estarás conmigo en el paraíso (Lc 23,39-43).

Sacerdote: ¿Ante los desajustes de la sociedad qué aportas? ¿Cuál es tu actitud ante las personas que margina la sociedad? ¿Aceptas que son hermanos tuyos?

Lectora: Jesús no dijo: Judas me has traicionado.

Lector: Jesús sí dijo: Amigo ¿con un beso me vendes? (Mt 26,50).

Sacerdote: ¿En qué situaciones concretas entregas tú a Jesús?

Lectora: Jesús no dijo: Este fanfarrón me ha negado.

Lector: Jesús sí dijo: Pedro, ¿me amas? (Jn 21,15-17).

Sacerdote: ¿Qué te supone a ti amar a Cristo?

Dejamos aquí unos cinco minutos de silencio íntimo y sereno. No poner música. Cuidar que el silencio sea real.

8. Monición a la petición pública de perdón:

Puesto el micrófono en el centro del altar se invita a la comunidad a pedir públicamente perdón.

El Señor nos dice que en el perdón que damos, él nos da su perdón. Os invitamos a pedir perdón a la comunidad eclesial, para que él nos bendiga con su perdón.

Los sacerdotes deberían con espíritu de verdad ser los primeros en, sin formalismos, pedir perdón por aquello que les impide ser verdaderamente testigos de Jesús.

9. Petición pública de perdón:

Una vez que cuatro o cinco personas pasen por el micro, el sacerdote invita a todos a pedir perdón con la oración de: YO CONFIESO...

— Te pedimos perdón, Señor,
   por no comprometernos a reducir el sufrimiento humano de los demás.

— Te pedimos perdón, Señor,
porque diciendo que te entregamos la confianza
nos apoyamos en el dinero, el prestigio, el poder.
— Te pedimos perdón, Señor,
porque hemos retorcido tu Evangelio.
Hemos perdido la simplicidad, el espíritu de infancia,
y así impedimos que otros crean.
— Te pedimos perdón, Señor,
porque tu Evangelio es para nosotros
sólo tema de discusión o lectura.
— Te pedimos perdón, Señor,
porque nuestros hogares no son lugares de paz
y acogida,
no son espacios donde se comparte.
— Te pedimos perdón, Señor,
porque no nos responsabilizamos
del servicio de tu fe en la Iglesia.
— Te pedimos perdón, Señor,
por no vivir la fe con agradecimiento
y gozo, como la Virgen en su Magníficat.
— Te pedimos perdón, Señor,
porque nos detenemos en el pecado
y hacemos así infructuosa la Redención.
— Te pedimos perdón, Señor,
por guardar silencio ante la carrera de armamentos,
el espíritu de superioridad del clero,
la insolidaridad con las heridas del hombre de hoy.
— Te pedimos perdón, Señor,
por quienes utilizan tu nombre
para triunfar en la política, la economía, la religión.
— Te pedimos perdón, Señor,
por la pasividad con que miramos tu creación.

10. Absolución:

Todos los sacerdotes concelebrantes con las manos extendidas sobre la comunidad recitan la primera parte de la absolución:

Dios, Padre misericordioso,
que reconcilió consigo al mundo
por la muerte y la resurrección de su Hijo
y derramó el Espíritu Santo
para el perdón de los pecados,
os conceda, por el ministerio de la Iglesia,
el perdón y la paz.

Los sacerdotes se colocan en los diversos lugares del templo y escuchan a los penitentes en su acusación personal; pero en lugares bien visibles. Se pone una música que facilite el recogimiento.

11. Gesto para el ofertorio-final confesiones:

Se prepara un recipiente con cera, cartón y alcohol y un niño enciende un fuego anunciando:

La Virgen quiere que nuestras vidas brillen, ponemos a toda la comunidad ante su presencia para que la bendiga.

12. *Hoy como* última oración *podría rezar toda la comunidad el Ave María.*

9

MARIA, PERPETUO SOCORRO NUESTRO

1. Introducción:

Celebramos la fiesta de Santa María Virgen. Hagamos posible una fiesta en lo más íntimo de nosotros mismos. Que hoy el amor cristiano sea, de manera especial, nuestro distintivo.

2. Canto de entrada: Pueblo de reyes, C.L.N. 401.

3. Canto de Gloria:

Se canta el gloria de la misa de F. Palazón; pero después de cada una de las cuatro estrofas cantadas por el solista, una persona da gracias a la Virgen por alguno de los bienes recibidos de ella.
C.L.N. (C-4).

4. Monición a las lecturas:

Si en Jesús se realizan las promesas de Dios, Jesús mismo nos entrega a su madre para que no decaigamos en la confianza. Así lo vio la Iglesia de los comienzos. Así la celebramos nosotros hoy. Ella es la madre de nuestra comunidad de fe, la madre de la Iglesia. Nuestro Perpetuo Socorro.

5. Lectura primera: II Cor 3,15-18.4,6.

Hasta el día de hoy, un velo nubla su mente siempre que leen a Moisés; sólo cuando se conviertan al Señor desaparecerá el velo. Ahora bien, el Señor es el Espíritu, y donde está el Espíritu del Señor hay libertad. Y como todos nosotros llevamos el rostro descubierto, reflejando la gloria del Señor, vamos incorporando su imagen cada vez más perfectamente bajo el influjo del Espíritu del Señor.

El mismo Dios que dijo: Resplandezca la luz desde el seno de las tinieblas la ha hecho resplandecer en nuestros corazones, dándonos a conocer por ella la gloria de Dios reflejada en el rostro de Cristo.

6. Salmo Interleccional: 144 (145).

Te ensalzaré, Dios mío, mi Rey,
bendeciré tu nombre por siempre jamás.
Día tras día te bendeciré
y alabaré tu nombre por siempre jamás.
Canto...
El Señor es clemente y misericordioso
lento a la cólera y rico en piedad;
el Señor es bueno con todos,
es cariñoso con todas sus criaturas.
Canto...
Que todas tus criaturas te den gracias, Señor,
que te bendigan tus fieles;
que proclamen la gloria de tu reinado.
Tu reinado es un reinado perpetuo.
Canto...

Como antífona del Salmo se puede cantar: Canto de liberación, C.L.N. 606.

7. Evangelio: Juan 19,25-27.

Junto a la cruz de Jesús estaban su madre, María, la mujer de Cleofás que era hermana de su madre, y María Magdalena. Jesús al ver a su madre y, junto a ella, al discípulo a quien tanto quería, dijo a su madre:
—Mujer, ahí tienes a tu hijo.
Después dijo al discípulo:
—Ahí tienes a tu madre.
Y, desde aquel momento, el discípulo la acogió en su casa.

8. Reflexión:

— Llegamos a nuestro último día en esta pequeña peregrinación y, ¿qué vemos? A Santa María Virgen junto a la cruz aceptando ser "madre" de una manera diferente. Es algo que nos demuestra la historia de la Iglesia. Desde el siglo V es nombrada en el canon de la misa. El Concilio de Efeso la proclama como Madre de Dios y desde ahí es vista por toda la comunidad creyente. Todos los creyentes la llamamos bienaventurada y sus fiestas vienen tanto del Evangelio como de la reflexión del pueblo cristiano. Se la celebra por relacionarla con lugares como con leyendas. Todo hace posible proclamar que es la Bienaventurada Virgen María. Es como si en torno a María los cristianos verificásemos la orientación de nuestra vida. Y ella está ahí sosteniendo todas nuestras búsquedas. Alentando nuestro peregrinar para que no nos detengamos y lleguemos al encuentro con Cristo. Ella se hace para servir, Perpetuo Socorro nuestro.

— María ha vivido una evolución. Hizo su éxodo desde la fe de Israel, hasta ser madre de la Iglesia naciente: Perpetuo Socorro nuestro. María es prototipo de la Iglesia, que va descubriendo a Jesús en la medida en que se somete al plan de Dios.

— María no conserva nada, no retiene. Ella misma se da en una entrega que llega a sostener a los que sufren. Es el mensaje del icono del Perpetuo Socorro. María, aceptando ser la "Mujer" del Nuevo Testamento asume la vivencia del conflicto, de todo lo que es conflicto por humano. No podemos soñar con un mundo mágico. Ella es Perpetuo Socorro porque nadie, ni ella, puede quedarse al margen del mundo. Hay que escuchar la Palabra, acogerla, dejarse fecundar por ella y dar frutos que te arraigan y arriesgan en este mundo de hoy. Como Perpetuo Socorro ella nos da ese mensaje: estar de pie junto a la cruz, sostener al que no puede con su vida, para que aparezca una nueva forma de relación. La del Reino.

— María ha aceptado ser solidaria con su Hijo. Se ha identificado con su destino. Por eso no quiere impedir ni retrasar el Reino de Dios. Amar a la Virgen no puede ser un pretexto para descafeinar el Evangelio. Honrar a Santa María Virgen, tiene que ir acompañado por un interés en construir un mundo más fraterno, más humano. Más desde las relaciones queridas por Cristo. Y eligiendo como Santa María los últimos lugares.

— Schillebeeckx va a decir que "la humanidad, en sentido real, fue reconciliada con el Padre, no sólo en Cristo como redentor, sino también en María como primer fruto de la redención, como la primera entre los redimidos". Con María se inicia un discipulado. El que hoy hemos de vivir todos los cristianos. Confesar que Jesús es el Señor, el único Señor. Y ello inaugura una nueva relación entre el hombre y Dios y los hombres entre sí.

— Todo lo comprendemos siempre desde Cristo, también en María. Hasta el extremo de no verla como Madre hasta que Jesús no ha sido glorificado.

— La comunidad cristiana, que nace junto a la cruz, nos recordará siempre que la plenitud es Cristo. Y que María está, como nadie, asociada a ese misterio del amor de Dios. Viendo cómo todo el Evangelio está lleno de pobres y enfermos que gritan a Jesús, sorprende esta mujer pobre y silenciosa que también sigue a Jesús como un discípulo. Lo hace desde el último lugar, hasta identificarse con quien todo lo espera de Dios a la vez que no abandona su peregrinar.

— Contemplando el icono del Perpetuo Socorro comprendemos hasta dónde llega esa ausencia de presunción, pues esta mujer acepta ser fortaleza para Jesús. Jesús, profundamente humano pide cariño. Y María, como Pedro y tantos en la Iglesia, se atreve a decirle: "Tú lo sabes todo, tú sabes que te quiero". Y se lo demuestra.

— Para nosotros María también es Perpetuo Socorro porque conoce el itinerario de todo verdadero creyente. No le son ajenas nuestras luchas. Y está en el corazón de la Iglesia como quien sirve para que comprendamos a Cristo y sirvamos al Reino de Dios.

— La familia Redentorista posee como un don el icono de Nuestra Señora del Perpetuo Socorro. Se lo entregó el papa Pío IX en 1865 y desde el año siguiente recibe culto en la iglesia de San Alfonso de Roma.

— Los elementos que más destacan son María y Jesús niño que contempla los instrumentos de la pasión.

— El icono quiere hacer visible lo invisible de Dios. Por eso no debemos detenernos en una mirada superficial. El icono es una llamada a la contemplación desde la teología, la liturgia y la oración personal. Y toda esta búsqueda celebrativa está dominada por la presencia de "un rostro".

— En el icono del Perpetuo Socorro la postura del rostro del niño nos abre al sentido que se nos transmite. Se nos presenta la humanidad tan humana de Jesús que se acoge al socorro de María. Aquí María destaca, como quien sostiene al que sufre, a quien conoce la cruz.

— Contemplar este icono, todos los iconos de la pasión, nos sitúa en esa bienaventuranza que habla de la misericordia. En María los Evangelios inician una nueva relación entre los creyentes. Ella, la que es dichosa porque creyó que se cumpliría lo que le había prometido el Señor, acoge a Jesús y en él a todos los que le siguen, conociendo el misterio de la cruz. Así es icono de Dios, perpetuo socorro de todo hombre.

— María, motivo tantas veces de división, hoy es una fuente de ecumenismo y así tanto los católicos como los ortodoxos la llamamos "Esperanza de los cristianos"; los anglicanos remarcan su importancia en la vida cristiana y las iglesias nacidas de la Reforma, glorifican a Dios con las mismas palabras de María.

El icono del Perpetuo Socorro es una presencia en toda la

iglesia católica de las iglesias de Oriente. Expresa ese deseo de comunión que hoy vive toda la Iglesia. Ella es el rostro de esa maternidad que se inicia desde la fe.

9. Intercesiones:

— Oremos por todas las personas que quiebran su proceso creyente, por negarse a ir descubriendo a Dios en las diversas pruebas de la existencia. *Roguemos al Señor.*

— Oremos por todos los solitarios, todas las personas que se sienten condenadas y no conocen el amor humano, para que vean en la comunidad creyente, como en la Virgen, signos de salvación...

— Oremos por quienes aman de modo especial a la Virgen, para que su entrega en la vida de la parroquia y del pueblo sea una presencia continuadora del socorro de María...

— Oremos por todas las iglesias, para que desde Santa María Virgen trabajen por la unidad para que el mundo crea que Jesús es el Señor...

— Oremos por todos los que son mordidos por el sufrimiento, para que conociendo el socorro de la Virgen María sea signo de esperanza en toda la Iglesia...

10. Gesto para el final:

— Se pide a todas las personas que este día traigan flores y tras el silencio de la acción de gracias se puede hacer una ofrenda floral.

— También se podría preparar una velita para cada uno de los que participan y en ese momento, apagadas todas las luces menos las que iluminen directamente a la Virgen, encenderlas y cantar la Salve Regina, C.L.N. 302.

— Si se hace la ofrenda floral, puestas las flores se puede poner un poco de incienso sobre el altar y recitar las nuevas letanías. Se termina con la oración en común del Ave María.

Santa María, *Ruega por nosotros.*
Santa Madre de Dios.
Santa Virgen de las vírgenes.
Hija predilecta del Padre.
Madre de Cristo.
Gloria del Espíritu Santo.
Virgen Hija de Sión.
Virgen pobre y humilde.
Virgen sencilla y obediente.
Esclava del Señor.
Madre del Señor.
Colaboradora del Redentor.

Perpetuo Socorro nuestro.
Llena de gracia.
Fuente de hermosura.
Conjunto de todas las virtudes.
Fruto escogido de la redención.
Discípula perfecta de Cristo.
Imagen purísima de la Iglesia.
Mujer nueva.
Mujer vestida de sol.
Mujer coronada de estrellas.
Señora llena de benignidad.
Señora llena de clemencia.
Señora nuestra.
Alegría de Israel.
Esplendor de la Iglesia.
Honor del género humano.
Abogada de la gracia.
Dispensadora de la piedad.
Auxiliadora del pueblo de Dios.
Reina de la caridad.
Reina de la misericordia.
Reina de la paz.
Reina de los ángeles.
Reina de los patriarcas.
Reina de los profetas.
Reina de los apóstoles.
Reina de los mártires.
Reina de los confesores.
Reina de las vírgenes.
Reina de todos los Santos.
Reina concebida sin pecado original.
Reina asunta a los cielos.
Reina del mundo.
Reina del cielo.
Reina del universo.

CELEBRAR A MARIA

MIGUEL RUBIO CARRASCO

MOTIVO	TEMA	ACTUA	TEXTO DE APOYO
1. Entronización de la Advocación mariana (imagen)	"Los mil rostros del álbum familiar"	equipo parroquial	Gn 3,14-15 Is 7,10-14 Apoc 12,1-6
2. FEMINIDAD-FEMINISMO en la sociedad actual	"María, la mujer"	mujeres	Lc 8,1-3 19-21
3. María y las vocaciones misioneras	"María: primera cristiana y madre de la Iglesia"	catequistas	Hech 1,4.7-9 12-16. 21-22
4. María niña y adolescente	"María niña - María y los niños"	niños	Lc 2,39-52
5. María, novia y prometida	"María joven"	jóvenes	Lc 1,26-38
6. María y la edad adulta	"María: esposa - madre - viuda"	matrimonios	Mc 3,20-21. 31-35; 6,1-4
7. María y el sufrimiento; el problema del mal	"María y el sufrimiento"	ancianos	Jn 19,25-30
8. El rostro que nos resulta más querido	Junto a los demás: "el nuevo rostro de María"	grupos de "Cáritas"	Lc 1,39-56
9. María es solidaria con nuestra necesidad	"María, Madre que socorre"	asociaciones marianas, grupos de oración	Jn 2,1-12

PRESENTACION

Celebrar a María es una práctica arraigada ancestralmente en el pueblo cristiano. De mil maneras, bajo mil advocaciones, por motivos de fiesta o ante circunstancias luctuosas de la vida, los creyentes han sentido desde muy antiguo la necesidad de dirigirse a la Madre de Jesús, honrarla cantando sus excelencias, impetrar su ayuda y protección, sentirla cerca.

Al hacerlo:

● Reconocen la singular posición de María dentro del contexto de la fe: como "madre de Jesús" y "primera cristiana" goza de una prioridad original y única entre todos aquellos que, a lo largo de los siglos, han respondido a la "buena noticia" y se han distinguido por su fidelidad al seguimiento del Señor. Por su cercanía del Señor y por su función inigualable dentro de la Iglesia se ha hecho acreedora a la confianza y cariño de los creyentes.

● Proyectan sobre ella el multidimensional entramado de la propia existencia con sus sueños e ideales, con sus aspiraciones y limitaciones, con sus expansiones y emergencias.

Las páginas que siguen parten de estos dos supuestos y son fruto de una experiencia de celebración mariana con unas delimitaciones muy concretas, a la vez que universales.

● La intencionalidad universal desborda los límites de una visión excesivamente ceñida a los símbolos peculiares de lo mariano. En este sentido, es universal el tratamiento temático y celebrativo que pone de relieve los aspectos más destacables de la devoción marial, de acuerdo con la fidelidad a las fuentes bíblicas y las orientaciones perfiladas en la encíclica "Marialis cultus" (1974), de Pablo VI.

LA CELEBRACION CONCRETA

La CELEBRACION CONCRETA que presentamos se mueve, obviamente, dentro de un esquema determinado al que concurren esta serie de líneas de fuerza:

● TEMA CENTRAL DE LA CELEBRACION: María desde el punto de vista de la mujer actual. María desde su historia a nuestra historia.

El punto de consideración destacado es el de la mujer. La intención, promover, a través de la celebración, una revisión de actitudes cristianas que pasan por la teología y la vivencia de María en el momento actual.

● PRIORIDADES Y CRITERIOS DE LA CELEBRACION: A la hora de llevar a la práctica el esquema celebrativo se insiste de forma especial en:

1. Celebración mariana dentro de la Eucaristía.

2. Primera lectura, asumiendo un texto "ejemplar" de *Las glorias de María,* de S. Alfonso de Liguori. (La finalidad perseguida con esta lectura es doble: destacar la aportación alfonsiana, a raíz del bicentenario de su muerte, algo que también está presente en la elección de la oración final; apoyar el elemento narrativo-popular dentro de la celebración).

3. Segunda lectura, bíblica, como punto referencial primario para la reflexión (homilía), en un intento de contemplar la figura de María dentro de la perspectiva de las fuentes bíblicas.

4. Fomento de la participación más intensa posible de todos los componentes comunitarios (dentro de una comunidad parroquial).

5. Puesta de relieve alternativa de los diferentes aspectos de la celebración eucarística, variando cada día alguna faceta especial a base de símbolos, dramatizaciones, incorporación de elementos ilustrativos, etc.

El esquema de CELEBRACION EUCARISTICA ofrece todos los componentes de una celebración habitual completa. Ello no quiere decir que sea necesario, ni dar cabida a todos los elementos en cada celebración, ni seguir indefectiblemente el plan esbozado. Al respecto:

— Muchos elementos ofertados son intercambiables de día a día (por ejemplo: credo, prefacios, plegarias eucarísticas...).

— Tampoco el orden de desarrollo temático está concatenado de manera imperativa; las prioridades pastorales y el mero calendario litúrgico sugerirán las oportunas modificaciones.

1
LOS MIL ROSTROS
DEL ALBUM FAMILIAR

Saludo del celebrante y presentación:

— Comenzamos hoy esta novena a María bajo la advocación...

— Invitación a hacer de esta novena,

● No un motivo meramente anecdótico, devocional...

● Sino un "tiempo fuerte" cristianamente hablando, de renovación de vida, de revisión de actitudes, de crecimiento en fidelidad a Dios y a nuestra vocación de servicio fraterno.

— Tema de estos encuentros que vamos a celebrar en torno a la Eucaristía y convocados por María: MARIA, LA MUJER; DESDE EL PUNTO DE VISTA DE LA MUJER ACTUAL; DE SU HISTORIA (DE MARIA) A LA NUESTRA.

Acto penitencial

— Por todas aquellas formas de "des-amor" que dominan nuestra vida.

— Por la falta de "autenticidad" que percibimos en nuestro seguimiento cristiano.

— Por la "comodidad" con que nos situamos en nuestro recurso a Dios y a la intercesión de María.

Oración

Señor Dios nuestro: en María, la Madre de Jesús, nos has dejado un modelo y una ayuda en medio de las vicisitudes de nuestra vida.

Te pedimos que, como ella, aprendamos a seguir la enseñanza y los ejemplos de tu Hijo; y por ella acertemos a encontrarte y servirte en los demás.

Te lo pedimos por Jesucristo, nuestro Señor.

Primera lectura (De crónicas de la leyenda mariana)

Historia de la pastorcita

Narr.: Refiere un autor antiguo que una pobre pastorcita estaba tan prendada de la Virgen María que tenía puestas sus delicias en ir a visitarla en una capilla de nuestra Señora, situada sobre una colina.

Mientras que el rebaño pacía en los alrededores de la ermita, se entretenía ella en hablar a su amada madre y en ofrecerle humildes obsequios.

La imagen de María estaba desprovista de todo género de adornos; por lo cual quiso hacerle un manto con el trabajo de sus manos. Cierto día, con las flores que había recogido en el campo, entretejió una corona y subiéndose a la hornacina donde estaba colocada la estatua, depositó la corona de flores sobre las sienes de María, diciendo:

Past.: —Bien quisiera yo, Madre mía, ceñir tus sienes con corona de oro y perlas; pero ya sabes que soy pobre. Recibe en prenda del amor que te tengo esta humilde corona de flores.

Narr.: Con estos y otros obsequios procuraba honrar a su amada Señora. Cayó enferma y a los pocos días quedó reducida al último extremo. Sucedió que dos religiosos, pasando por aquellos parajes, cansados del viaje, se pusieron a descansar a la sombra de un árbol. Uno de ellos dormía, el otro velaba, pero ambos tuvieron el mismo sueño: vieron una comitiva de hermosísimas doncellas, entre las que iba una de singular belleza y majestad.

Rel.: —¿Quién eres tú, Señora, y a dónde vas por estos caminos?

Mar.: Soy la Madre de Dios. Con estas santas vírgenes voy a visitar a una pastorcita, que se halla moribunda en la próxima aldea y me ha visitado a mí muchas veces.

Narr.: Así dijo y desapareció la visión. Los dos religiosos se dijeron:

Rel.: —Vamos también nosotros a verla.

Narr.: Al llegar a la aldea dieron enseguida con la choza en que agonizaba la piadosa joven tendida sobre la paja. Los religiosos saludaron a la pastorcita que les dijo:

Past.: —Hermanos, pedid a Dios que os permita ver la compañía que me asiste.

Narr.: A estas palabras cayeron de rodillas. De repente ven a la Virgen María a la cabecera de la moribunda. Tenía en las manos una espléndida corona y consolaba a la pobre pastorcita.

El coro de las vírgenes acompañantes comenzó a cantar, mientras al son de tan suavísima melodía entregaba su espíritu la pastorcita. María le ceñía las sienes con la corona, la tomaba en sus brazos maternales y la conducía consigo al paraíso.

(S. Alfonso, *Las glorias de María*)

Lectura bíblica

Sin que se pueda aplicar directamente a María, la liturgia de la Iglesia nos recuerda una serie de textos de la Biblia en los que, como en un espejo, se deja reflejar algo de la grandeza variada y espléndida de María.

Vamos a recordar algunos de ellos: son como rasgos del verdadero rostro cristiano de MARIA, la Madre de Jesús, la primera cristiana.

En el libro del Génesis (3,14-15)

Como un preanuncio —como aurora del primer día— se nos dice, en el momento en que Dios increpa a la serpiente que tentó e hizo caer a Eva:

"El Señor dijo a la serpiente:
Por haber hecho eso, maldita tú
entre todos los animales domésticos
y todas las fieras salvajes;
te arrastrarás sobre el vientre
y comerás polvo toda tu vida;
PONGO HOSTILIDADES ENTRE TI Y LA MUJER,
ENTRE TU LINAJE Y EL SUYO:
EL HERIRA TU CABEZA
cuando tú hieras su talón".

En el libro de la Profecía de Isaías (7,10-14)

Intentando demostrar a los hombres que no creen en el poder de su intervención salvadora, profetiza de una doncella florida que, como María, de manera singular dará a luz al más singular de los hijos, a aquél que será signo de la intervención misericordiosa de Dios.

206

"El Señor volvió a hablar a Acaz:
Pide una señal al Señor, tu Dios:
en el fondo del abismo o en lo alto del cielo.
Respondió Acaz:
No la pido. No quiero tentar al Señor.
Entonces dijo Dios:
Escucha, heredero de David:
¿No os basta cansar a los hombres,
que cansáis incluso a Dios?
Pues el Señor, por su cuenta, os dará una señal:
mirad: LA JOVEN ESTA ENCINTA
Y DARA A LUZ UN HIJO
Y LE PONDRA POR NOMBRE
"DIOS-CON-NOSOTROS".

En el libro del Apocalipsis (Apoc 12,1-6)

En una visión fastuosa, se nos presenta a la MUJER como una estrella de luz fúlgida ornando al cielo nuevo y a la tierra nueva. Ella aparece enfrentada al dragón de todo mal, al que vence con el nacimiento del HIJO:

"Apareció en el cielo una señal magnífica: una mujer envuelta en el sol, con la luna bajo sus pies y en la cabeza una corona de doce estrellas. Estaba encinta, gritaba por los dolores del parto y el tormento de dar a luz.
Apareció en el cielo otra señal: un gran dragón... El dragón se quedó delante de la mujer que iba a dar a luz para devorar a su hijo cuando naciera. Ella DIO A LUZ UN HIJO VARON, DESTINADO A REGIR A TODAS LAS NACIONES con cetro de hierro. Pero arrebataron a su hijo y lo llevaron hasta Dios y su trono. La mujer huyó al desierto, donde tiene un lugar reservado por Dios".

Homilía

1. Una mujer, en el centro de nuestra historia, importante para Dios: María de Nazaret.

2. A lo largo del tiempo, infinitas fibras cristianas:

   - Han extraído distintas facetas de esta figura rica, poliédrica.

● Han proyectado lo mejor de sus aspiraciones humano-cristianas...

3. Han surgido así, tantas advocaciones...

4. Es importante:

   — Respetar la riqueza plural (de acuerdo con la idiosincrasia de cada uno, cada pueblo, cada cultura...).
   — Respetar la genuinidad de María; no le hacemos ningún honor desfigurándola.

5. De ahí: ROSTRO CRISTIANO DE MARIA.

   — Rasgos que siempre se tienen que dar:
   Madre de Jesús: don y respuesta.
   Primera cristiana: don y respuesta.
   — Rasgos que hay que corregir:

     ● Falsa devoción: competencia entre Vírgenes, Advocaciones (son la misma).
     ● Exageración-deformación: María frente a Dios (María a la sombra de Jesús, dentro de la Iglesia).

6. LOS MIL ROSTROS DE UN ALBUM FAMILIAR.
   Sabiendo que es la misma persona.
   A veces nos gusta más en un atuendo o en otro, en una situación o en otra, para una necesidad u otra.

7. Iniciamos esta novena a María, bajo la advocación de...
   No es ni mejor ni peor que otra: la misma, con preferencias cordiales.
   No está en competencia con otras: distintas fotos del álbum.
   No está enfrentada a Dios: nos orienta a El, fuente de misericordia.

8. ENTRONIZACION (Procesión con varias imágenes o cuadros... La Advocación local en el centro... Flores y luces...)

   — Inmaculada (Murillo).
   — Corazón de María.
   — Doncella (Greco).
   — Virgen del Rocío.
   — (Dolorosas...).
   — Perpetuo Socorro.

Preces

Lo más oportuno es ir haciéndolas durante la procesión que precede.

También, a continuación cuando ésta haya concluido.

En cualquier caso, las preces deberían recoger rasgos de las imágenes presentadas, que variarán de lugar en lugar.

Prefacio

Realmente es justo y necesario darte gracias siempre y en todo lugar, Señor Dios nuestro, que nos amas sin medida, que en el derroche de tu amor no dudaste en dejarnos a tu hijo como hermano nuestro, de la familia humana, nacido como hombre de María de Nazaret, a Jesucristo nuestro Señor.

El fue "signo de salvación" sobre la tierra.

Hecho carne y semejante en todo a nosotros en todo, menos en el pecado, fue concebido y nació de la Virgen Santa María.

Le estuvo sometido durante su infancia, a la vez que dejó claro que tenía que "ocuparse de las cosas de su Padre"; a la vez que manifestó que El venía a fundar "otra familia", la de los "hijos de Dios", en la que no cuentan los lazos de la carne y de la sangre, los lazos de la lengua y la cultura, los lazos de la raza o la posición social, los lazos de cualquier ordenamiento terrenal.

En esta "gran familia" de los hijos de Dios, El es nuestro Hermano mayor y nuestro Señor, a la vez que nos legó como Madre de todos sus seguidores a su misma Madre, María, la primera cristiana, nuestra Madre, Guía y Socorro durante nuestro caminar por la tierra.

Con la alegría que nos colma al sentirnos regalados por ti con tan infinita generosidad, te alabamos y proclamamos, junto·con toda la creación, diciendo (cantando): SANTO...

Oración conclusiva (según S. Alfonso, *Las glorias de María*)

María, Madre de bondad y ternura,
que con tu amor y con los beneficios que dispensas
a tus servidores les robas el corazón:
Roba también nuestro corazón.
Te amamos: quisiéramos tener un corazón
capaz de amarte por todos los que no te aman.
Te amamos, quisiéramos tener una lengua

capaz de publicar por todo el mundo
tu grandeza y misericordia
para los que te aman y para los que no te aman.
Si el amor, Señora,
hace iguales a los amantes con la persona amada,
Tú tienes que remediar la desigualdad:
Haznos semejantes a ti, con el poder que tienes
de parte de Dios para trocar los corazones.
Haz que así lleguemos a ser dignos de tu Hijo,
que vive y reina por los siglos de los siglos. Amén.

2
MARIA, LA MUJER

Saludo del celebrante y presentación

— Motivo de revisión/renovación al interior de la Iglesia.
— Entre las cosas que requieren revisión: situación de la mujer dentro de la sociedad y sobre todo dentro de la Iglesia.
— María, la mujer desde su historia a la nuestra.
— Otros días, iremos repasando diferentes aspectos de la feminidad de María desde el punto de vista de la mujer actual.
— Hoy, en general: María, la mujer.
— Queremos dar particular protagonismo a las mujeres en esta celebración.

Acto penitencial

— Por todo el "machismo" que domina nuestra visión de la vida y nuestras actitudes.
— Por la "marginación" a la que nuestra sociedad somete a la mujer y, de manera particular, por la que sufre dentro de la institución eclesial.
— Por la "degradación" a que exponemos a la mujer cuando nos dejamos llevar por aquella concepción propagandística que nos la presenta como objeto deseable.

Oración

Señor, Dios nuestro:
En María nos has dejado un modelo de la mujer perfecta que, siendo fiel a sí misma, se abre a las exigencias de tu voluntad sobre ella.
Al celebrar este día a María, te pedimos que, siguiendo el ejemplo de su fidelidad y respuesta, nos esforcemos por ser fieles a nosotros mismos y seguidores de tu Hijo Jesucristo.
Que contigo y el Espíritu vive y reina por los siglos de los siglos. Amén.

Primera lectura (De crónicas de la leyenda mariana)

Conversión de Santa María egipcíaca

Narr.: Es célebre la historia de Santa María egipcíaca, que se refiere en el libro I de la vida de los Padres del desierto.

A los doce años se fue de la casa paterna y huyó a Alejandría, donde fue el escándalo de toda la ciudad por la vida desenfrenada que llevaba. Al cabo de dieciséis años pasados en todo género de torpezas, se dio a una vida vagabunda, llegando de esta suerte a Jerusalén mientras se celebraba la fiesta de la Santa Cruz. Se le ocurrió entonces entrar en la iglesia, más bien por curiosidad que por piedad. Pero al querer franquear los umbrales del templo sintió que una fuerza invisible le estorbaba el paso. Intentó entrar por segunda vez y de nuevo fue rechazada. Después de una tercera y cuarta tentativa infructuosa se retiró la desgraciada a un rincón del atrio.

Comprendió que por su vida desordenada se había hecho indigna de entrar en la iglesia. Pero por fortuna alzó los ojos y vio una imagen de María pintada en el frontispicio. Vuelta a la Virgen y deshecha en llanto, le habló así:

Egip.: —Madre de Dios, ten piedad de esta pobre pecadora. Bien sé que mis pecados me han hecho indigna hasta de gozar de una simple mirada tuya. Pero tú eres refugio de pecadores. Por amor de Jesús, tu Hijo, ayúdame y permíteme entrar en la iglesia, que quiero cambiar de vida y hacer penitencia.

Narr.: Luego, como si la Virgen le hubiera dado una respuesta, oyó una voz interior que le decía:

Mar.: —Ya que en tu desamparo has acudido a mí y quieres mudar de vida, entra en la iglesia, tienes las puertas abiertas de par en par.

Narr.: Entró, adoró la cruz deshecha en llanto y, volviéndose a la imagen de María, le dijo:

Egip.: —Heme aquí, Señora, dispuesta a retirarme a hacer penitencia.

Narr.: Se confesó. Comulgó. Luego pasó al otro lado del río Jordán y llegó al desierto, donde durante cincuenta y siete años se entregó a dura penitencia. A la edad de ochenta y siete la encontró el abad Zósimo, a quien refirió toda su vida, suplicándole que al año siguiente regresara para traerle la comunión. Accedió el abad y así lo hizo. Cuando dos años después quiso repetir la misma acción, la halló muerta. Su cuerpo estaba inundado de luz y en torno a su cabeza escrita una frase que decía: "Entierra en este lugar el cadáver de esta pobre pecadora y ruega a Dios por ella".

El santo abad la enterró auxiliado de un león que acudió a cavar la fosa. De regreso al monasterio refirió las maravillas de la misericordia de Dios con aquella feliz penitente.

(S. Alfonso, Las glorias de María)

Lectura evangélica (Lc 8,1-3; 19-21)

Jesús no hacía distinción entre hombre y mujer, no se dejaba llevar por prejuicios, no era antifeminista. Los evangelios nos relatan con profusión gestos y acciones en que la mujer es protagonista de sus parábolas, de sus curaciones, de sus encuentros con amigos, de su acción liberadora... Nos relatan el respeto con que siempre las trató. Por una incomprensible falta de atención no hemos visto con frecuencia que, así como eligió a doce hombres, que le seguían y formaron su "colegio apostólico", también se rodeó de un grupo de mujeres que le seguían, le asistían, le servían... El relato que vamos a escuchar —unos breves versículos del capítulo 8 de san Lucas— nos pone de relieve este cortejo de mujeres que constituyen el grupo de seguidoras de Jesús, hasta el punto de transmitirnos sus nombres y rasgos peculiares de su identificación... Sin duda, entre estas mujeres, se encontraba también María, su Madre y su primera discípula... Así podemos deducirlo de otros pasajes evangélicos en que expresamente se hace referencia a la presencia de María en la actividad apostólica de Jesús.

Lectura del Evangelio según san Lucas:

"Jesús recorría ciudades y aldeas y anunciaba la buena noticia del Reino de Dios. Lo acompañaban los doce y también algunas mujeres que El había sanado de espíritus malos o de enfermedades: María, por sobrenombre Magdalena, de la que habían salido siete demonios; Juana, mujer de Cusa, administrador de Herodes; Susana y varias otras que lo atendían con sus propios recursos...

Su madre y sus parientes querían verle, pero no podían acercársele, porque había mucha gente. Entonces alguien avisó a Jesús:

—Tu madre y tus hermanos están fuera y quieren verte. Pero Jesús respondió:

—Mi madre y mis hermanos son los que escuchan la palabra de Dios y la practican".

Homilía

1. Desde la psicología moderna, dos datos a destacar:

   — Mujer = protoprimariedad de lo femenino en orden a lo humano.
   — Mujer = capacidad sobresaliente de apertura a lo trascendente religioso.

2. La Iglesia, como realidad humana, sombras y luces:

   — Sombras: la Iglesia tiene una grave cuenta pendiente con la mujer:

   a) Antifeminismo imperante (como en la sociedad):

   - Mujer, ser humano de segunda categoría.
   - Falta de reconocimiento real de la dignidad de la mujer.
   - Siempre en dependencia y desventaja jurídico-institucional:
     no puede ser ordenada sacerdote;
     no puede, consiguientemente, administrar los sacramentos, status eclesial de marginación y dependencia.
   - Por contrapartida —ironía— más del 70 por 100 de toda la actividad pastoral que realiza la Iglesia, canalizada por mujeres (hospitales, enseñanza, misiones, catequesis, asistencia social).

   b) Carencia de feminidad:

   - Todo está masculinizado: sacerdocio, papas, obispos, autoridades, teología (visión de Dios...) masculinizado.
   - Déficit de feminidad en la formulación creyente:
     Las dos definiciones dogmáticas marianas, contrapeso:
     1854: Inmaculada Concepción (Pío IX): déficit social de ideal.

214

1950: Asunción (Pío XII): reacción de C. G. Jung = Quaternidad.

— Luces: la Iglesia, a lo largo de su historia, ha hecho por la mujer más que ninguna institución social:

a) Profeminismo:

- A nivel general: no existe religión alguna que se haya abierto como la Iglesia a la mujer (el dato sociológico de las "iglesias llenas de mujeres") no así en religión judía y musulmana.
- A nivel de derechos: Gál 3,28, "No hay diferencia entre varón y mujer... todos sois uno en Cristo Jesús".

b) Bases para el desarrollo de la feminidad:

- A nivel de orígenes, actitud de Jesús para con la mujer: Acogida.
- A nivel de modelo primigenio: María en la historia de la salvación.

3. María entra en la historia de la salvación como mujer:

— Desde su protoprimariedad femenina: la puesta en marcha y la transmisión de la salvación de Dios arrancan de María como mujer; expresamente es requerida su feminidad como vehículo viviente y primario; lo cristiano comenzó siendo mujer; este condicionamiento penetra amplias zonas de la personalidad de Jesús, en María, lo femenino se convierte en lugar de encuentro de la autorrealización y autocomunicación de Dios con el mundo.

— Desde su feminidad completamente realizada: mujer en todas las fases.

— Desde su idiosincrasia concreta socio-cultural: mujer sencilla de pueblo.

4. María, ejemplo de promoción de la mujer en la hora presente:

— En ocasiones, contemplando las reivindicaciones de ciertos grupos feministas, se tiene la impresión de que están:

- Más empeñadas en usurpar el papel del varón, en ser cada vez más como los hombres (puestos, derechos, modos...).

- Que en conquistar el papel verdadero de la mujer, en realizarse cada vez más como mujeres, en plenitud y en igualdad de derechos con los hombres.

— En María se percibe, desde el Evangelio:

- La expresión perfecta de la mujer liberada y liberadora (Magníficat).
- Su autorrealización pasa por el hecho de ser mujer hasta sus últimas consecuencias y entrar así como mujer, en el designio de Dios sobre la humanidad. En María, su historia singular coincide con la historia universal de la humanidad.
- Lo más grande de su vida consistió en estar al lado de Jesús de la manera que lo hizo:

  — Nacido de mujer, le tuvo como madre.
  — Nacido para Dios, nos la legó como madre. Estuvo a su lado con densidad maternal que no se hizo cargante sino presencia benefactora:

    - Como sufrimiento, en los momentos de crisis (perdido en el templo).
    - Como discreción, en los momentos de triunfo (vida pública, Caná).
    - Como fortaleza, en los momentos de fracaso (al pie de la Cruz).
    - Como prolongación, en los momentos de ausencia (Pentecostés).

Preces

En María tenemos un modelo en que mirar y seguir cómo se puede coordinar el derecho a ser mujer y creyente sin renunciar ni a la propia personalidad ni a la fe cristiana. Pidamos a Dios por medio de María que nos ayude a realizar este ideal:

— Por la Iglesia, para que deponga sus actitudes de antifeminismo y a partir del modelo de María reponga sus carencias de feminidad, *Roguemos al Señor.*

— Por todas las mujeres cristianas, para que tomen conciencia y lleven a la práctica la exigencia de nuestra fe de que para Dios no existe diferencia entre varón o mujer, sino que todos somos uno en Cristo, *Roguemos al Señor.*

— Por todas las mujeres que no encuentran acceso a la Iglesia, para que sin ceder en sus derechos de autorrealización como mujeres, encuentren en María un camino a seguir, *Roguemos al Señor.*

— Por todos los organismos y personas empeñados en la promoción de la mujer, para que en sus reivindicaciones y orientaciones no desfiguren la verdadera identidad de la mujer, sino que le ayuden a realizarse en todas sus dimensiones. *Roguemos al Señor.*

Señor Dios nuestro, en María encontraste a la mujer perfecta, seguidora de Jesús y fiel a sí misma: concédenos, como ella, poner todas nuestras cualidades al servicio de la expansión de tu Reino. Te lo pedimos a ti que vives y reinas por los siglos de los siglos. Amén.

Partes participadas de la anáfora

1. *Memento de vivos*

Te pedimos, Señor, por la Iglesia extendida por toda la tierra, en la que no deben imperar prejuicios entre el ser varón y el ser mujer: Protege al papa y a los obispos, para que transmitan la verdad de tu mensaje sin dejarse llevar por los prejuicios de cultura, sexo o formación... Te pedimos por todos y todas las responsables de la pastoral. Te pedimos particularmente por las mujeres cristianas, por las madres, por las religiosas, por quienes se entregan a ti en la acción o en el silencio. Te pedimos, asimismo, por las mujeres marginadas, explotadas, humilladas en su dignidad.

2. *Memento de difuntos*

Acuérdate, Señor, de todos los difuntos. Particularmente queremos encomendarte en esta tarde de novena a María, a todos aquellos que durante su vida le han profesado particular veneración y cariño. Acuérdate también de aquellos de quienes nadie se acuerda; de las víctimas del terrorismo, del hambre, de la guerra, de la pobreza y de la marginación. Acuérdate finalmente de nuestros seres queridos, que nos han precedido con el signo de la fe y que junto a ti gozan del descanso y de la paz.

3. *Por los presentes*

Ten misericordia de todos nosotros, que hoy recordamos con especial cariño la figura de María, mujer fuerte y fiel, seguidora de Jesús y Madre suya, que se constituye para nosotros —y de modo particular, para las mujeres cristianas— en un proyecto de vida a seguir en pos de la mejor entrega a nuestro ideal humano y evangélico. Así, en este día, con ella y con todos los que a lo largo de los siglos han sabido dar cumplimiento en su vida a los ideales del Evangelio, te aclamamos y bendecimos en esta gran oración eucarística y todos juntos te decimos: POR CRISTO...

Oración conclusiva (según S. Alfonso, *Las glorias de María*)

María, Madre de la gracia abundante,
comparecemos ante tu presencia y te llamamos Madre.
No puedes dejar de ayudarnos,
porque obtienes de Dios cuanto le pides.
Ten, pues, compasión de nosotros
que en ti ponemos nuestra esperanza.
Aquí nos tienes postrados a tus plantas,
para que presentes a Jesús nuestra esperanza.
Por tu medio quiere socorrernos El,
que vive y reina por los siglos de los siglos. Amén.

3
MARIA: PRIMERA CRISTIANA Y MADRE DE LA IGLESIA

Saludo del celebrante y presentación

Uno de los rasgos más destacables de la figura cristiana. de María:

- Ella es "la primera" en el orden de lo cristiano,
  está en la misma raíz de lo cristiano,
  está en los orígenes de las comunidades primitivas.
- Ella es, justamente por eso, Madre de la Iglesia,
  cuna del acontecer más auténtico,
  espejo en el que la Iglesia, desde el principio, se mira como ideal;
  tesoro vivo del que la Iglesia extrae la memoria liberadora de Jesús.

A partir del momento fundacional, la Iglesia, y con ella María, deviene:

- Testimonial: de la vida-muerte-resurrección de Jesús, de su persona y su enseñanza, de su estilo de vida y de su escala de valores.
- Misionera: expansiva, participativa del don que ha recibido, liberadora con la liberación de Jesús.

En la celebración de esta tarde, en honor de María, queremos vincular estos dos aspectos; queremos revisar nuestras actitudes y sacar las consecuencias.

Oración

Señor, Dios nuestro: en María, la Madre de Jesús y madre de la Iglesia, nos has dado un ejemplo vivo de "testimonio" de Jesús y de "misión" de su mensaje a todos los hombres.

Ayúdanos a responder con generosidad a la vocación cristiana testimonial y misionera, en la forma de vida a que cada uno de nosotros ha sido llamado por ti.

Que vives y reinas con tu Hijo y el Espíritu por los siglos de los siglos. Amén.

Primera lectura (De crónicas de la leyenda mariana)

La conversión del joven religioso Ernesto

Narr.: En una ciudad de Inglaterra vivía un joven llamado Ernesto que, después de haber distribuido entre los pobres su rico patrimonio, entró en un monasterio donde llevó una vida edificante, singularmente por su entrañable devoción a la Virgen María. Ella le colmaba de sus bendiciones otorgándole cuanto le pedía.

Pero aconteció que este joven se entibió en su amor a María. Tentado duramente contra su vocación, determinó fugarse descolgándose por una pared del monasterio.

Al pasar por el claustro junto a una imagen de María, oyó a la Madre de Dios que le hablaba de esta manera:

Mar.: —¿Por qué me abandonas, hijo mío?

Ern.: —¿No ves, Señora, que no puedo resistir más tiempo? ¿Por qué no has venido en mi socorro?

Mar.: —¿Por qué no me has invocado? Si hubieras acudido a mí, no te verías ahora en este estado. De hoy en adelante acude a mí y no dudes.

Narr.: Fortalecido Ernesto con estas palabras retornó a su celda.

Pero volvió a acometerle la tentación y él no se cuidó de encomendarse a María. Así que se fugó del monasterio y se entregó a una vida rota y descompuesta, cometiendo toda suerte de crímenes. Arrendó luego una venta en la que, durante la noche, mataba y despojaba a los viajeros que se hospedaban en ella. Acertó a pasar por la venta un joven caballero. Al llegar la noche, el ventero concibió el designio de asesinarle. Con este propósito entró en el aposento del caballero. Se acercó al lecho, pero... en vez del joven caballero encontró un crucifijo cubierto de llagas, que con infinita ternura, comenzó a decirle:

Jes.: —¿No te basta, Ernesto, que haya muerto una vez por ti? ¿Quieres volver a quitarme la vida? Ea, extiende tu mano y dame muerte otra vez.

Narr.: Esta escena confundió a Ernesto. Rompió a llorar lleno de arrepentimiento, mientras sollozaba:

Ern.: —Aquí me tienes, Señor. Ya que eres tan misericordioso conmigo, quiero convertirme y volver a ti.

Narr.: Y abandonó en seguida la venta para tornar al monasterio y hacer penitencia. Pero, de camino, tropezó con

220

la justicia, que lo condujo ante el juez, donde confesó todos los asesinatos que había cometido. Fue condenado a la horca sin dejarle tiempo para confesarse. En tan duro trance, se acordó de María... Y al ser precipitado, con el dogal al cuello, sintió cómo María le sostenía para que no muriera. Luego le descolgó y le dijo:

Mar.: —Vuelve al monasterio y haz penitencia, preparándote para la muerte.

Narr.: Ya en el monasterio refirió al abad lo acontecido. Después de muchos años de rigurosa penitencia murió en la paz del Señor.

(San Alfonso, *Las glorias de María*)

Lectura bíblica (Hech 1,4.7-9.12-16)

En aquel tiempo, "mientras Jesús comía con ellos, les mandó:
— No os ausentéis de Jerusalén; esperad lo que os ha prometido el Padre, como os había dicho [...]: recibiréis la fuerza del Espíritu Santo, que vendrá sobre vosotros, y seréis mis testigos en Jerusalén, en toda Judea y Samaría y hasta los confines de la tierra.

Entonces, en presencia de ellos, Jesús fue levantado y una nube lo ocultó [...]. Ellos se volvieron a Jerusalén desde el monte de los Olivos, que está a un cuarto de hora de la ciudad.

Y cuando llegaron subieron a la habitación superior donde se alojaban. Se reunieron: Pedro, Juan, Santiago y Andrés; Felipe y Tomás; Bartolomé y Mateo; Santiago de Alfeo, Simón —el que fue zelote— y Judas —hermano de Santiago—.

Todos ellos perseveraban en la oración y con un mismo espíritu, en compañía de algunas mujeres, de María —la Madre de Jesús— y de sus hermanos.

Homilía

Dos motivos centran esta tarde nuestra reflexión sobre María:

— En los orígenes de la experiencia cristiana, ella está allí: primera cristiana - madre de la Iglesia.
— A la hora de prolongar la misión de Jesús, ella cuenta: Es cuna y maestra de misioneros.

1. La lectura de Hechos nos pone de relieve:

— Momento fundacional de la Iglesia.
Jesús se ha ido. Su Espíritu permanece en sus seguidores.
Estos se reúnen: en comunidad, no por libre, por sus nombres y apellidos, llamada personal.

— Entre ellos está la familia de Jesús, sobre todo se hace hincapié en María:

- No hacerla "centro", sino presencia (funcional, al lado de...).
- No pasiva, sino activa: levadura y sal, oración y potencia, memoria viva de Jesús: primera cristiana - madre de la Iglesia.

— Se les encomienda:

- Ser testigos de Jesús, obra, persona, experiencia, jerarquía de valores, hombre nuevo.
- Ser prolongadores de su misión = misioneros: en toda la tierra, para todos los hombres, de todos los tiempos.

— Necesitan refuerzos: Hoy y siempre, porque "la mies es mucha, los obreros pocos".

2. Pedir por las vocaciones misioneras:

— En días semejantes: pedir dinero, pedir gente, pedir oraciones; todo ello, muy necesario, hasta cierto punto. Siempre hay que rezar, pero esto puede ser una evasiva, pasividad, lo absolutamente necesario es comprometerse activamente, saberse interpelado y tener el coraje de decir sí.

— Hoy, día de las vocaciones misioneras tenéis que echarnos una mano a este grupo de cristianos que creen tener una misión en la Iglesia (seguimiento de Jesús):

- Estar en la brecha, allí donde nos llama la Iglesia.
- Embarcarse en la misión a los más pobres.
- Salir al paso teológicamente a los problemas candentes de moral que tiene planteados nuestra sociedad.

— Echarnos una mano quiere decir (a vosotros, sobre todo, jóvenes):

1) Ayudarnos a ser cada día más coherentes con nuestra vocación.

2) Ayudarnos a ser cada día más fieles y más pobres.
3) Exigirnos cada vez más autenticidad, aunque siendo comprensivos con nuestras limitaciones y deficiencias, porque también nosotros somos sólo humanos.
4) Exigirnos que cada día Jesús se vea más en nuestra forma de vivir; que nuestro apostar por los hombres se deje llevar cada día por menos prejuicios; que nuestro encuentro con la juventud y la cultura nos purifique cada vez más de imposturas y componendas.
5) No nos deis una limosna ni de dinero, ni de gente, ni de oración, sino haced lo mismo que Jesús hizo, si os parece, como nosotros lo intentamos. Es decir:
   • Quedaos con nosotros, si nuestro estilo de vida os convence y en nosotros veis alegría.
   • Marchaos a otra parte, si llegáis a la conclusión de que Jesús no está vivo en medio de nosotros o no lo hacemos como El lo hizo; si no nos jugamos el tipo por lo que El se lo jugó; si no ponemos en juego la escala de valores por la que El apostó.

Preces

Los primeros cristianos estaban reunidos en oración con María, Madre de Jesús y madre de la Iglesia. A ella unimos también nosotros ahora nuestra súplica por el mundo:

— Por la Iglesia de Dios, extendida por todo el universo: para que responda con fidelidad a su vocación de salvadora de las inquietudes de los hombres en busca de paz, justicia, amor y felicidad, *Roguemos al Señor.*

— Por todos los hombres y especialmente por los más pobres y abandonados: para que no se sientan defraudados en sus expectativas, sino que siempre encuentren a su lado cristianos que, como verdaderos hermanos, estén dispuestos a servirles al estilo de Jesús, *Roguemos al Señor.*

— Por los jóvenes, particularmente por los de nuestra parroquia: para que sean generosos en su respuesta a la llamada de Dios en aquel puesto vocacional en que Dios les llama en nuestra sociedad, *Roguemos al Señor.*

— Por todos los llamados a la vocación cristiana misionera: para que se mantengan fieles al designio de Dios en pro de los hombres más necesitados de ayuda y liberación, *Roguemos al Señor.*

Escucha Señor nuestra plegaria que hoy, recordando a María, te dirigimos confiados en su protección y en la misericordia de tu Hijo, Jesucristo nuestro Señor. Amén.

Prefacio mariano

Realmente es justo y necesario darte gracias, Señor,
por todas las maravillas con que te manifiestas a tu Iglesia,
ya desde el principio de los orígenes cristianos.
Por Cristo Jesús, Señor nuestro y nuestro hermano.
El nos dejó, en un gesto de maravillosa fraternidad,
a María, su Madre, para que fuera nuestra Madre,
primera cristiana que guía a los cristianos hacia El,
madre de la Iglesia en la que la misma Iglesia
se contempla como ideal y dechado de perfección,
caminante luminosa en nuestro seguimiento,
seguro amparo en nuestras debilidades.
Por Jesús —y desde El— por María
te festejamos con gozo y agradecimiento.
Así unimos nuestras voces y te aclamamos, diciendo: SANTO...

Oración conclusiva (según S. Alfonso, *Las glorias de María*)

María, Madre del amor y la gracia,
no desdeñes inclinar desde tu elevado trono hacia nosotros
los ojos de tu misericordia.
Si el Señor te ha colmado de riquezas,
es para que socorras con ella al indigente.
Nada merecemos; pero no· son los méritos,
sino a los necesitados a quienes buscas.
Bajo tu amparo nos acogemos.
Acéptanos, Señora, y vela por nuestra salvación,
para que guiados por ti acertemos a presentarnos,
completamente dispuestos, ante tu Hijo,
que vive y reina por los siglos de los siglos.
Amén.

4

MARIA - NIÑA - MARIA Y LOS NIÑOS

Saludo del celebrante y presentación

De María como niña nada sabemos históricamente. Las anécdotas que se refieren a ella... leyenda.

De María y los niños poco sabemos. Pero sí se nos transmite en el Evangelio de san Lucas una gran lección:

Cuando surge el conflicto generacional en el interior de la familia de Nazaret,

— ella sabe estar en su sitio,
— guarda la lección en su corazón,
— aprende y... nos enseña.

Hoy nos vamos a detener en esta doble faceta de María de Nazaret: María como niña, María y los niños.

Acto penitencial

— Hacemos un mundo en que los niños no tienen cabida, sobran, estorban...

— Olvidamos que "de los niños es el Reino de los cielos", "si no os hacéis como niños, no entraréis en el Reino".

— A veces, en vez de "dejad que los niños se acerquen a mí", ponemos en práctica "apartad a los niños de mí".

Oración

Señor Dios nuestro: como toda persona nacida en este mundo, María fue niña; como persona adulta y como madre, María trató tiernamente y amó entrañablemente a su Hijo, a los niños...

Ayúdanos a hacernos como niños para entrar en el Reino de los cielos y a amar como María a los niños y a su Hijo, Jesucristo, nuestro Señor. Amén.

Primera lectura (De crónicas de la leyenda mariana)

La historia de Domínica

Narr.: Hace mucho tiempo, en un pueblo de los alrededores de Florencia, vivía una niña de padres muy pobres, llamada Domínica. Se distinguía por su tierno
amor a María, a quien honraba con todos los medios a su alcance. Con frecuencia recogía flores del
campo y ceñía con ellas las sienes de una imagen de
María con el Niño, que tenía en su casa.

Un día, cuando Domínica tenía diez años, se asomó
a la ventana de la calle y vio a una señora de noble
aspecto que traía en sus brazos a un hermoso niño.
El niño y la señora extendían la mano en ademán de
pedir limosna. Domínica corrió en seguida a buscar-
les pan. Pero, de pronto... aún sin abrir la puerta, se
los encuentra delante de sí y advierte que el niño
tiene llagados el costado, los pies y las manos.

Domín.: —Dime, señora, ¿quién ha maltratado así a este
niño?

Mar.: —Ha sido el amor.

Narr.: Cautivada Domínica por el encanto incomparable
del niño le preguntó si le dolían las llagas, a lo que el
niño respondió con una sonrisa. Entre tanto se habían acercado al lugar donde estaba la imagen de la
Virgen María con el Niño en los brazos. Entonces la
mujer preguntó a Domínica:

Mar.: —Dime, hija mía, ¿qué te mueve a coronar de flores
esta imagen?

Domín.: —Me mueve, señora, el amor que tengo a Jesús y
María.

Mar.: Y ¿cuánto los amas?

Domín.: —Los amo cuanto puedo.

Mar.: —¿Y cuánto puedes?

Domín.: —Cuanto ellos me ayudan.

Mar.: —Prosigue amándolos así, hija, que ellos te lo
premiarán.

Narr.: La niña comenzó a percibir un suavísimo perfume
que salía de las llagas del niño. Preguntó a la madre:

Domín.: —Señora, ¿con qué ungüento unges sus llagas?
¿Dónde se puede comprar?

Mar.: —Se compra con la fe y las buenas obras.

Narr.: Entonces Domínica les ofreció el pan. La madre le
dijo:

Mar.: —Este hijo mío se alimenta con amor. Si le dices que amas a Jesús, él se llenará de alegría.

Domín.: Le amo tanto, señora, que de día y de noche estoy continuamente pensando en El y todo mi afán es darle gusto en todo lo que pueda.

Mar.: —Si le amas así, el amor te enseñará lo que has de hacer para agradarle.

Narr.: Entre tanto, el perfume de las llagas iba en aumento, hasta tal punto que la niña Domínica exclamó:

Domín.: —Dios mío, esta fragancia hace morir de amor.

Narr.: De repente se trocó la escena. La madre apareció ataviada como una reina revestida de clarísima luz; el niño resplandeció como el sol. El mismo, tomando las flores de la imagen, las esparció sobre la cabeza de la niña Domínica, quien al reconocer a Jesús y María en aquellos personajes, se postró en tierra llena de respeto y amor.

(S. Alfonso, *Las glorias de María*)

Lectura bíblica (Lc 2,39-52)

En la ciudad de Nazaret, "el Niño Jesús iba creciendo y robusteciéndose, y adelantaba en saber; y el favor de Dios estaba con él.

Los padres de Jesús solían ir cada año a Jerusalén por las fiestas de la Pascua. Cuando Jesús cumplió doce años, subieron a la fiesta según la costumbre. Y cuando terminó, se volvieron.

Pero el niño Jesús se quedó en Jerusalén sin que lo supieran sus padres. Estos, creyendo que estaba en la caravana, hicieron una jornada. Y se pusieron a buscarlo entre los parientes y conocidos. Al no encontrarlo, se volvieron a Jerusalén en su busca.

A los tres días lo encontraron en el templo, sentado en medio de los maestros, escuchándolos y haciéndoles preguntas. Todos los que lo oían quedaban asombrados de su talento y de las respuestas que daba. Al verlo sus padres se quedaron atónitos. Y le dijo su madre:

—Hijo, ¿por qué nos has tratado así? Mira, tu padre y yo te hemos buscado angustiados.

El les contestó:

—¿Por qué me buscabais? ¿No sabíais que yo tengo que ocuparme en los asuntos de mi Padre?

Pero ellos no comprendían lo que quería decir.

El bajó con ellos a Nazaret y siguió bajo su autoridad.

227

Su madre conservaba fielmente todas estas cosas en su corazón.

Mientras tanto, Jesús crecía y se iba haciendo hombre, desarrollándose en saber, en estatura y en gracia ante Dios y ante los hombres".

Homilía

I. *De cara a todos, a partir de la perspectiva de los "niños"*

1. Históricamente hablando:

— El Evangelio da mínima noticia sobre María.
— Todavía menos sobre su infancia.
— Cuanto se ha transmitido en este sentido proviene de:

• Leyendas piadosas.
• Apócrifos.
• Afán de suplencia del corazón amante de los cristianos.
• Proyección de situaciones culturales y ámbito histórico.

2. Dogmáticamente hablando:

— Inmaculada Concepción de María.
— No es propiamente historia.
— Se nos dicen dos cosas fundamentales:

• Por parte de Dios —el don—:
María es asumida totalmente, sin reserva, desde el primer momento de su existencia, en un designio singularísimo de Dios.
No hay en ella nada de ruptura, falsedad, incoherencia...
• Por parte de María —la respuesta—:
María se entrega totalmente, sin reserva, desde el primer momento.
No hay en ella fisura, reserva, malicia...

— No ver la "Inmaculada concepción" desde la perspectiva moral o de la pureza sexual.
Esto: reduce la espléndida totalidad del don y la respuesta.
— Ver, más bien:
Inocencia, limpieza, integridad, sin pliegues...
El símbolo del niño en el lenguaje evangélico de Jesús:

- "Dejad que los niños se acerquen a mí".
- "Si no os hacéis como niños..."
  Un mundo de valores sin contaminar, original, donde no caben los cálculos egoístas de los adultos, para el que no tenemos categorías lógicas de medición.

II. *De cara a los padres, desde la perspectiva de los "niños"*

1. María y los niños:

   — Históricamente hablando, no sabemos nada.
   Desde la experiencia de Jesús en el Evangelio podemos deducir...

   - El cariño que él les tenía, ¿de dónde le podía venir?
   - Lo mismo que... sabemos de su ternura, delicadeza, trato, finura de gusto..., flores, naturaleza..., limpieza de sus ojos..., ¿de dónde le podía venir?

2. María y "el" niño Jesús:

   — Más que la anécdota histórica (Lc no se propone relatar hechos) la lección (lectura que hemos hecho): ambiente sano familiar, clima de práctica religiosa, desarrollo armónico y acompañado (Jesús se va haciendo hombre normal...), respeto mutuo, obediencia de Jesús.

3. Surge el conflicto generacional:

   — A los doce años se "escapa" de casa: rebeldía normal:

   - Los intereses de los padres - los intereses de los hijos.
   - La visión del mundo de unos - la visión del mundo de los otros.
   - Dos mundos entran en colisión:

   1) Las prioridades de unos: orden, familia terrena, lazos carne-sangre, las cosas de los padres, la casa institucional.
   2) Las prioridades de otros: novedad, familia nueva, utopía del Reino, las cosas del Padre, la casa de Dios (vocación).

   — La salida del conflicto:

   - Realismo: ella no se entera, no comprende; él reivindica.

- Sufrimiento: estábamos angustiados —ellos—; las cosas son así —él—.
- Recriminación: Por qué te has portado así con nosotros.
- Respuesta de obediencia: bajó con ellos, les estaba sumiso...
  Las cosas vuelven a su sitio: las dos partes saben ceder.

4. Lección para los padres y para los hijos.

   — Para los padres:

   - Los hijos tienen derecho a ser ellos mismos.
   - No son duplicados de los padres.
   - Dejarles crecer, sin quererlos mantener "sub-des-arrollados", porque son más bonitos, más mane-jables...
   - No buscarse a sí mismos.

   — Para los hijos:

   - A pesar de todo, nadie os quiere tanto como vuestros padres.
   - Hay un orden que respetar.
   - Ser uno mismo no es igual a ser adulto ni prescindir de los padres, la experiencia, las exigencias del crecimiento...
   - Crecimiento armónico, activo —no pasivo—, respuestas totales a la vida fisiológica, intelectual, espiritual, moral...

5. El realismo de la grandeza de María:

   — Guardaba todo esto —sin entenderlo, el secreto— en su corazón...

   - "No entender", creer sin embargo: sacrificio de la mente.
   - La "memoria" de Jesús.

   — Discípula de Jesús... ir aprendiendo un "mundo nuevo..."

Preces y ofertorio

A partir de un símbolo:
— Palomas recortadas de papel.
— En cada una de ellas se escribirá una petición breve.
— Acabada la homilía, el grupo de niños con las palomas en la mano se acerca al altar —o ante el micrófono—, lee la petición, deja caer al aire su paloma de papel.
— El sacerdote ofrece, a continuación, esas peticiones con el pan y el vino (en el ofertorio).

Prefacio: Los niños, protagonistas del mundo nuevo

Y dijo Dios:
"Cada vez que nace un niño es que sigo confiando en el hombre. Porque entregaros un niño es delegar mucho de mí en vosotros. Es haceros 'padres' y 'cuna del mundo'.

Tendríais que aprender de Dios mismo a tratarles como se merecen y como necesitan.

¿No sabéis que todo niño es una imagen nueva que se estrena de Dios? Acostumbraos, pues, a verme en su frágil transparencia, sea de la raza que sea.

Bienaventurado el que ayuda a un niño a crecer a la medida de Cristo. Porque yo os digo: en cada niño veo yo, el Señor, a mi Hijo Jesús.

Y en verdad: podríais llamar 'Jesús' a todos los niños.

Y, otra cosa...: no os olvidéis que todo lo que hacéis a cualquiera de estos pequeñuelos, a El se lo hacéis.

Construid, pues, un mundo en el que los niños sean más importantes que el dinero.

Poned fin a todas las guerras por la sonrisa de un niño. Acabadlas, incluso, para que pueda ir a la escuela y jugar feliz.

Enseñadles, de verdad, el 'Padre nuestro'...

Dadles el pan todos los días... (y el chocolate y los juguetes de cada día... y las lecciones necesarias). Todos y cada uno de los días".

Dice Dios... Nosotros aceptamos su Palabra y bendecimos su nombre, diciendo: SANTO...

Oración conclusiva (según S. Alfonso, *Las glorias de María*)

María, Madre nuestra en la ternura,
nos ofrecemos a tu servicio

desde los primeros años de nuestra vida.
Míranos hoy ante ti.
Te entregamos todo lo que somos y tenemos.
Acéptanos como ofrenda en este día
y ayúdanos a ser, duran-
te toda nuestra vida, fieles a Jesús.
Que vive y reina por los siglos de los siglos. Amén.

5
MARIA JOVEN

Saludo del celebrante y presentación

María siempre es joven, porque siempre puede ser madre. De hecho es madre de hijos innumerables.

María fue y es para siempre joven, porque se abrió sin reservas a la novedad de Dios.

Como "joven" se le puso un horizonte amplio por delante; respondió al reto de la historia "de" Dios y "con" Dios.

Lo tuvo difícil, más difícil que criatura alguna.

Salió airosa, como nadie lo hizo jamás.

Se constituye, por lo mismo, en hito e ideal de respuesta y juventud.

Acto penitencial

— Programamos una sociedad que "ablanda" y "frustra" a la juventud...

— Como jóvenes, complacencia en sentirse "víctimas", en vez de "lo que la vida nos promete hay que cumplírselo a la vida"...

— Como burgueses, exigimos "derechos" (lo que nos falta), olvidamos "deberes" (lo que les falta: tercer mundo)...

Oración

Señor, Dios nuestro: en María has inaugurado la novedad y la ilusión de la historia, abierta a la originalidad inagotable de la "buena noticia" de la liberación.

Danos el coraje necesario para saber responder en nuestra vida, como María, a las exigencias del Evangelio de tu Hijo Jesús.

Que vive y reina contigo y el Espíritu, por los siglos de los siglos. Amén.

Primera lectura (De crónicas de la leyenda mariana)

La historia de "M"

Narr.: Refiere un autor espiritual que por los años de 1465 vivía cerca de la ciudad holandesa de Nimega una joven llamada María. Cierto día fue enviada a la ciudad de compras, con la intención de pernoctar en casa de su tía. Cuando así quiso hacerlo, la tía la despidió con dureza y malos modales, por lo que María se vio obligada a retornar a su pueblo. Le sorprendió la noche en el camino y María, llena de pavor, tuvo la ocurrencia de invocar al demonio en alta voz en un acto de desesperación.

De repente se le apareció un hombre que le prometió ayudarla en todo con una sola condición:

Acom.: —Sólo te pido que de ahora en adelante renuncies a hacer la señal de la cruz y dejes de llamarte María.

"M": —Accedo a no hacer más la señal de la cruz; pero de mi bello nombre quisiera mantener al menos la primera letra: "M".

Narr.: Aceptadas las condiciones, ambos se dirigieron a la ciudad de Amberes, donde "M" vivió con tan extraño personaje durante seis años, entregada a una vida pecadora y desenvuelta, siendo el escándalo de la ciudad.

Cierto día "M" insistió de tal manera a su acompañante en su deseo de regresar a su patria, que el extraño personaje tuvo que ceder. Llegaron ambos a Nimega. En la ciudad se representaba entonces un drama sobre la vida de la Virgen María, que ellos acudieron a ver.

Durante la representación "M" rompió a llorar, pues comenzó a avivarse en su corazón el poco afecto que había conservado en su corazón hacia la Madre del Señor, habiendo llegado incluso a renunciar a su nombre casi por completo. Indignado el acompañante le dijo:

Acom.: —¿Qué hacemos aquí? ¿Quieres que también nosotros representemos otra comedia?

Narr.: Y cogiéndola del brazo intentó sacarla de aquel lugar. "M" se resistió con todas sus fuerzas. Viendo él que la iba a perder para siempre, la lanzó al aire dejándola caer en medio del teatro y desapareciendo.

Vuelta en sí la infeliz muchacha contó su desgraciada

historia. Quiso confesarse. Ante lo inaudito del hecho, el párroco la remitió al obispo de Colonia y éste al Papa, quien la escuchó en confesión y le impuso como penitencia llevar continuamente tres aros de hierro al cuelo.

Obedeció la penitente. Se retiró a Maestricht, ingresando en un monasterio de mujeres arrepentidas donde vivió durante catorce años en extrema penitencia. Un buen día, al levantarse de la cama por la mañana, advirtió que los tres aros de hierro se habían roto por sí mismos... Murió al cabo de algunos años con fama de santidad y quiso ser enterrada con los tres aros rotos, como muestra de que había sido rescatada de la esclavitud del mal por María, su libertadora.

(S. Alfonso, *Las glorias de María*)

Lectura bíblica (Lc 1,26-38)

"El ángel Gabriel fue enviado por Dios a una ciudad de Galilea llamada Nazaret, a una virgen desposada con un hombre llamado José, de la estirpe de David. La virgen se llamaba María.

El ángel, entrando en su presencia, dijo:

—Alégrate, llena de gracia. El Señor está contigo. Bendita tú entre las mujeres.

Ella se turbó ante estas palabras y se preguntaba qué saludo era aquél. El ángel le dijo:

—No temas, María, porque has encontrado gracia ante Dios. Concebirás en tu vientre y darás a luz un hijo y le pondrás por nombre Jesús. Será grande. Se llamará 'Hijo del Altísimo'. El Señor Dios le dará el trono de David, su padre. Reinará sobre la casa de Jacob para siempre. Y su reino no tendrá fin.

Y María dijo al ángel:

—¿Cómo será eso, pues no conozco varón?

El ángel le contestó:

—El Espíritu Santo vendrá sobre ti y la fuerza del Altísimo te cubrirá con su sombra. Por eso el Santo que va a nacer se llamará 'Hijo de Dios'. Ahí tienes a tu parienta Isabel que, a pesar de su vejez, ha concebido un hijo y ya está de seis meses la que llamaban estéril, porque para Dios nada hay imposible.

María contestó:

—He aquí la esclava del Señor. Hágase en mí según tu palabra.

Y el ángel la dejó".

Homilía

A) *María joven*

1. El marco (Lc 1,26-38).

   — Uno de los pasajes, literalmente más bellos, teológicamente más densos:

   - Ternura y misterio.
   - Poesía y humanidad.
   - El "cuento" de hadas más maravilloso, afirmado como "realidad".
   - Dios en la historia de los hombres como uno más.

   — No insistir en el "dato histórico" (género literario-redaccional).

   — La afirmación primordial: Dios y su historia de salvación.

2. Un cuadro con María en primer término.

   — Dios el fondo primero.

   — Las matizaciones y colores: ángeles, palabras... ornamentación.

   — Centramos nuestra mirada en la figura de María y la concretamos en su talante de juventud.

3. La figura de María joven y sus contornos.

   — "Mujer" de ¿doce o quince años?...

   - Clima y cultura, costumbres y prácticas judías (Mediterráneo oriental).
   - Muchacha "casadera".

   — Sin noviazgo, ¿"prometida"?, ¿desposada?... "quidushim" - "nishuim": dos etapas progresivas del camino judío hacia el estado matrimonial.

4. El "sí" de la responsabilidad.

   — Más allá de la "historicidad", una actitud de respuesta plena.

   — Libertad y diálogo.

   — Personalización.

   — Riesgo, dificultades, problemas...

   — Responsabilidades.

   — Generosidad, colaboración:

- María queda embarcada en una "gesta" - "aventura".
- Enorme transcendencia y envergadura.

B) *La juventud (cristiana) actual*

1. La complejidad "desconcertante".

   — En vez de "definiciones", realidad diversificada y polivalente.
   — Sí a la juventud actual: realismo abigarrado.
   — Lo "positivo" es más que lo "negativo" en ella, pero "diferente"; los que "a oscuras" y sin saber "cómo" alumbran un mundo nuevo son más y mejores que los que destruyen valores.
   — "Nueva juventud", "nueva escala de valores", "nuevo ethos".
   — Merecen la "oportunidad de la esperanza" y la "paciencia comprensiva" de quienes histórica y biológicamente son "mayores".
   Con todo, vale la pena atender a la "visión de los mayores".

2. Una definición certera, pero ignominiosa.

   — La "generación blanda" de los "hijos de papá":

     - El "lujo" de las reivindicaciones sociales.
     - Los cristianos "señoritos".

   — El dato: jamás una juventud en toda la historia de la humanidad occidental:

     - Ha tenido tantas posibilidades como la vuestra.
     - Ha recibido más en herencia: cultura, economía, derechos...
     - Está abocada a un futuro más abierto y prometedor (a pesar de la lacra del paro...).

   — La respuesta: la mayoría de la juventud occidental:

     - Desencanto y pasotismo como "contestación".
     - Esterilidad e infantilismo como "enfermedad".
     - Protagonistas de la "conmiseración", complejo de "víctima".

   — La contradicción: una juventud que no lo es:

     - Jóvenes que reaccionan como "adolescentes".

- Personas "improductivas" que reivindican radicalmente.
- El vaciamiento alienador de la "droga", "terrorismo"...

3. El despertar religioso de la juventud.

— ¿Droga o "recuperación"?
— ¿Mascarilla o "raíz existencial"?
— ¿Evasión fácil o "retorno a la base"?
— El "signo de interrogación" define, como pocos, a la
juventud actual.

4. Una imagen que hay que desmentir.

— No con palabras, o rabietas, o violencia...
— Sino con hechos y con la verdad de la vida.
— Esta es la afirmación:
— La juventud es maravillosa.

- Que "vuestra vida" grite mentira a todo el que os
denigre.
- No lloréis, sed fuertes y construid un futuro más
coherente.
- Vuestro horizonte de ideales y posibilidades ha
cambiado. Pero:
= apocarse es derrotismo;
= echarse adelante y "crear" es vuestra misión,
como jóvenes.

5. Con María como "punto de referencia".

— Con más tiempo, desmitologizar una imagen "almiba-
rada y blandengue", "pasiva" de María.
Tres consignas, mirando desde María:
— María como "sobresalto", más que como panacea o
pasividad.
— El horizonte "incierto" y "difícil" del salto de la fe.

- No os fiéis de quien os haga la vida demasiado
fácil.
- Al joven —al creyente, más— hay que pedirle cosas
difíciles.
- Quien no sea capaz de afrontar la vida como aventura es un viejo de solemnidad, un carroza inservi-
ble para la sociedad.

238

— La "respuesta del sí":

- Embarcarse en la aventura de la vida cuando Dios no es sólo don, sino también exigencia.
- En la fe y para con los demás, no existe el tiempo de vacaciones.

Preces (en forma de "testimonio de la juventud")

1. Los jóvenes amamos la vida. La amamos con pasión. Es natural que nos entusiasmemos con ella y con todo lo que la acompaña:

2. Alegría, dinamismo, placer e, incluso, sacrificio, que estamos dispuestos a aceptar con ilusión, cuando somos capaces de aprender el camino de la entrega.

3. María, llena nuestra vida de Jesús.

1. Los jóvenes somos, con frecuencia, protagonistas de la contradicción:

2. Muchos de nosotros no sabemos saborear el sentido de la vida, nos aburrimos, buscamos "sustitutivos" que más bien atormentan e, incluso, llegan a matar nuestra vida.

3. María, guía nuestro camino al encuentro de Jesús.

1. Los jóvenes estamos en posesión de un extraño privilegio:

2. Nuestra generación disfruta de la vida fácil y cómoda de la sociedad consumista; más que ninguna generación anterior, la nuestra está equipada de bienestar y tiene acceso a la programación del futuro. Pero, por raro que parezca, en vez de hacer el juego que parece maravilloso, devolvemos el billete.

3. María, enséñanos al hombre nuevo: Jesús.

1. Los jóvenes de hoy no somos catalogables desde el mundo de los adultos. Fijaos:

2. • Tenemos a disposición el mejor de los mundos, pero estamos desengañados de tantas promesas no cumplidas.

1. • Se nos pone al alcance de la mano el paraíso en la tierra con el progreso y la tecnología, pero no sabemos si vale la pena un mundo violento, dividido y angustiado.

2. • Se nos entrega una libertad casi omnímoda, la defensa de la dignidad y los derechos de la persona humana, pero nos frustra la existencia de multitudes oprimidas, los métodos de tortura cada vez más sofisticada, la historia cotidiana de "desaparecidos", "secuestrados" e "indefensos violados".

1. • Nosotros vivimos en el mundo 1.º y en el mundo 2.º Todo es posible, pero ¿cómo cerrar los ojos a ese cáncer del hambre y la miseria en el Tercero y en el Cuarto mundo?

3. María, ¿puede comprender todo esto tu hijo Jesús?
Sí, pero...
Jesús no es una respuesta. La pregunta es Jesús.
Jesús no es una solución. El problema es Jesús.
Jesús no da recetas. La búsqueda es Jesús.
Jesús no ordena y manda. La invitación es Jesús.
Jesús no dice no, no, no. El sí, siempre, es Jesús.

Plegaria eucarística

Sacerdote:

Realmente es justo darte gracias en este día, Padre santo,
por el Espíritu de Jesús resucitado que envías,
ayer como hoy, para vivificar la tierra.

Todos:

Gracias porque con su presencia
nos regalas todos los dones de la vida nueva.
Gracias porque con su presencia
es más fácil que haya justicia en nuestro mundo.
Unidos a todos los que caminan
movidos por el mismo Espíritu de Jesús
queremos que llegue a ti hoy nuestra alabanza;
así, alzamos nuestra voz para cantarte:
SANTO, SANTO, SANTO.

Sacerdote:

Santo eres, Señor, en medio de nosotros
por medio de tu Espíritu.
En nuestra reunión de hermanos alrededor de esta mesa,
festejamos el amor y la vida,
festejamos la alegría de sentirnos unidos como cristianos
para celebrar esta acción de gracias de la Eucaristía.
Inmersos en su recuerdo, compartimos su misma vida
al repetir su gesto en la última cena:
Porque Jesús, antes de morir,
se reunió con sus amigos, tomó pan...
Anunciamos tu muerte...

Todos:

Todos en torno a la mesa de esta fiesta eucarística,
recordamos la muerte y resurrección de tu Hijo
que quiso quedarse con nosotros en este sacramento.

Sacerdote:

Envía, Señor, tu Espíritu para que lleve
a feliz término en nosotros la obra iniciada por Jesús.

Todos:

Envía, Señor, tu Espíritu
que ilumine a toda la comunidad cristiana.
Que ilumine y fortalezca a nuestro Padre el Papa,
a los obispos, a los sacerdotes, a las familias,
a los jóvenes y a los niños,
a los enfermos, a todos los que sufren o están en dificultad.

Sacerdote:

Envíanos, Señor, tu Espíritu para luchar, con su fuerza,
por la verdad, la justicia y la paz
en nuestra sociedad y en el mundo entero.
Que sea en nosotros luz para comprender a todos.

Todos:

Ayuda para servir con generosidad.

Sacerdote:

Profundidad para amar.

Todos:

Paciencia para esperar.

Sacerdote:

Fortaleza para perdonar.

Todos:

Alegría para colaborar y compartir.

Sacerdote:

Ayúdanos a trabajar por la unidad de la Iglesia
y de todos los hombres de buena voluntad
en la empresa del bien.
Ayúdanos a descubrirte en el mundo
y en los acontecimientos de la historia.

241

Todos:

Unidos a María y los Apóstoles
y en ellos a todos los hombres que en su vida
han sido fieles al Evangelio,
te ofrecemos, con Jesús y desde su Espíritu,
nuestra mejor alabanza. Y te decimos:

Padre nuestro (1)

Padre nuestro, que estás en los cielos
   ● Tú eres el cielo que vemos cada mañana.
Santificado sea tu nombre
   ● Que tu nombre hable a nuestros corazones.
   ● Y nos ayude a transformar el mundo.
Venga a nosotros tu reino
   ● Que a nadie le falte el sustento
   ● que a nadie le faltes tú.
Hágase tu voluntad así en la tierra como en el cielo
   ● Que salgan las cosas como tú quieres
   ● que esta tierra nos sepa a cielo cada día más.
El pan nuestro de cada día, dánosle hoy.
   ● No sólo de pan vive el hombre, pero también de pan
   ● y junto a él, el pan que mejor nos sabe cada día eres tú.
Perdónanos nuestras deudas
así como nosotros perdonamos a nuestros deudores.
   ● No se te ocurra perdonarnos
si nosotros no somos capaces de perdonarnos mutuamente
   ● pero, también, no se te ocurra cerrar los brazos,
cuando estemos cerrados a los demás.
Y no nos dejes caer en la tentación.
   ● No permitas que seamos cristianos al revés
   ● ni personas sin personalidad.
Mas líbranos del mal.
   ● Quítanos el mal de la vida, o sea: danos tiempo para ser felices
   ● e ilusión para hacer felices a los demás.
Amén.
   ● Nota bene:
Carecemos de espíritu de lucha,
envíanos parte de la tuya

---

(1)   Las palabras Padre - Reino - Pan - Perdón - Amén, se escriben en cartelo-
nes que unos jóvenes alzan y muestran en el momento en que sean pronunciadas
en la oración.

● y que María, tu Madre —nuestra madre— nos eche una mano.

Oración conclusiva (según S. Alfonso, *Las glorias de María)*

María, Madre de la comprensión:
que tu nombre sea siempre la respiración de nuestra vida.
Y al llamarte en nuestro socorro,
no tardes en ayudarnos.
Ya que tanto nos amas y deseas nuestra salvación,
sé nuestro apoyo durante nuestra vida,
y nuestra garantía en la hora de la muerte,
cuando, definitivamente, vayamos al encuentro de tu Hijo,
que vive y reina por los siglos de los siglos. Amén.

6
MARIA:
ESPOSA-MADRE-VIUDA

Saludo del celebrante y presentación

Aunque no tenemos muchos datos sobre la "vida" de María como mujer, sabemos que:

- Estuvo casada.
- Tuvo un hijo.
- Se quedó viuda.
- Perdió a su hijo violentamente.
- Permaneció sola...

Fases sucesivas de una existencia marcada por la prueba en un tiempo y en una cultura en que:

- El hecho de ser "mujer" ya era desgracia suficiente.
- El serlo sin "protección" de varón equivalía a marginación e ignominia.

Estos aspectos centran el motivo de nuestra celebración este día de la novena a María, en nuestra Advocación...

Acto penitencial

— Imposturas personales de "desestabilización familiar".
— Imposiciones mutuas de "despersonalización".
— Manipulaciones, usurpación de derechos, faltas de respeto.

Oración

Señor, Dios nuestro: en María nos has dotado de un ejemplo admirable de mujer fuerte en las distintas fases de una vida de familia marcada por la dificultad.

Te pedimos: que su protección y el estilo de remontar las situaciones difíciles de la existencia, nos socorran en la nuestra para configurarla a la manera evangélica que nos enseña tu Hijo.

Que contigo y el Espíritu vive y reina por los siglos de los siglos. Amén.

Primera lectura (De crónicas de la leyenda mariana)

La esposa celosa

Narr.: Cuentan antiguos documentos este hecho maravilloso en loor a Santa María.

Hace muchos años tenía un noble caballero en el oratorio privado de su casa una imagen de María, ante la que pasaba largas horas del día —y hasta de la noche— recogido en oración ante la amada Señora. Su esposa observaba cómo su marido se levantaba de la cama a altas horas de la noche, salía de la alcoba y no regresaba sino después de mucho tiempo. Tan reiterada práctica le hizo entrar en un estado de celos, sospechando los mayores desvaríos.

Cierto día, para arrancarse la espina que le atormentaba el corazón, se atrevió a preguntarle a su marido:

Espa.: —¿Amas, acaso, a otra mujer, distinta de mí?

Maro.: —Amo a la Señora más amable del mundo. Le he dado todo mi corazón y he resuelto morir antes que dejar de amarla. Si la conocieras, tú misma me exhortarías a que la amase todavía más.

Espa.: —Y cuando por la noche te levantas y sales de nuestro aposento, ¿vas a visitar a esta señora?

Narr.: El caballero, ignorando la tempestad que dominaba el corazón de su mujer, no dudó en confirmar afirmativamente su pregunta. Con ello, se desvanecieron las dudas de la esposa. Y una noche, cuando el caballero abandonó la habitación para cumplir su piadosa costumbre, cegada por los celos se quitó la vida con un cuchillo.

Cumplida su devoción, volvió el caballero a la alcoba. Al querer entrar en la cama, la encuentra toda mojada. Llama a su esposa. Y al no obtener respuesta busca una luz... y ve el lecho bañado en sangre y a su esposa muerta.

Comprendió al instante el malentendido de las preguntas y respuestas en su conversación con su mujer y el triste resultado de los celos de ésta. Cerró inmediatamente la habitación con llave y retornó a la capilla, postrándose a los pies de la Virgen María inundado en lágrimas.

Maro.: —Tú ves, Madre mía, qué grande es mi aflicción. Si tú no me consuelas, ¿a quién podré acudir? Por venir a honrarte me ha sobrevenido esta desgracia. Mi esposa está muerta. Pero tú lo puedes remediar. Hazlo pronto...

Narr.: Todavía estaba orando el caballero cuando escuchó que desde fuera de la capilla una criada le reclamaba con insistente urgencia, porque su esposa le requería inmediatamente. Sin poder dar crédito a lo que oía se levantó el caballero apresuradamente. Salió de la capilla y abrió la puerta de la estancia donde se encontraba su mujer.

Efectivamente, allí estaba, viva, su esposa que se arrojó a sus pies cubierta en lágrimas. Mientras, le pedía perdón por sus celos y le decía:

Espa.: —Por tus ruegos y por la intercesión de la Madre de Dios me veo libre de la muerte y de la condenación.

Narr.: Desbordantes de alegría fueron ambos a dar gracias a María en la capilla. Al día siguiente invitó a todas sus amistades, refiriéndoles lo ocurrido y mostrando la cicatriz como muestra del don recibido de la Madre del Señor.

(S. Alfonso, *Las glorias de María*)

Lectura bíblica (Mc 3,20-21.31-35; 6,1-4)

(La familia de Jesús):

— *Sus parientes no le comprenden*

En aquel tiempo, "volvió Jesús a casa y se juntó tanta gente que ni siquiera podían comer. Al enterarse sus parientes fueron a hacerse cargo de El, porque decían que se había vuelto loco". ...

— *Su verdadera familia: los que cumplen la voluntad del Padre*

"Entonces llegaron su madre y sus hermanos, se quedaron fuera y lo mandaron llamar. Había mucha gente sentada en torno a Jesús cuando le dieron este recado:

—Oye, tu madre, tus hermanos y tus hermanas están fuera y preguntan por ti.

El les contestó:

—¿Quién es mi madre y quiénes son mis hermanos?

Y mirando a los que estaban sentados en torno a él, dijo:

—Aquí tenéis a mi madre y mis hermanos. Todo el que hace la voluntad de Dios, ése es mi hermano, mi hermana y mi madre".

...

"Jesús se fue de allí y volvió a su tierra acompañado de sus discípulos. Cuando llegó el sábado, se puso a enseñar en la sinagoga y mucha gente lo escuchó con asombro.

Se preguntaban:

—¿De dónde le viene todo esto? ¿Cómo explicar este poder milagroso que tiene en sus manos? ¿No es éste el carpintero, el hijo de María y el hermano de Santiago, José, Judas y Simón? Y ¿no viven aquí entre nosotros sus hermanas?"

Homilía

(María en el ámbito familiar)

1. Del cuadro "idealizado" a la estampa "realista":

— La "mitologización" retrospectiva, ante la carencia de datos.

- Las simplificaciones de la fe.
- La tendencia "hagiográfica" (vidas de santos: destacar y buscar lo "maravilloso").

— El "realismo exiguo" de los datos:

- Normalidad (no se destaca apenas nada, porque no hay nada extraordinario).
- Anormalidad (más que "extraordinario", "chocante"): a partir del Evangelio de Mc —leído—.
  = Sus familiares lo tienen por "tocado", loco, no lo entienden.
  = Su madre está hecha un lío: su hijo no se comporta como los demás hijos; si ella se queda en el pueblo, él permite que se quede sola; si ella quiere estar con él, él se despreocupa.
  = Hay autores que hablan, incluso, de "tensiones" entre madre e hijo. De hecho, con los datos en la mano: desplantes de Jesús, recriminación de María.

Pero a la vez, con los datos en la mano:

= Fidelidad "maternal" de María: quiere verle, escucharle, seguirle, estar con él...

= Fidelidad "filial" de Jesús: a veces va a su pueblo, por su madre (los demás no lo aceptan); se hospedaría en su casa; los sábados, a la sinagoga —Lc 4,20 "los ojos de toda la gente estaban clavados en él" (orgullo de la madre...); asistía a compromisos, fiestas (bodas de Caná, Jn 2).

— Lo maravilloso que resulta que todo fuera tan normal...

• Nuestra "realidad" queda engrandecida.
• Nuestras posibilidades cristianas se hacen "realistas".

2. *Las dos familias de Jesús, la doble "posición" de María:*

— La familia de la "carne": horizonte reducido.

• Lazos naturales.
• Intereses personales.
• Obstáculos "institucionales", ataduras, condicionamientos...

— La familia de la "fe": horizonte universal.

• Los que no han nacido "ni de la carne, ni de la sangre, de la voluntad de unión"...
• La nueva familia de los "hijos de Dios", más allá de la carne, raza, lengua..., a partir de la "Palabra", la "voluntad del Padre", el "seguimiento"...

— Dificultad de María para dar el salto:

• Del horizonte reducido, legítimo, con sus costumbres, intereses, lazos, exigencias de cariño...
• Al horizonte universal, nuevo, con sus nuevos planteamientos, desprendimiento, "renacer"...
• El "aprendizaje" doloroso de no comprender, ser pospuesta, ser valorada "desde otros criterios" ("los que escuchan la Palabra y la cumplen").
• La doble, irrenunciable posición:
   = Como mujer: madre (viuda), expuesta, marginada dentro de la sociedad.
   = Como creyente: discípula, a la intemperie de Dios, prueba...

3. *La creyente en el ámbito familiar:*

— No hay historia, propiamente.
En vez de "datos fehacientes":

- Hipótesis de trabajo desde el marco referencial de la cultura y la sociedad de su tiempo:
  = Mujer, madre viuda, madre sin hijo en el judaísmo.
  = Status social - jurídico - religioso en el judaísmo.

- El marco biográfico conjetural:
  = Entre doce-catorce años: "quidushim"/"nidushim": José su marido.
  = Entre trece-quince años: nace el hijo Jesús.
  = Relativamente ¿pronto?: viuda.
  = "Ben Mirjam", en vez de "Ben Joseph": los "hermanos" y las "hermanas" de Jesús.
  = Entre cuarenta-cuarenta y cinco años: abandonada por su hijo:
    - Permanencia difícil en el pueblo.
    - Seguimiento esporádico; luego más estable de Jesús.
  = Hacia los cincuenta años: muere ignominiosamente el hijo en cruz.

- Camino difícil, lleno de sobresaltos y preocupaciones por el "hijo" y sus opciones socio-religiosas de continuo:
  = Deambular.
  = Enfrentamientos con las autoridades.
  = Replanteamientos religiosos...

- Camino difícil como "creyente" a causa de su "Hijo":
  = También a ella se le viene abajo el "entendimiento tradicional" de la religión.
  = Su propio "hijo" la somete a revisión.
  = Dios no le ahorra problemas.
  = Fe como salto en el vacío...

— "Dichosa tú, porque creíste".

- Superar el hundimiento desde el horizonte de la fe:
  = "Fiarse" en Dios: abandono pasivo: don, iniciativa de Dios.
  = "Aceptar" a Dios: empeño activo: respuesta comprometida.

- La grandeza de su personalidad singular:
  = El ámbito "liberador" de Jesús, el aprendizaje dócil progresivo.
  = La "vocación" del hijo reclamado por Dios.

4. *Una lección inacabable:*

— El punto de referencia del realismo:

- Situaciones paralelas entre ella y nosotros, paso por paso.
- Ella lo tuvo mucho más difícil, y salió adelante.

— Actitudes asumibles en cristiano:

- Aceptar y afrontar la propia realidad.
- Familia de la carne - familia de la fe: tensión.
- Cuando Dios pide más de lo "previsto".
- Cuando la "llamada de Dios" se fija en mi hijo (hija).

— María como "evangelio" de Dios: "buena noticia".

Preces

Dios eligió a María como mujer en todas las fases posibles de la vida para acompañar la acción salvadora de Jesús. Pensando en ella le pedimos al Señor por nuestras familias:

Madre: Lo más maravilloso que tenemos y lo más frágil es nuestra familia con sus alegrías y problemas.

Padre: Para que encontremos en María luz y socorro en todas nuestras dificultades y esperanza para la superación.

Hijo: Roguemos al Señor.
Ofrenda del libro de familia.

Madre: En nuestro matrimonio, los gozos se mezclan con las penas, las luces se contrarrestan con facetas sombrías.

Padre: Para que mutuamente acertemos a apoyarnos, en vez de minarnos; mutuamente confiemos, en vez de sospechar el uno del otro; mutuamente descubramos nuestros lados positivos, en vez de buscar los negativos.

Hijo: Roguemos al Señor.
Ofrenda de un pan.

Madre: El trabajo es fuente de seguridad, y si falta, fuente de tensión y desasosiego. Pero también se puede constituir, cuando nos domina, en causa de descontento y desarmonía.

Padre: Para que no nos falte el trabajo nuestro de cada día; para que no olvidemos el compartir con quien no tiene o tiene menos; para que no nos dejemos atrapar por el afán de hacer dinero descuidando el cultivo de la intercomunicación.

Hijo: Roguemos al Señor.
Ofrenda de un instrumento de trabajo.

Madre: En nuestra vida familiar priman una serie de preocupaciones importantes: los hijos, son nuestra preocupación; su educación constituye una preocupación; nuestros ancianos queridos, son una preocupación; el sentido religioso de nuestra vida, es también una preocupación.

Padre: Para que en todas estas preocupaciones encontremos en María, un ejemplo a seguir y luz para nuestros pasos en la palabra de Dios.

Hijo: Roguemos al Señor.
Ofrenda de una biblia.

Escucha, Señor, esta plegaria que te dirigimos anhelando la mejor autenticidad para nuestra familia. Te lo pedimos a ti, el Hijo de María, que vives y reinas por los siglos de los siglos. Amén.

Plegaria eucarística

Te damos gracias, Padre santo,
Dios justo y misericordioso,
porque la esperanza que en ti ponen los pobres
nunca ha sido defraudada.
Tú eres la fuerza de los débiles,
Tú eres el Dios liberador, el Dios que salva.
Enviaste a Moisés como liberador de tu pueblo esclavizado:
por él doblegaste el orgullo de los faraones de Egipto
y fuiste delante del pueblo peregrino en el desierto
hasta la tierra prometida.
Te damos gracias por tu Hijo y hermano nuestro, Jesucristo,
que puso su vida al servicio de los desamparados,
de los cansados y angustiados,
en El se cumplieron tus promesas:

El abrió los ojos a los ciegos y a los sordos el oído;
El proclamó la liberación a los cautivos y oprimidos.
En este tiempo de plenitud de gracia,
El es el signo visible de tu Reino.
Y al pasar de este mundo a Ti, Señor,
a través de una muerte injusta,
muriendo venció a la misma muerte,
resucitando instauró la vida y la liberación.
Por ello unimos ahora nuestras voces
a las voces de todos los que te aman
y te cantamos un himno de gloria: SANTO...

Santo eres, en verdad, Dios nuestro y Padre de todos,
Padre de los pobres,
de los reducidos al silencio,
de los que apenas tienen esperanza,
de los que buscan a tientas en la vida...
Envía tu Espíritu en medio de nosotros,
el Espíritu que condujo a Jesús.
Que El transforme la pobreza de estos dones
que hemos preparado para ti
en el pan y en el vino de la salvación
en esta pascua del Señor que ahora celebramos.
Porque el mismo Señor Jesús,
la noche en que iba a ser entregado, tomó pan...

Este es el sacramento de nuestra fe...
Al recordar ahora la muerte de Jesús
y su resurrección liberadora,
anunciamos al mundo la esperanza segura
en la salvación de nuestro Dios.
Acepta, Padre,
con el cuerpo entregado y la sangre derramada de Jesús,
nuestro deseo de superar el mal,
nuestra solidaridad con los necesitados
de pan, de libertad y de palabra.
Acuérdate de todos los cristianos en dificultad.
Acuérdate de nuestros hermanos,
los hombres que están en las cárceles o en el destierro,
de los marginados por el miedo o la ignorancia.
Acuérdate de todos los pobres, de todos los enfermos.
Da fuerza a los débiles y confianza a los desesperados.
Acuérdate de los que ya murieron
ofreciendo su vida por un mundo más justo y más humano.
Acepta a todos los difuntos en el Reino de tu amor.

Otorga a tu Iglesia luz y fortaleza
para no doblegarse ante los fuertes
y llevar tu salvación a los débiles y humildes.
Otorga a tu Iglesia sentido de responsabilidad y de fidelidad
para acertar a presentar a los hombres de nuestro mundo
el verdadero rostro de tu Hijo Jesucristo.
Así te alabamos y damos gracias,
asociados a María y a todos los santos,
y te decimos: POR CRISTO...

Oración conclusiva (según S. Alfonso, *Las glorias de María)*

María, Madre de la familia cristiana:
Tú eres la madre del amor hermoso,
vida, refugio y esperanza nuestra.
A ti acudimos.
No nos abandones, Señora, aunque lo tengamos merecido.
Conozca el cielo y la tierra que no puede perderse
quien es por ti protegido.
Dile al Señor que somos tuyos y que por ti
ciframos nuestra esperanza definitiva de salvación en El,
que vive y reina por los siglos de los siglos. Amén.

7
MARIA Y EL SUFRIMIENTO

Saludo del celebrante y presentación

Tenemos que reconocer que, en la mayoría de las cosas y a pesar de nuestra mejor voluntad, nos encontramos muy distantes de María.

En la experiencia del sufrimiento, en cambio, podemos conectar inmediatamente con ella.

Sufrir es tan humano que constituye una experiencia universal.

Pero, simultáneamente, nos afecta tan profundamente que puede despersonalizarnos y cuartear nuestra existencia o la de aquellos con quienes convivimos.

Esta tarde de novena a María, queremos contemplarla en esta faceta: María y el sufrimiento; queremos buscar en ella el estilo cristiano de afrontar el sufrimiento.

Acto penitencial

— Porque, a veces, en vez de superar el sufrimiento nos dejamos superar por él, nos dejamos derrotar por él en nuestra vida.

— Porque, a veces, hacemos sufrir a los demás, sobre todo a quienes más queremos, sin necesidad, por falta de autovencimiento.

— Porque, con frecuencia, rehuímos el dolor y olvidamos a quienes sufren, en vez de aprestarnos a aliviarles.

Oración

Señor, Dios nuestro: a lo largo de toda su vida, María supo asociarse con sus sufrimientos a la pasión y muerte de tu Hijo.

Ayúdanos a aprender de ella la manera de "sobrellevar" los sufrimientos de nuestra vida y a "dimensionar" el dolor de sentido redentor para nosotros y los demás, para llegar, así, a la vida nueva de la resurrección de Jesús.

Que contigo y el Espíritu vive y reina por los siglos de los siglos. Amén.

Primera lectura (De crónicas de la leyenda mariana)

El anciano y la Madre Dolorosa

Narr.: En el libro de las Revelaciones de santa Brígida se refiere este hecho maravilloso:
Un anciano caballero de noble linaje se había apartado completamente de la práctica del bien; hasta tal punto que parecía como si durante sesenta años se hubiese entregado en cuerpo y alma a los poderes del mal. Cayó gravemente enfermo. Jesucristo, queriendo usar con él de misericordia, hizo que el paciente fuera visitado reiteradamente por un sacerdote que le instaba a la conversión en el trance supremo de su muerte. El anciano replicaba invariablemente que no necesitaba confesión. Un día, el sacerdote le manifestó que en nombre de Jesucristo y como instrumento de su misericordia era enviado una y otra vez por expresa voluntad del Señor.
Estas palabras conmovieron al anciano enfermo:

Anc.: —¿Es posible que pueda haber perdón para mí, que durante sesenta años me he obstinado en el mal?

Narr.: El sacerdote le aseguró:

Sac.: —Ten confianza y no dudes en alcanzar la misericordia de Dios. Basta con que te arrepientas para que yo, en nombre de Jesucristo, te pueda perdonar.

Anc.: —Padre, yo me consideraba ya condenado, desesperado como estaba de mi salvación. Pero ahora siento gran arrepentimiento de mis culpas pasadas y espero el perdón de Dios, que no me ha abandonado ni siquiera en este último momento.

Narr.: Aquel mismo día se confesó con profundo arrepentimiento. Comulgó después. Al poco tiempo, en la mayor tranquilidad y resignación interior, fallecía.
Posteriormente tuvo santa Brígida una aparición del Señor que le manifestó que aquel pecador se había salvado gracias a la intercesión de María su Madre. Porque el anciano, en medio de sus desórdenes y pecados, siempre había conservado un especial afecto a la Madre dolorosa y cada vez que pensaba en sus dolores no podía dejar de compadecerse de ella.

(S. Alfonso, *Las glorias de María*)

Lectura bíblica (Jn 19,25-30)

"Junto a la cruz de Jesús estaban su madre, la hermana de su madre, María, la mujer de Cleofás, y María, la Magdalena.

Jesús, al ver a su madre y cerca al discípulo que tanto quería, dijo a su madre:

—Mujer, ahí tienes a tu hijo.

Luego dijo al discípulo:

—Ahí tienes a tu madre.

Y desde aquella hora, el discípulo la recibió en su casa.

Después de esto, sabiendo Jesús que todo había llegado a su término, para que se cumpliera la Escritura, dijo:

—Tengo sed.

Había allí un jarro lleno de vinagre. Y sujetando una esponja empapada en vinagre a una caña de hisopo, se la acercaron a la boca.

Jesús, tomando el vinagre, dijo:

—Está cumplido.

E, inclinando la cabeza, entregó el espíritu".

Homilía

1. *María en "contexto" de dolor.*

— Entre las muchas facetas destacables en la fisonomía de María con relación a la experiencia humana de todos los tiempos:

• Dolor: dimensión siempre destacada.
  = Culto popular: piedad + dolores + soledad + ...
  = Proyección popular: se remite a una dimensión profundamente humana y participada de sufrimiento.

— Todos los datos del Evangelio sobre María pasan, de una u otra manera, por su sufrimiento:

• En ninguna etapa de su vida se le escatima el dolor.
• Tal vez no estamos en condiciones de determinar la historicidad de las distintas afirmaciones. Pero entre todas:
• Contexto referencial de dolor.
  Etapas de su vida —cronología—:
  = Da a luz a Jesús en circunstancias penosísimas.
  = Tiene que huir al extranjero, porque persiguen al Niño.

= En la presentación religiosa de Jesús en el templo: "una espada de dolor traspasará tu vida", "está puesto como signo de contradicción".
= Extravío de Jesús a los doce años (quien sea madre que se ponga en su lugar...).
= Sobresalto continuo durante la vida pública de Jesús.
= Apresamiento, ajusticiamiento público (como un malhechor), muerte, entierro (de prestado) de Jesús.

Etapas del corazón —interioridad—:
= Decantación profunda de su "fe" y entendimiento religioso; crisis de valores religiosos...
= Soledad: crisis afectiva maternal...
= Pobreza experimentada en propia carne: crisis económica y existencial...
= El dolor del Hijo en la vida y en la muerte: crisis del sentido de la vida...

— María supo de dolor.
Aquí sí que la comprendemos bien.
El dolor constituye nuestra propia ley de existencia.

2. *Dolor, dimensión existencial*

— El hombre, protagonista del dolor que aparece como hecho universal y realidad irrenunciablemente humana:

● Desde el mismo ser humano, sufrir es un destino:
= Por las propias limitaciones.
= Por imperativo de la libertad, propia o ajena.
● Desde el entorno externo, sufrir es un condicionante:
= Circunstancias que nos imponen sufrimiento.

— Querer programar la vida sin sufrimiento:

● Utopía imposible.
● Evasión de la realidad constitutiva.
● Antihumano - deshumanizador.

— No existe refugio contra el sufrimiento.
— En las fuentes del dolor:
(sinuosidades - meandros del dolor a través de la psique - cuerpo)

- Crisis:
  afectiva,
  familiar - matrimonial,
  económica.
- Enfermedad - muerte.
- Soledad.
- Incomprensión - desavenencias.
- Edad (envejecimiento, arrinconamiento...).
- Paro laboral.
- Pobreza.
- Marginación.
- Mal racionalizable e irracional.

3. *El cristiano ante el interrogante del sufrimiento y el mal.*

— Sufrimiento = una forma de mal que Dios no puede querer ni permitir:

1) Existencia inconcusa del mal y el sufrimiento en el mundo y en nuestra vida.

2) Impotencia del hombre ante muchas formas de mal y sufrimiento:
   - Irreversibilidad de la muerte.
   - Formas de enfermedad: cáncer...
   - Cataclismos y catástrofes de la naturaleza.

3) Interrogante inquietante "contra" la fe:
   = ¿Cómo compaginar la existencia de Dios con la del mal? (a nivel general)
   = ¿Por qué precisamente "yo"? Tan joven, honrado... (a nivel personal)

— Sufrimiento o mal es cuestión abierta:

- Desde la razón:
  no es lógico en muchas ocasiones,
  no es razonable,
  no es proporcional,
  es absurdo,
  no nos acostumbramos.
- Desde la fe:
  = Evitar las imposturas:
    I. Por exceso: Dios, tapaagujeros que todo lo remedia; Dios lo quiere...; Dios sabe lo que nos conviene... (Dios en forma cruel = antidiós); El no puede nada contra el mal.
    II. Por defecto: Negación de la existencia de

Dios; culpar a Dios de nuestra ignorancia - impotencia; achacarle los platos rotos por nosotros... (no es lógico ni honesto).

— La respuesta cristiana:

- Misterio cuestionante, AT: Job. En el NT: Jesús en la cruz ("Dios mío, ¿por qué me has abandonado?"), dejar a Dios ser Dios.
- Los "instrumentos de la pasión" o sufrimiento en la propia vida.
  = "A cada día le basta su propia cruz", no sobreañadir.
  = Sacrificios, sufrimientos que Dios no quiere.
- La "grandeza" ante el dolor, al estilo de María:
  = Su silencio reverente de aceptación.
  = Muerte y resurrección = parábola de la vida: positividad.
  = Superación: No dejarse vencer por el dolor: en vez de fatalismo, superación; ayudar a aminorar el dolor de los que sufren: en vez de claudicar, afrontarlo.

Preces

Ante la realidad del dolor nos sentimos indefensos. Por ello, ante él pensamos casi siempre sólo en nosotros y nos olvidamos de los demás. Exactamente todo lo contrario de lo que nos pide la parábola del juicio final en el Evangelio de san Mateo. Como un gesto de superación de nuestra cobardía ante el dolor de los demás, y como un gesto de solidaridad con los que sufren, queremos hoy olvidarnos de nuestro propio dolor y pedir por el dolor de los demás. Formulamos nuestras peticiones como súplica de perdón: Oh, Señor, escucha y ten piedad.

1. Muchos pasan hambre. El hambriento nos dice:
2. Tenía hambre. Y tú formaste un club humanitario. Y discutieron mi hambre. Gracias.
Todos: Oh, Señor, escucha y ten piedad.

1. Son muchos los que, con razón o sin ella, están en la cárcel. Nos dicen:
2. Estaba encarcelado. Y te fuiste discretamente a tu capilla en el sótano. Y rezaste para que me soltaran.
Todos: Oh, Señor, escucha y ten piedad.

1. Muchos sufren desnudez. Nos gritan:
2. Estaba desnudo. Y en tu cabeza debatiste la moralidad de mi apariencia.
Todos: Oh, Señor, escucha y ten piedad.

1. Cuánta gente enferma en medio de nosotros, tal vez a nuestro lado. Se nos quejan:
2. Estaba enfermo. Y te arrodillaste y diste gracias a Dios... por tu salud.
Todos: Oh, Señor, escucha y ten piedad.

1. Muchos carecen de hogar. Nos recuerdan:
2. Estaba sin hogar. Y me predicaste el refugio espiritual del amor de Dios.
Todos: Oh, Señor, escucha y ten piedad.

1. Qué tremenda y frecuente es la soledad. Los solos claman:
2. Estaba solo. Y me dejaste solo para rezar por mí... Tú pareces ser tan santo..., tan cercano a Dios...
Todos: Oh, Señor, escucha y ten piedad.

1. Pero los sufrientes todos nos recriminan a los cristianos que nos portamos así. Oíd lo que nos siguen diciendo los que sufren:
2. Pero yo todavía me siento muy hambriento y solo y con frío. ¿A dónde fueron tus oraciones? ¿Qué han logrado? ¿Qué aprovecha al hombre hojear su libro de oraciones cuando el resto del mundo está clamando por su ayuda?
Todos: Oh, Señor, escucha y ten piedad.

Oración conclusiva (según S. Alfonso, *Las glorias de María)*

María, Madre de la fortaleza cristiana:
por los méritos de tus dolores alcánzanos de tu Hijo
el perdón de nuestros pecados y la conversión de nuestra vida.
Por los dolores de tu Hijo, y por tus propios dolores,
no dejes de asistirnos en las horas de sufrimiento
en nuestra vida y en nuestra muerte,
haciendo que te invoquemos a ti y a Jesucristo,
que vive y reina por los siglos de los siglos. Amén.

8
JUNTO A LOS DEMAS: EL NUEVO ROSTRO DE MARIA

Saludo del celebrante y presentación

A pesar de la exigua noticia bíblica que tenemos de María, la contemplación de su figura:

- Como un pozo profundo de agua límpida, casi inagotable.
- Como ese "cofre de tesoros", de donde el cristiano puede extraer en todo tiempo riquezas antiguas y novedosas.

Hoy, queremos contemplar —"re-leer"— otra vez:

- Una de las estampas más antiguas que tenemos de María (el Magníficat).
- Con la grata sorpresa de poder descubrir en ella uno de los rostros más nuevos y bellos de María, tal como la ve la Iglesia —teología de hoy—.

Nos imaginamos que contemplamos un cuadro. En él aparece:

- María volcada hacia los demás.
- María estando junto a Dios y los hombres, al estilo de Jesús.

Acto penitencial

— Por rutina y pasividad dejamos que se "avieje" en nosotros el rostro de María, siempre "nuevo" de rasgos y actitudes cristianas.

— Por comodidad e indolencia no nos "abrimos" a los aires nuevos que, renovando lo cristiano, pueden hacernos más auténticos y coherentes en lo que como personas tenemos de "creyentes" y de "mundo actual".

— Por superficialidad e inercia dejamos que nuestra "devoción a María" esté más dominada por el sentimentalismo estéril que por el compromiso hacia los demás.

Oración

Señor, Dios nuestro: María hizo de su vida, al estilo de Jesús, un derroche de entrega y generosidad que le llevó a la renuncia más absoluta de sí misma.

Concédenos su socorro perpetuo para renovar constantemente nuestra vida cristiana en el servicio desinteresado y comprometido a los demás. Te lo pedimos por Jesucristo, nuestro Señor. Amén.

Primera lectura (De crónicas de la leyenda mariana)

La historia de la mona

Narr.: En las crónicas de los Padres Capuchinos se refiere la historia de un célebre abogado de Venecia que había llegado a enriquecerse a base de fraudes, pero que conservaba la buena costumbre de rezar todos los días una oración a la Virgen María.
Trabó amistad este abogado con un sacerdote a quien logró convencer para que viniese a comer a su casa. Llegó el sacerdote a su mansión y el abogado le dijo:

Abog.: —Quiero enseñarle, Padre, una verdadera maravilla que tengo. Se trata de una mona tan diestra y expedita que me sirve como un verdadero criado: lava la vajilla, prepara la mesa, me abre la puerta...

Sac.: —Es extraño todo lo que me cuenta. Parece como si fuera algo más que un simple animal. ¿Podemos verla?

Narr.: El abogado mandó a sus criados que trajeran la mona, pero ésta no aparecía por ningún lado. Al fin fue hallada en el sótano de la casa, oculta en un recóndito lugar.
Ante las increpaciones del sacerdote y con gran sorpresa de todos comenzó el animal a hablar, manifestando ser el demonio que, espiando la ocasión propicia, había adoptado la forma de mona, en espera de que el abogado dejase de rezar su acostumbrada oración a María, para, entonces matarle y perderle para siempre, cosa que el Señor no permitía en consideración a esta plegaria en honor de María.
Al oír tal declaración quedó consternado el abogado, pidiendo ayuda y consejo al sacerdote, quien le alentó

a arrepentirse y convertirse. Así lo hizo el abogado. De repente se oyó un gran estruendo, se abrió un enorme hueco en la pared de la casa y desapareció la mona.

Durante mucho tiempo no se pudo cerrar el agujero como señal del hecho prodigioso que por intervención de María había librado a aquel pecador de la perdición.

(S. Alfonso, Las glorias de María)

Lectura bíblica (Lc 1,39-56)

"En aquellos días, María se puso en camino y fue aprisa a la montaña, a un pueblo de Judá. Entró en casa de Zacarías y saludó a Isabel.

En cuanto Isabel oyó el saludo de María, saltó la criatura en su vientre.

Se llenó Isabel del Espíritu Santo y dijo a voz en grito:

—¡Bendita tú entre las mujeres y bendito el fruto de tu vientre! ¿Quién soy yo para que me visite la madre de mi Señor? En cuanto tu saludo llegó a mis oídos, la criatura saltó de alegría en mi vientre. Dichosa tú que has creído, porque lo que te ha dicho el Señor se cumplirá.

María dijo:

—Proclama mi alma la grandeza del Señor, se alegra mi espíritu en Dios, mi salvador; porque ha mirado la humillación de su esclava.

Desde ahora me felicitarán todas las generaciones, porque el Poderoso ha hecho obras grandes en mí: su nombre es santo y su misericordia llega a sus fieles de generación en generación.

El hace proezas con su brazo: dispersa a los soberbios de corazón; derriba del trono a los poderosos y enaltece a los humildes; a los hambrientos los colma de bienes y a los ricos.los despide vacíos.

Auxilia a Israel, su siervo, acordándose de su misericordia —como lo había prometido a nuestros padres— en favor de Abrahán y su descendencia para siempre.

María se quedó con Isabel unos tres meses y después se volvió a su casa".

Homilía

1. *Texto y contexto del Magníficat.*

— Un texto para recrearse en la figura cristiana de María.

— Primera visión: la ubicación del "cuadro".

• Ain-Karim, geografía montañosa, sabor exótico... (elemento redaccional).

• La escena:
después del ángel, la visita;
María, portadora de "Buena Noticia";
María, servidora de fraternidad.

• El canto:
florilegio —de Lc— del más depurado pensamiento del AT y NT en boca de María: prototipo de actitudes cristianas auténticas.

2. *Claves de intelección de la imagen de María que se nos presenta:*

— Segunda visión, la "relectura" del cuadro:

• La "nueva imagen" revisa la tradicional no por capricho ni sin fundamento, sí por necesidad y orientada por la Iglesia:

PABLO VI, *Marialis cultus* (1974), n. 34:

"En el culto mariano merecen también atenta consideración las adquisiciones seguras y comprobadas de las ciencias humanas; esto ayudará efectivamente a eliminar /.../ la diversidad entre algunas cosas de su contenido y las actuales concepciones antropológicas y la realidad psico-sociológica, profundamente cambiada, en que viven y actúan los hombres de nuestro tiempo.

Se observa, en efecto, que es difícil encuadrar la imagen de la Virgen, tal como es presentada por cierta literatura devocional, en las condiciones de vida de la sociedad contemporánea y, en particular de las condiciones de la mujer:

bien sea en el ambiente doméstico, donde las leyes y la evolución de las costumbres tienden justamente a reconocerle la igualdad y la corresponsabilidad con el hombre en la dirección de la vida familiar;

bien sea en el campo político, donde ella ha con-

quistado en muchos países un poder de intervención en la sociedad igual al hombre;
bien sea en el campo social, donde desarrolla su actividad en los más distintos sectores, operativos, dejando cada día el estrecho ambiente del hogar; lo mismo que en el campo cultural, donde se le ofrecen nuevas posibilidades de investigación científica y de éxito intelectual".

— Dos claves de "re-lectura" o "re-interpretación":
Vaticano II + Marialis cultus.
Coordenadas de entendimiento de Lc.

● Vaticano II y Marialis cultus:

I.   Vaticano II ha denunciado:

● superficialidad: prácticas externas sin fondo;
● sentimentalismo estéril: emociones fáciles sin labor de revisión y compromiso (cf. Marialis cultus, nn. 24, 38).

II.   Marialis cultus reclama (cf. 24ss.), entre otras cosas:

fuentes bíblicas: las nuevas formas de acercamiento e interpretación;
nueva antropología: una concepción más integral y dinámica de la persona + mujer;
espiritualidad más activa y comprometida;
adaptación a las legítimas aspiraciones del tiempo actual.

● Coordenadas de entendimiento de Lc:

= Comunidad helenista de fondo ya aburguesada, en la segunda y tercera generación cristiana. De ahí:
= Propuesta de retorno al movimiento de pauperismo.
= Evangelista:
    — Social.
    — De la mujer.
= María, protagonista de la "buena noticia" de Jesús; primera cristiana, que asume y representa todo el mundo vivencial-socio-religioso del mismo.
= Jesús, hombre para los demás.

3. *Significado resultante:*

— Revisión de la imagen global de María.
Si antes predominantemente:
● Mujer sumisa = sometida.
● Mujer contemplativa = pasiva.
● Mujer obediente = alienada, replegada, desperso-
nalizada.
Ahora predominantemente:
● Mujer profética = crítica, contestataria.
● Mujer activa = comprometida.
● Mujer fuerte = corresponsable, colaboradora.

PABLO VI, Marialis cultus, n. 37:

"La mujer contemporánea [...] contemplará con íntima alegría a María [...];
comprobará con gozosa sorpresa que María de Nazaret, aún habiéndose abandonado a la voluntad
del Señor, fue algo del todo distinto de una mujer
pasivamente remisiva o de religiosidad alienante,
antes bien fue mujer que no dudó en proclamar que
Dios es vindicador de los humildes y de los oprimidos y derriba de sus tronos a los poderosos del
mundo (cf. Lc 1,51-53);
reconocerá en María, que 'sobresale entre los humildes y los pobres del Señor', una mujer fuerte que
conoció la pobreza y el sufrimiento, la huida y el
exilio (cf. Mt 2,13-23): situaciones todas éstas que
no pueden escapar a la atención de quien quiere
secundar con espíritu evangélico las energías libera-
doras del hombre y de la sociedad".

— Rasgos a destacar en la nueva imagen de María:

● Su entrega desinteresada, volcada a los demás en la
visitación a su prima.
● Su elegancia de espíritu, de esquisitez femenina en
el cántico del Magníficat:
= La existencia como alabanza a Dios.
= Reconocimiento de la propia pequeñez y bajeza.
● Conciencia y preocupación social:
= Inversión de estados sociales.
● Sensibilidad para los pobres.
● Aliento profético, revolucionario:
= Programa de liberación que descarta el odio y la

revancha; que no cuenta más que con la fuerza del amor y del perdón.

HELDER CAMARA, obispo brasileño:

"María, madre de Cristo y madre de la Iglesia [...].
No te fijaste en tu felicidad, sino que pensaste en la humanidad entera.
Pensaste en todos.
Pero tomaste una clara opción en favor de los pobres, como haría más tarde tu Hijo.
¿Qué hay en ti, en tus palabras, en tu voz, cuando anuncias en el Magníficat la humillación de los poderosos y la elevación de los humildes, la saciedad de los que tienen hambre y el desmayo de los ricos, que nadie se atreve a llamarte revolucionaria ni mirarte con sospecha?...
¡Préstanos tu voz y canta con nosotros! ¡Pide a tu Hijo que en todos nosotros se realicen plenamente los planes de Dios!"

Preces

Documentos importantes de la Iglesia en los últimos tiempos nos instan a que profundicemos y depuremos el sentido de nuestra devoción a María, dotándola del mejor espíritu evangélico de servicio a los hombres. Con esta intención formulamos ahora nuestras preces:

1. Por toda la Iglesia de Dios y particularmente por nuestra comunidad parroquial:

2. ● para que acertemos a desprendernos de aquellas devociones que, aunque tradicionales, no concuerdan con el Evangelio, *Roguemos al Señor;*

3. ● para que sepamos superar el sentimentalismo, la superficialidad y la esterilidad, *Roguemos al Señor.*

1. Por el Papa, los obispos, los sacerdotes, los catequistas y por todos los que transmiten la "buena noticia" del Evangelio a los demás:

2. ● para que nunca presenten a María desconectada de su dependencia a Jesús o disociada de su función dentro de la Iglesia, *Roguemos al Señor;*

3. ● para que acierten a revestirla de formas de expresión y de sentido humano que la acerquen al hombre moderno, *Roguemos al Señor.*

1. Por nosotros mismos, que celebramos la novena de nuestra Madre y con nuestro cariño a María queremos renovar nuestras actitudes cristianas:

2. ● para que nos dejemos interpelar por la elegancia de espíritu de María y reconozcamos a Dios por todo lo que El ha puesto en nuestra vida, *Roguemos al Señor;*

3. ● para que sepamos ser sensibles a la pobreza de los más necesitados, para que sepamos ponernos del lado de los oprimidos y hagamos causa común con quienes luchan por la transformación de la sociedad, *Roguemos al Señor.*

Señor: en María nos has dado un ejemplo de vida cristiana. Que su socorro nos fortalezca en nuestro empeño por servirte en los demás al estilo de Jesús. Que vive y reina por los siglos de los siglos. Amén.

Prefacio (Magníficat)

Realmente sentimos que es justo a tu gloria
y necesario a nuestro corazón agradecido,
darte gracias y bendecirte, Señor, Dios nuestro,
que en María nos muestras el ejemplo de aquella alabanza
que sobre todo te agrada:
la que hace de la vida un servicio de entrega a los demás.
Por eso te ensalzamos con el mismo canto de María:

1. Mi alma se llena de gozo
   ante la grandeza del Señor
   y todo mi ser se regocija
   por Dios, mi Salvador.

Canto: El Señor hizo en mí maravillas. Gloria al Señor.

2. El se ha fijado en la humillación y pequeñez
   de su esclava.
   Por eso, desde ahora, dichos me dirán
   todos los hombres.

3. En verdad, el Poderoso
   en mí ha obrado maravillas:
   santificado sea su nombre;
   que su misericordia se derrame
   en sus fieles
   de generación en generación.

Canto: El Señor hizo en mí maravillas. Gloria al Señor.

1. El que hace proezas con su brazo:
   dispersa a los soberbios de corazón;

2. derriba a los poderosos de sus tronos;

3. pone en su lugar a los humildes;

1. colma a los hambrientos de sus bienes;

2. despide vacíos a los ricos;

3. toma de la mano a Israel, su siervo,
demostrándole así misericordia,
como ya lo había prometido a nuestros padres,
a Abrahán y su linaje, para siempre.

Canto: El Señor hizo en mí maravillas. Gloria al Señor.

A María y a todos los que hacen verdadera la Buena Noticia unimos nuestras voces y te aclamamos: SANTO...

Oración conclusiva (según S. Alfonso, *Las glorias de María*)

María, Madre y poderosa intercesora:
cuanto más desvalidos son los que a ti acuden
tanto más empeño muestras en protegerlos y ayudarlos.
Obtén para nosotros la gracia de la fidelidad
y suple todo lo que falta de ella en nosotros,
para que no nos apartemos más en toda nuestra vida de tu Hijo,
que vive y reina por los siglos de los siglos. Amén.

9
MARIA, MADRE QUE SOCORRE

Saludo del celebrante y presentación

La vida es una fiesta y estamos invitados en ella al gozo y la alegría.

La felicidad es una aspiración incallable e infinita del corazón humano.

Pero en esta tierra nuestra, la fiesta nunca es completa: a veces faltamos a la cita del amor, se rompe la salud, la familia; a veces echamos de menos la paz, la convivencia, los seres queridos...

Siempre es un consuelo saber que, en nuestro caminar, no estamos solos.

Si además percibimos que con nosotros va María, la fiesta se puede enderezar, el caminar tendrá buen término.

Hoy, en la celebración de María, nos acercamos a Ella, nos felicitamos por Ella, la contemplamos y queremos contemplarnos en Ella, a la vez que le pedimos que nunca nos falte Ella ni su Hijo en la fiesta de la vida.

Acto penitencial

— Por nuestras infidelidades a la vida...
— Por nuestro egoísmo a la hora de buscar la felicidad...
— Por nuestras imposturas cristianas ante los demás...

Oración

Señor Jesucristo: Nos diste a tu madre María como Madre siempre dispuesta a socorrernos.

Concédenos, a quienes no cesamos de invocar su socorro materno, que merezcamos experimentar perpetuamente los frutos de tu redención.

Te lo pedimos a ti, que vives y reinas por los siglos de los siglos. Amén.

Primera lectura (De crónicas de la leyenda mariana)

Un pecador se convierte por el "Ave María"

Narr.: Cuenta un autor espiritual de cierto hombre que vivía en desgracia de Dios. Al no conseguir su esposa disuadirle para que abandonase su forma de vida, le instó a que, al menos, por devoción a María la saludase con el "Ave María" cada vez que pasase por delante de alguna imagen suya.

Así comenzó a hacerlo el esposo. Sucedió que, cierta noche, cuando iba a cometer un crimen, vio una luz a lo lejos. Se acercó y advirtió que se trataba de una lámpara que ardía ante una imagen de María con el Niño. Rezó el "Ave María" según su costumbre. Pero... al terminar notó que el Niño estaba cubierto de llagas y que de ellas manaba sangre reciente. Enternecido y maravillado a la vez, comprendió que su vida pecadora era la causa del estado del Redentor. Se dirigió entonces a María, diciendo:

Pec.: —Madre de misericordia, tu Hijo tiene motivos para despreciarme. Pero tú eres Madre y abogada poderosa. Ayúdame y ruega a Jesús por mí.

Mar.: —Vosotros los pecadores me llamáis "Madre de misericordia", pero no dejáis de hacerme madre de miserias, renovando la pasión de mi Hijo Jesús.

Narr.: Pero al mismo tiempo, vuelta a Jesús, la imagen de María recababa de él, perdón para el pecador. A lo que terminó respondiendo la imagen de Jesús:

Jes.: —¿Qué puedo negarte a ti, Madre? Si quieres que sea perdonado, ése es también mi deseo. Dile que se acerque a besarme las llagas en señal de su arrepentimiento.

Narr.: Se acercó el pecador lleno de sincero arrepentimiento. A medida que iba besando las llagas del Niño, éstas iban cicatrizando.

Al fin Jesús, perdonándole le abrazó.

Desde aquella noche cambió de vida el arrepentido pecador, enamorado de María, que le había alcanzado gracia tan singular.

(S. Alfonso, *Las glorias de María*)

Lectura bíblica (Jn 2,1-12)

"Había una boda en Caná de Galilea y la madre de Jesús estaba allí. Jesús y sus discípulos también estaban invitados a la boda.

Faltó el vino. Y la madre de Jesús le dijo:

—No tienen vino.

Jesús le contestó:

—Mujer, déjame. Todavía no ha llegado mi hora.

Su madre dijo a los sirvientes:

—Haced lo que él os diga.

Había allí colocadas seis tinajas de piedra para las purificaciones de los judíos, de unos cien litros cada una. Jesús les dijo:

—Llenad las tinajas de agua.

Y las llenaron hasta arriba.

Entonces les mandó:

—Sacad ahora y llevádselo al mayordomo.

Ellos se lo llevaron.

El mayordomo probó el agua convertida en vino sin saber de dónde venía —los sirvientes sí lo sabían, pues habían sacado el agua—, y entonces llamó al novio y le dijo:

—Todo el mundo pone primero el vino bueno y, cuando ya están bebidos, el peor. Tú en cambio has guardado el vino bueno hasta ahora.

Así, en Caná de Galilea, comenzó Jesús sus signos, manifestó su gloria y creció la fe de sus discípulos en él.

Después bajó a Cafarnaúm con su madre y sus hermanos y sus discípulos, pero no se quedaron allí muchos días.

Homilía

1. *Convocados a la fiesta de la vida:*

   — El texto Jn 2,1-12:

     • Bodas: imagen bíblica mesiánica: plenitud de amor, felicidad:

       — Amor: abundancia, derroche.

       — Banquete: comunión-comunicación.

     • Símbolos de "fiesta" y de "vida".

   — La vida es una fiesta:

     • Llena de símbolos positivos.

     • Jesús estaba allí, en la celebración de la vida: alegría.

- Los discípulos estaban allí, invitados con él: estamos.
- María estaba allí, en la fiesta, en la vida: compañía.

— A veces falta el vino en la fiesta de la vida:
  - En la abundancia de todo comienza a faltar algo importante; alegría: amigos; salud: trabajo; paz familiar: el hijo a otro ritmo...
  - Amenaza venirse abajo la fiesta de la vida; nos sentimos indefensos, desfondados, perdidos, "sin sentido".

— La gran suerte de que esté la madre ahí:
  - La solicitud y la delicadeza sin que nadie se lo diga: "no tienen vino"; "socorro" discreto y efectivo.
  - Lo que deseamos: que no nos falte nunca el vino; que si alguna vez nos falta, no nos deje en evidencia ante la vida; que no nos falte Jesús; que no nos falte Ella.

— Y comenzaron los signos:
  - Los "milagros menores" de nuestra vida, los diarios, los que no se ven ni se propagan; los más importantes.
  - A veces, un "signo mayor": situaciones límites de la existencia... una mano que aparece, momentos contra las cuerdas... sentimos una descarga de tensión, un accidente... cuando los médicos tiran la toalla... cuando la relación de compañeros parece desahuciada...

2. *Creció la fe de sus discípulos:*

— Los signos "demuestran" su presencia.
— Los signos "reclaman" alerta y crecimiento.

  - Alerta: los "ojos de la fe", saber "ver" a Dios en los acontecimientos de la vida y en los hombres.
  - Crecimiento: el "desarrollo cristiano", ser como Ella; hacia la adultez - mayoría de edad en Cristo (Gál 4,1-7).

— Manojo de actitudes cristianas (mirándola a Ella):

  - Saber siempre comenzar (parábola del "Angel de la Semilla", cf. final de Homilía).
  - En las "bodas de Caná" y "Mirando a María con su Hijo Jesús":

= lo más importante en ambas:
Madre con el Hijo, de ahí la tarea (positiva-
mente):
meter a Dios en el mundo;
echar vino en la vida;
fe - alegría;
misterio - esperanza;
ideal - positividad.
1. No sólo pedir-recibir, también dar, darse.
= Lo más específico en ambas:
Caná se da la carencia (de vino);
Madre que es testigo de las carencias de sus
hijos; de ahí la tarea (negativamente):
quitar "pasión", "dolor" en la existencia de los
demás: mitigar, socorrer, ayudar, co-sufrir, "es-
tar-con" el que sufre.
2. No sólo "ser ayudado"; también "ayudar"
como...

= Lo más particularizado en ambas:
presencia de la "Mujer" con su propia idiosincrasia femenina, de ahí la tarea (inalienable):
aportar la propia idiosincrasia en la sociedad y
en la Iglesia; no alienarse al ser cristiano, no des-
personalizarse:
presencia activa de laicos, feminidad (frente a
clericalismo excesivo y marginación femenina).
3. Distribuidores de "buena noticia"; en la Iglesia: hacia dentro; en la sociedad: hacia fuera.

Un hombre tuvo un sueño

Entraba en una tienda y detrás del mostrador había un ángel.
—¿Qué vende usted? —le preguntó.
—Todo lo que usted quiera —respondió el ángel.
—En ese caso quisiera encargar... un gobierno democrático
para el país vecino, el fin de todas las guerras, mejores condiciones para los presos y los marginados, la desaparición de los su-
burbios, el reparto justo de las tierras... y...
—Discúlpeme, joven —le interrumpió el ángel—, creo que no
me ha entendido bien. Aquí no vendemos frutos. Sólo tenemos
semillas...

Credo

— Señor, yo creo, pero aumenta mi fe (cantado).

Creo en Dios, Padre y Creador, que quiere el bien de los hombres y vela por nosotros, que nos ama y nos salva.

— Señor, yo creo, pero aumenta mi fe (cantado).

Creo en Jesucristo, Hijo de Dios, nacido de María, que vivió, padeció, murió y resucitó por nosotros, que sigue presente en la historia y es camino, vida, sentido y liberación.

— Señor, yo creo, pero aumenta mi fe (cantado).

Creo en el Espíritu de Jesús, que permanece en la Iglesia y en los hombres de buena voluntad, que ilumina y fortalece a los que buscan el bien.

— Señor, yo creo, pero aumenta mi fe (cantado).

Creo en la Iglesia, nuestra madre, comunidad de todos los creyentes en Jesús, que se mira en el ideal de María, llamada a ser luz y semilla de salvación para los hombres.

— Señor, yo creo, pero aumenta mi fe (cantado).

Preces

En este día de homenaje a María, la Madre de Jesús y madre de los cristianos, hacemos presentes ante Dios nuestras súplicas y nuestro ofrecimiento:

1. Te pedimos por toda la Iglesia: para que en ella nunca falte el vino del amor y la comprensión, para que busquemos más lo positivo que lo negativo, *Roguemos al Señor.*

2. Te ofrecemos nuestra mejor actitud de servicio: para que siempre estemos dispuestos a echar una mano a quien necesite de nuestro tiempo, nuestro consuelo, nuestra aportación, *Roguemos al Señor.*

1. Te pedimos por todos los miembros de nuestra comunidad parroquial, para que seamos fieles a nuestra vocación humana y cristiana, para que estemos abiertos a los "signos de los tiempos", *Roguemos al Señor.*

2. Te ofrecemos lo que somos y tenemos: para que sepamos aportar nuestra persona y actividad al mejoramiento de la sociedad, con todos nuestros valores específicos, como mujeres o varones, como niños, jóvenes, adultos o mayores, *Roguemos al Señor.*

1. Te pedimos por los más necesitados de la tierra: para que tengan pan los pobres y hambrientos, trabajo los parados, paz los que están en guerra o desavenencia, amor y felicidad los desdichados, *Roguemos al Señor.*

2. Te ofrecemos nuestra buena voluntad: para apostar por la alegría y esperanza como levadura de la sociedad, para luchar por la justicia e igualdad, al menos no pactar con la injusticia y el egoísmo, *Roguemos al Señor.*

Escucha, Señor, nuestra oración. Te la dirigimos hoy haciéndote presente la intercesión de la Virgen María, nuestra madre. Te lo pedimos por Jesucristo, nuestro Señor. Amén.

Ofertorio

1. Acostumbrados a pedirte y a recibir dones de ti, María, en el día de tu fiesta queremos también ofrecerte lo mejor de nuestra vida, que queremos simbolizar en estos gestos

- tomados de lo cotidiano de nuestro existir,
- mimados por el mejor cariño de nuestro corazón hacia ti.

2. Te ofrecemos este mantón como símbolo de la fiesta de la vida, de tu cercanía gozosa, de tu amparo y protección.

3. Te ofrecemos esta canastilla de labores como símbolo de nuestra colaboración en la familia y en la sociedad, de nuestra laboriosidad por el Reino, de nuestra intimidad.

4. Te ofrecemos estas flores como símbolo de todo lo bello que hay en nuestra vida, de nuestra voluntad de hacer agradable la vida a los demás.

5. Te ofrecemos esta cesta de la compra como símbolo de nuestro deseo de compartir con los demás, de nuestro sentido de solidaridad con los que tienen menos o no tienen, de nuestra disponibilidad para ayudar a quien nos necesite.

6. Te ofrecemos este pan y este vino, que serán Eucaristía, como símbolo de nuestra apertura a Dios y a los valores de la fe, de nuestro "agradecimiento" a ti, a la Iglesia, al equipo parroquial, a todos los colaboradores en la transmisión y sostenimiento de nuestra fe cristiana.

Sacerdote:

Recibe, Padre santo, todos estos dones
que hemos recibido de ti, y ahora te presentamos
como muestra de nuestro agradecimiento,
y como gesto de colaboración
en la tarea de transformación del mundo,
de acuerdo con los valores del Evangelio.
Que recibidos por ti, se conviertan en semilla de salvación,

así como este pan y este vino
serán expresión del Cuerpo y Sangre de Cristo
entre nosotros en esta celebración.

Prefacio

Realmente es justo alabarte siempre, Señor,
y particularmente en este día
en que, por medio de tu Hijo y Señor nuestro Jesucristo,
nos regalas con la fiesta de su Madre y madre nuestra.
Ella es guía segura y luminosa que nos orienta a Jesús.
Ella es ayuda permanente que nos socorre en la tribulación.
Ella es madre, amiga y compañera
que nos ama y nos fortalece en el amor.
Ella es la primera cristiana
que nos alienta al seguimiento de su Hijo, Jesucristo,
nuestro hermano y Señor nuestro.
Con toda la Iglesia,
con todos los hombres que te buscan y te aman,
con toda la creación,
te cantamos y alabamos: SANTO...

Oración conclusiva (según San Alfonso, *Las glorias de María*)

María, Madre siempre atenta a nuestras súplicas.
A ti nos acercamos en este día de celebración gozosa,
depositando en ti nuestra confianza.
No nos abandones en nuestro desamparo,
imploramos tu favor.
No te pedimos ni honores ni riquezas,
sino la gracia del amor a tu Hijo Jesucristo,
que vive y reina por los siglos de los siglos. Amén.

*(Se invita a pasar ante la imagen de María: ofrenda de una flor,
plegaria personal y despedida).*

INDICE

IV. CELEBRAR A MARIA

colección **evangelización**

PS EDITORIAL

EN SERVICIO PLENO
A LA PASTORAL APLICADA

Pedidos a PS EDITORIAL. C/ Covarrubias, 19. 28010 MADRID.
Teléfono (91) 445 51 26